越境する平和学

アジアにおける共生と和解

金 敬黙

編著

法律文化社

刊行に寄せて

「戦争をしないとどうしようもなくないか」。この原稿を執筆している間に、衆議院議員である丸山穂高氏の言葉が物議をかもした。北方領土問題について「（戦争をしないと）取り返せない」と、元島民の男性が記者の取材を受けているところに割り込んでいくような形で発言したのだ。本来であれば"越境"し交流を深めるはずの「北方四島ビザなし交流」の訪問団の一員として、国後島を訪問中のことだった。

ところがこの発言に対して、ネット上では「よくぞ言ってくれた」と、賛同の声も多く見受けられた。「戦争反対なんて、頭の中が"お花畑だ"」という言葉さえ飛び交った。こうした過激な言葉は、またたくまに SNS で拡散されていく。そうした書き込みに「イイね」や「リツイート」のボタンを安易に押す前に、皆さんにはこの本を開いてほしい。

本書はジャーナリズムや NGO の現場、さらには学術的な視点が共鳴し、重なり合った立体的な一冊となっている。平和とは何か、暴力は誰を追い詰めるのか、今私たちの周りに存在する国籍や国境といった"線引き"は果たして絶対的なものなのか、そして実際にその地に赴かなければ分からないこととは何かといった問いを投げかける本だ。そして読み進めるほどに実感する。冷静な分析は必要ではあるが、今求められているのは"冷笑"ではない、と。

私的な話ではあるが、この"越境"という言葉を受けて真っ先に浮かんだのは、父と母のことだった。国籍の異なる二人が互いを大切に思い、私自身が生まれたことを、今は誇りに思っている。

本書では、フィールド歩きから教育現場での取り組みまで、実体験を重ねることの意義が綴られている。もちろん父と母のことは、この広い世界の片隅の、ほんの些細な出来事に過ぎないかもしれない。けれどもそうした小さな実践の積み重ねこそ、平和の礎となりえるのではないだろうか。

2019 年 5 月　　安田　菜津紀

はじめに

●「越境による共生と和解」の平和学を目指して

平和学を学ぶ上で、私たちは平和学を「科学」的な学・学問として位置づけるべきなのだろうか、それとも、哲学、宗教、芸術などを含むものとして捉えるべきなのだろうか。私なりの答えは後者である。すなわち、平和学は学・学問の狭い領域や「象牙の塔」にとどまってはならず、平和運動、平和哲学、平和芸術などを網羅する総合的かつ学際的なアプローチをとらなければいけない。

『デジタル大辞泉』（小学館）によれば「科学」は以下のように定義される。

> 《science》 一定の目的・方法のもとに種々の事象を研究する認識活動。また、その成果としての体系的知識。研究対象または研究方法のうえで、自然科学・社会科学・人文科学などに分類される。一般に、哲学・宗教・芸術などと区別して用いられ、広義には学・学問と同じ意味に、狭義では自然科学だけをさすことがある。サイエンス。

本書では平和学を哲学・宗教・芸術などと区別せず広義の「科学」として捉える。その場合、いくつかの課題が生まれてくる。たとえば、どこからどこまでが平和学で扱うべきテーマや問題領域であり、どこからが平和学の守備範囲ではなくなるのだろうか。この線引きはきわめて困難である。構造的暴力の視点に基づく場合、日常生活の不条理や差別、偏見、貧困、環境破壊などほとんどの課題が平和学の問題になるためだ。

本書のファーストドラフトを執筆している「いま」という時間軸は最初の「米朝首脳会談」が開かれた2018年6月である。朝鮮半島の非核化や朝鮮戦争の終戦、平和協定、国交正常化、南北コリアの和解や統一、東アジアにおける冷戦構造の脱却など、さまざまな政治・外交的な交渉、そして今後進む、または膠着する状況を、平和学または平和をつくる実践活動にたずさわる人びと

はどこまで「科学的」に、もしくは「客観的」に分析したり予測したりすることは可能なのだろうか。

　私事ではあるが、私が初めて大学の非常勤講師として教壇デビューを果たした科目は「平和研究入門」というものであった。それがきっかけとなり、私は前任校で全学共通科目「平和論」の専任教員として本格的に平和学について学び、また悩み始めた。振り返ってみれば、当時は私の学問的な原点にあたる国際政治学（国際関係論）と平和学の違いを十分に説明すらできないまま、部分的な違いを明示化する程度にとどまっていた。後に詳述するが、平和学を学ぶ上で、個々の立ち位置やまなざしはとても重要である。つまり、「平和」という概念はきわめて文脈的であり、情況によって変わりうる相対的な状態であり、プロセスなのである。

　私には平和学と関連するいくつもの思い出話があるが、それらが本書『越境する平和学——アジアにおける共生と和解』の着眼にかかわる具体的な動機につながった。したがって本書の導入部であるここでいくつかの体験をまず読者と共有したい。

　ひとつ目は書名にもあるように「越境」についてである。私は生まれた時から国境を越えていた。言い換えると、日本で外国人として生まれたのである。そして、日本と韓国で長く暮らし、いくつかの国で短くは数か月から１年くらい滞在した経験がある。現在は日本に永住する在日外国人として生活を営んでいる。好むと好まざるとにかかわらず、日常的に複数言語の電子メールのやり取りをし、新しい言語習得にあこがれては挫折を続けてきた。多くの国・地域を旅し、かつて訪れたことのある地が別の国名に変わってしまったことも経験してきた。ある意味、私にとっての越境やトランスナショナルな環境は、意図的に求めるものではなく、私の存在自体につながるともいえる。そのために、越境という概念は、私にとっては最も基礎的な方法であると同時に、生き方としての価値や理念でもある。

　２つ目は、本書の重要なキーワードである「和解」のあり方についてである。私は2001年に、アジア太平洋の若者たちが集い、一定の時間を共に過ごしながら平和や開発などについて議論をするネットワークづくりのセミナー企画

に２週間ほど参加する機会に恵まれた。たった２週間ほどの共同生活とはいえ、睡眠時間を除いては不自由な英語を使い、異なる文化圏の人たちと過ごす。ハラールしか口にしない人もいれば、ベジタリアンもいた。コミュニケーションにおいては自然と英語が 流 暢 な人の発言権が高まったし、なんとなく年上の意見を尊重する配慮もはたらいた。同じ目的で参加しても平等にはならないし、公平さを配慮していながらも仲良しグループは個別に形成される。「共生」という言葉は「平等」「公正」という概念と近いようにも感じ取れるが実生活の面では理念どおり実現できるような、そんなたやすい概念ではないことを体験した。

　その年の企画は日本国内で開催されたので、私は参加者の一員として初めて広島平和記念資料館と原爆ドームを訪れ、見学することができた。数か月後、ヒロシマで感じた体験について、東京に暮らす外国人あるいは英語圏コミュニティの人びとを前にお話しするチャンスがあった。私はその場で「ヒロシマの展示・表象には日本の被害者性を通じた原爆の非人道性は受け止められるが、アジアに対しての侵略や加害者性は相対化されていると捉えた。そのような課題を今後いかに克服できるか否かが和解の鍵になるのではないか」、という趣旨の話をした。被害と加害の両面を重視すべきという視点であったが、時間の都合もあり、その場で韓国軍がベトナム戦争で行った虐殺などについては具体的に触れることはしなかった。セッションが終わるや否や、自身をアイルランド出身のカトリック修道女（シスター）であると名乗る人が私のそばに寄ってきて、「あなたの話は良くありませんでした。和解は祈りと赦しを通じてしか成しとげられないのです。私は植民地を経験したアイルランド人ですが、イギリスに対しても、宗教的な祈りを通じて赦しを施している。あなたの話は被害者性を強調するので、ぜんぜん良くありませんでした」という苦情というか説教を始めたのであった。かなりご立腹の様子でもあった。数日後、ていねいに同じ論旨の書簡まで頂き、「あなたの話はまったく良くなかった」という話を繰り返された。私は、加害者と被害者の対話を通じての和解を求めている。けれども、被害者側による「赦し」のみが唯一の方法であるという主張には違和感を抱くためにその時のモヤモヤ感が正直、いまだ十分払拭されない。

この体験から痛感したのは、普遍的な概念である平和への取り組みは、きわめて個別的かつ文脈的な理解と試みが必要であるということであった。平和について考え、平和を一緒に創る人たち同士でも立場や理解が異なるために、争いや葛藤が生じることをしばしば目撃する。それほど平和にかかわる問題は脆いし壊れやすい。

　そして3つ目は日本の平和研究の立ち位置についてである。2005年に中国の北京で開かれた「対北朝鮮人道支援」にかかわる国際会議に参加した際、韓国からの参加者のひとりに、日本の大学で平和学を教えていると自己紹介をした。その時のその人の反応が忘れられない。

　「平和学？　それって何ですか？　そして、日本に平和学という学問があるなんて意外ですね……」といった感じの疑問が返ってきた。その会話の行間から読み取れたものは、日本は加害者であり、被害者であるアジア諸国に対して、いまだ歴史的な清算や謝罪は不十分なのに、日本で平和学が積極的に取り組まれていることに違和感を覚える、といった感じの無言の問いかけであった。その瞬間、「あなたは被害者意識から脱却できていない」と言わんばかりのアイルランド人宗教者と私のまなざしが重なった。被害者はいつまでも被害者、加害者はいつまでも加害者の立場から脱却できない構図の再生産とでもいえるだろうか。

　和解や共生を考える際、だれが先に和解を提唱し、どのような関係が形成されれば和解が成り立ち、共生が実現するのだろうか。被害国の国民はいつまで加害国の国民に、過去の責任について追及する「権利」があり、加害国の国民はいつまでこの責務を負うのだろうか。要するに記憶と記録（歴史）、正義と真実、国家と民、越境と共生などをどのように考え、模索すべきなのだろうか。

　ベトナム反戦市民運動を率いた作家・小田実の言葉を借りれば、戦争は加害者性と被害者性を同時にはらむ暴力である。日本はヒロシマ・ナガサキの被害者であると同時にアジアの植民地支配や第二次世界大戦の加害者でもある。日本における平和研究のあり方、特殊性、ユニークさというものがあるとしたらそれはなんだろうか。

平和学を教える立場になってから十数年が経過した今日まで、そのほかにも平和に関する疑問や悩みをいくつも体験してきた。たとえば、自然災害に対する救援活動を例に考えてみよう。「千羽鶴を折って海外の被災地に送りたいのですがどうすればよいですか」という問い合わせがあるとしたら、あなたはどのように答えるだろうか。「祈る平和だけでは世の中は変わらない」「被災者にむしろ迷惑だ」「被災地とつながっていたいという気持ちや絆はとても大切だ」「その思いが更なる災害への備えや、支援につながる原点になるであろう」など、多様な立場や見解を読者のみなさんも抱いているに違いない。

　祈る平和と創る平和。この言葉は静的な平和と動的な平和に置き換えられるかもしれない。長年の間、日本の平和は祈る平和が中心であったかもしれない。教育や研究を軸とした日本の平和学もどちらかといえば静的な平和の性質が強かったであろう。最近は創る平和に関する議論も活発になってきた。そして、それらの平和のあり方をめぐり、政治的な立場やアプローチもさまざまである。理想主義と現実主義。そもそも平和主義を表立っては謳わないけれど、きわめて平和的な人たちもいれば、平和のために暴力や軍事的な手段に訴えることもかまわないと考える人たちもいる。

　日本における平和学の源流はどこにあり、そしていま、日本の平和学はどこへ向かっているのだろうか。日本平和学会の研究大会や研究会に顔を出してみると、他の隣接学問領域の学会（たとえば日本国際政治学会など）よりも大学院生や若手研究者の参加が少ないことがやや気になる。この点について以前、学会の関係者たちと話したことがあるが、日本では平和学という分野が確立していないことに原因があるのでは、という話題になった。言い換えると、平和学はいまだ日本の学問体系としてきちんと根を下ろしていないのかもしれない。そのせいだろうか、税金による科学研究費などの助成申請においても平和学という項目が存在しない。高等教育課程の編成をみても、平和学部や平和学科など、平和学を専門的に学べる取り組みが一部の大学や大学院に限られている。初・中等教育課程における平和教育や人権教育は質的には形骸化している場合もある。平和を声高く唱えることがちょっぴり恥ずかしいような空気すら漂う。また最近では道徳教育などが重視されることから愛国心やナショナリズ

ム、国家主義の視点も強化されている。政治学や安全保障研究との差別化が十分できていないために、平和学に関する関心や優先順位が低いのかもしれない。以上がその学会で関係者と話し合った内容である。

　昨今、○○的（型）のさまざまな平和へのアプローチが混在すると見受けられるなか、大学における軍事研究などの議論も物議を醸している。時代と状況の変化があるとはいえ、だからこそ日本や世界で平和学が生まれた源流を求め、現在と未来の平和学のあり方について考えてみたいと思った。

　本書はそのような個人的な関心や問題意識から生まれたものである。当初は、私個人の単行本として構想を練っていたが、行動するアクティビストや行動するジャーナリストという人生の先輩・同志たちの力を借りて本書の具体的な執筆に取り組むことになった。

　本書は平和学を教える教員や平和学関連の授業を履修する学部生・大学院生の手に取ってもらい、今までの平和学関連の書物や研究との比較材料、そして延長線上の文献として活用していただければという思いがある。さらに、平和というキーワードを全面的に意識しない人であったとしても、ジャーナリズムやアクティビズムの現場で活躍することを志す人たちに読んでいただきたい。もちろん、現場ですでに活躍している人たちが初心に戻ったり、自分自身を省みたりするためのツールとして活用していただければ、これ以上にうれしいことはない。いつも思うことであるが、このような類の本は公共図書館や大学図書館だけではなく、街中の喫茶店、町医者の待合室、そしてミュージアムのショップなどで、高校生や子育てで忙しい保護者、退職してこれからやりたいことにじっくり取り組もうとしている「リカレント世代」の目に偶然、とまることを夢見ている。子どもや孫の卒業祝いに贈られることを想像してしまうのは私の妄想癖が度を越えすぎているだろうか。

　本書を一読する前に、目次をじっくり眺めていただければこれまた幸いである。本書は３部構成になっている。各章の流れについては第２章でふれるので、ここでは各部のおおざっぱな流れだけを紹介したい。総論そして理論的枠組みにあたる第Ⅰ部「現場から考える平和学の方法」では越境、共生、和解の３つのキーワードを用いて平和を再検討するための概念操作を行った。なかで

も方法論としてのアクション・リサーチを紹介し、また論文執筆ではなくドキュメンタリー制作という表現手法から読み解こうとしている。

　第Ⅱ部「平和への視座」ではエスニック・タウンの境界区域（コンタクト・ゾーン）、アイデンティティ形成の空間としてのエスニック・スクールの事例分析を通じて、日本という空間の内なる越境と共生問題に焦点を当てている。つづく第Ⅲ部「平和へのアプローチ」では、戦時性暴力をめぐる記憶の旅、フィールドワークの体験、難民問題の映像化などの事例を通じて、いまを生きる私たちがどのようにこれらの問題の主体になりうるのかを問いかけている。

　最後に安田菜津紀さんと私の対談を設けている。安田さんを対談相手に選んだのは、彼女が、本書で執筆者たちが抱いている問題意識を現場で実践している「越境する平和学」のパイオニアであると思うからである。私たちからの対談要請について迷わずご快諾いただき、また、お忙しいなか「刊行に寄せて」まで書いてくださった。多くの読者にとって、安田さんの生き方がロール・モデルになればうれしいと思う。もちろん、大変なことも数えきれないほどあるだろう。でも、第2、第3の安田さんが生まれてくれれば、世の中はもう少しだけ平和になる気がする。

　さらに、コラムにも私たちの情熱と愛情がもれなく注がれているので是非読んでいただきたい。紙幅の制約から各章で十分扱うことのできなかった方法論的な説明や表象のあり方、個々人の体験や視座などについて率直に触れている。これらの語りは、私的な語りで終わらず、特殊性を一般化するための、ひとつの鍵として作用している。本文と対談をあわせて楽しんでいただけると確信する。

　本書の刊行を契機に、私たちは今まで以上にさまざまな場所で対話を試み、現場を増やしていこうと思う。みなさんと平和についての対話ができることをとても楽しみにしている。

　2019年5月

編著者　　金　敬黙

新しい平和学の模索
● 日本平和学会の動向をふまえて

序章

キーワード　新しい平和学　平和主義　ピース・スタイル　平和へのビジョン

新しい平和学を求めて

　本章のねらいは、本書全体の導入部分として、①日本で平和学がどのような背景によって誕生し、そして今日までどのようなかたちで発展・進化してきたのか、②さらに日本の平和学における特殊性があるとしたらどのようなイシューに重点的な課題を設定し、取り組んできたのかについて振り返ることである。

　この作業を通じて、日本の平和学の立ち位置についての考察を試みる。そうすれば日本の平和学ならびに日本が直面している平和問題についての一定の現状認識が可能になるのではないかと考えている。

　そのために、40年以上の歴史を誇る日本平和学会の『平和研究』の動向・関心の分析や日本平和学会の設立や平和学関連分野に貢献してきた先達の取り組みを俯瞰しつつ概略的な整理を試みる。

　平和学を学ぶ上で、「構造的暴力」「積極的平和」「ケイパビリティ」という概念の理解はとても重要である。けれども、あえて本書は、これらの概念の説明をごく簡単にとどめておこう。これらの概念については、ほとんどの平和学関連の先行研究にていねいな概説があり、その概念軸から論文や書籍の構成が成り立つことが多い。身勝手のようではあるが、それらの概念理解はそうした先行研究を活用していただければ幸いである。

　とはいえ、本書の執筆陣は「構造的暴力」をはじめとする概念を提唱したヨハン・ガルトゥングの功績の恩恵にあずかっているし、尊敬の念も抱いている。したがって、「積極的平和」「ケイパビリティ」をふまえて、世の中に存在する暴力や紛争を理解しようともしている。それを前提にしつつ、忘れてはいけない点は、本書のねらいがいかに「共生」「和解」そして「越境」という概念から平和を捉えなおそうとしているかということである。

　ガルトゥングによる「構造的暴力」は「積極的平和」という概念を理解する上で重要になる。多くの人びとは戦争や内戦などの直接的または物理的な暴力

が存在しない場合を平和であると捉える。しかし、ガルトゥングにとってその状態は「消極的平和」(ネガティブ・ピース) にすぎない。人間の能力はそれぞれ異なるが、一人ひとりの能力の最大値を「ケイパビリティ」と捉えてみよう。たしかに一人ひとりの「ケイパビリティ」は異なるが、外的な阻害要因がなければ、本来、最大限発揮できるかもしれない「ケイパビリティ」が差別や貧困、ジェンダーなどの要因によって充分発揮できない状態をガルトゥングは「構造的暴力」として捉えたのである。そして、ここで問題にすべき点は、この「構造的暴力」がない状態を「積極的平和」(ポジティブ・ピース) として位置づけているという点である。

*

1 日本における平和学と平和学会の誕生

⬜1 学問としての平和学の誕生

　冷戦期の真っただ中である1969年、平和学の父と呼ばれるヨハン・ガルトゥングが「構造的暴力」の概念に関する論文を発表した。平和学の誕生を知る上では、このことはきわめて重要である。しかし、私はここで、この時期にもうひとつ知っておくべき重要なことが起きたことを指摘したい。それは国際平和研究学会 (IPRA) と関連した動きである。国際平和研究学会は、1963年、キリスト教の平和主義一派・クェーカー (Quakers) たちが開いた国際会議・セミナー (スイス・クラレンス) で、今後もこのような平和関連の研究会議を開催したらどうだろうかと提唱したことに応えるかたちで翌年に設立された。日本ではなかなか知られていないが、クェーカー (またはフレンズ) をはじめメノナイトなどキリスト教平和主義者たちは平和学や平和実践の現場で大きな役割を果たしている。日本の初期の平和学に影響を与えたケネス・ボールディング、エリーズ・ボールディング夫妻もクェーカー教徒として日本の平和学に貢献した。

　新たに設立された国際平和研究学会は、1965年にオランダのフローニンゲンで第 1 回大会、1967年にはスウェーデンのテルベリで第 2 回大会を開催した。そして、1969年、3 回目の学会大会がチェコ (当時、チェコスロバキア) のカル

ロヴィ・ヴァリーで開かれたのだが、その際、とても重要な方針が生まれることになった。すなわち、この大会では、北欧の若い学者たちによって以下のような問題提起がなされたのである。

平和学はいまだ冷戦構造や核戦略に主たる関心が寄せられているが、そのような戦略的な安全保障や戦争研究ばかりに平和学の関心を向けるのは間違いではないか。

とても的を射た鋭い批判である。この問題提起が行われた具体的な因果関係は明らかにできないが、時代的な潮流というものも無視できないだろう。「1968年」は社会運動の季節ともいわれ、日本でも、アジアでも、そして世界各地でも冷戦構造が生み出したねじれや歪みの反動としての政治的な事件や運動が各地で多発した。当時のチェコスロバキアでも「プラハの春」と呼ばれる事件が起こった。私の推測の域を出ないが、当時の時代的な空気感ないし文脈が、国際平和研究学会の立ち位置を決めたのであろう。それは、核大国や第二次世界大戦の戦勝国の世界観や秩序観とは一線を画すアプローチであり理念であったに違いない。

要するに、平和学は、冷戦期の1960年代半ば以降、アジアやアフリカにおける内戦や代理戦争を目の当たりにした平和主義者たちによる国家中心的な政治学や戦争研究一辺倒から脱却したいという切実な願いから誕生したともいえよう。数年後、その流れを汲みつつ日本平和学会も1973年に設立された。設立当初は、学会誌もないまま六本木にある「国際文化会館」で設立大会が開かれた。そして、その記録は岩波書店が発行する総合雑誌『世界』第340号にヤドカリ形式で記録された。学会誌『平和研究』が創刊されたのは1976年（創刊号）のことであり、その後『平和研究』は、2019年現在まで、何回か体裁や出版社の変更があったが、51号（2019年6月刊）までが刊行されている。

② **体験的平和主義が主導した時代**──戦後日本の始まりから平和学会誕生まで

日本平和学会が設立され、平和学関連の本格的な試みが日本の大学や高等研究機関で本格的に取り組まれるようになったのは、戦後から30年近くの歳月が

経ってからのことである。当時はいまだ冷戦期であり、アジア地域はベトナム戦争、開発独裁の時代でもあった。平和学という学問の誕生は、単なる戦争や軍事力を研究する国際政治学からの脱却を意味する。1970年代の初めが日本における平和学の萌芽期であるとしたら、「戦後日本」はどのように位置づけるべきであり、また敗戦から1970年代初期までのあいだ、だれが、どのような立場から平和の問題にかかわってきたのだろうか。どのような思想や価値観、アプローチが平和学の源流にあったのだろうか。そのことについての確認作業が必要となる。

　私は、逆説的ではあるが1945年8月15日の敗戦が、日本における平和学の原点であると捉えている。日本の敗戦はアジアの植民地の「解放」でもあり、冷戦期の新たな悲劇のはじまりであり、民主主義という概念が試され始めた時点でもあった。戦争に加担していた人たちも、戦争で悲しんでいた人たちも、あの戦争がなんだか胡散臭いと思っていた人たちも、その日をもって、平和について考え、行動するきっかけが与えられたのではないかと捉えている。

　その点、日本の平和学は、侵略戦争と植民地支配を反省し、また、ヒロシマ、ナガサキの経験から二度と戦争を繰り返してはいけないという強い思いから始まっている。そのために、当時の人びとは、日本国憲法9条を受け入れたし、長年の間、その精神を継承しようとしたし、平和教育を重視してきたのであろう。

　だれもが、「もうあんな戦争はこりごりだ」という悲惨な戦争経験から学んだものがあったのではないか。それをここでは体験的平和主義と呼ぼう。小田実は『戦争か、平和か「9月11日」以後の世界を考える』で、この平和主義を「体現平和主義」と位置づけ、以下のように述べた。

　　そこでの日本人の「平和主義」は、深く考えた上での、思想としての「平和主義」ではありませんでした。それよりは、まさにからだで体験した、体験そのものから生まれてきた「平和主義」でした。私はこの「平和主義」を「平和主義」を体現しているという意味で「体現平和主義」と呼ぶのですが（後略）。

この時代を生きたほとんどの人であれば、たとえその人が高学歴者であろうと初等教育もまともに受けられなかった人であろうと、また裕福な人であろうと貧乏人であろうと、戦争の悲惨さを二度と繰り返したくないと思っていたに違いない。仮にそう思えない人がいたとしたら、その人は別の何かにとらわれ、人命や平和よりも、その利害の虜(とりこ)になっていたとしか思えない。それが第二次世界大戦の悲惨さであったと想像する。

そのため、学問の世界においても、その人が政治学者であろうが、自然科学者であろうが、そこには共通項としての戦争体験というものがあった。自らを平和学者と名乗らずとも、学問の背景には二度とあのような悲劇は繰り返すまい、という理念が人びとの魂に宿っていたのではなかろうか。この価値観は日本の「戦後民主主義」ともつながってくるのだが、岩波書店の総合雑誌『世界』をはじめ、リベラル派の論壇がこの価値の普及と定着に役割を果たしたため、一部ではこれを「岩波型平和主義」と呼ぶといわれる。私は、岩波書店をはじめリベラル論壇誌が、日本の平和主義に関するさまざまな知的な言説の空間を形成してきたことが日本における平和学の発展に少なからず寄与したと考える。この時期には、ヒロシマやナガサキ、日本国憲法9条が平和運動や平和教育の場面で展開されていた。戦争を体験した教師や親戚たちが語り部として多くの人びとにその悲惨さを継承してきたのであろう。

けれども、けっして、この時代の体験的平和主義が予定調和の道を歩んできたわけではない。当時の時代的な文脈から、たとえば「原水禁」と「原水協」の分裂のように、平和運動の路線対立はさまざまな場面でみられたし、朝鮮戦争やベトナム戦争などにおける日本とアメリカの協力関係をめぐっては、激しい社会運動の対立が繰り返された。平和のための理念と手段が対立し、平和のための暴力的な闘争までもが謳われる時代が1960年代後半から1970年代初めまで続いたのである。

③ 理想的平和主義（平和のアイデアリズム）と現場型平和主義の時代
——平和学会設立から冷戦解体まで

1960年代半ばに国際的な平和研究の流れが台頭し、1973年には日本でも平和

学会が設立されたことはすでに述べた。私はこの時期以来、日本の平和学には理想的平和主義と現場型平和主義が芽生え、定着し始めたと捉えている。

　理想的平和主義とは何か。冷戦期の真っただ中、核戦争の脅威や、世界各地における軍事的な脅威が残るなかでも、1970年代以降から80年代までには、国際政治におけるデタント（緊張緩和）の時代が訪れていた。日中国交正常化や米中国交正常化なども進み、国際関係の相互依存が信頼を醸成するという兆しも見え始めていた。もちろん、アジア諸国をはじめ世界各地では開発独裁や貧困問題が依然として大きな課題になっていたが、高度成長期の日本は戦争の悲劇を乗り越え、アジアのリーダー国家として国際社会へ見事に復帰を果たしていた。

　日本平和学会では、この時期から沖縄や在日外国人問題など、差別され、抑圧される人びとにも関心を向けていたし、新しい社会運動など国際政治学が関心をなかなか寄せない人権や人道、環境、開発問題に関していち早く取り組んでいた。言い換えると、初期の平和学が唱えていた「構造的暴力」をなくし「積極的平和」を実現するために必要なアジェンダに取り組み始めていたといえる。

　もうひとつは現場型平和主義が1980年代以降、日本でも芽生えてきたことを強調したい。ボランティアやNGO、市民団体の越境的な活動がそれである。もちろん、古くからボランティアや市民団体の活動は存在していた。しかし、1980年代のタイ・カンボジア国境地帯における難民支援活動やその後のNGOをはじめとする非国家アクターの越境的な活動は、1960年代や70年代までのベトナム反戦運動などとは異なる、現場に密着する、かつ脱政治的な側面を強調する平和活動であった。

　私は1990年代後半から2000年代初めに、トランスナショナルなネットワークを形成するNGOが国際政治の紛争や平和活動にどのような影響を及ぼすのかというテーマで修士号と博士号を取得した。いまではNGO研究を進めている人びとが多くいるが、当時は、NGOを中心に国際関係論の研究に取り組む人は稀であり、日本語の先行研究を調べることにかなり苦労をしていた。NGOは政府の言いなりであるとか、政府の補完的な代理人にすぎないという国際政

治学のリアリズムからの批判になかなか立ち向かえない自分がいた。隣接分野の社会運動論のモデルや先行研究を調べながら、なんとか学位論文を仕上げ、合格判定はぎりぎりもらえたが、それまでの道のりはかなり長く、辛かったし、孤独でもあった。

けれども、このたび本書を執筆するために、日本平和学会が発行しているジャーナル『平和研究』のバックナンバーを大学図書館の書庫にアクセスし読み進めるなかで、大きな驚きと反省を同時に抱いた。なぜならば、1970年代や80年代からすでに『平和研究』の特集や独立論文では、1990年代の後半にもがいていた私の問題意識が研究論文として多数発表されていたからである。

自らの勉強不足を悔やむ一方で、理想的平和主義や現場型平和主義が客観性や科学主義を重視する研究の世界であまり重視されていない現実も目の当たりにした。たしかに、理想的な平和主義や現場型平和主義が志向するものは、理論的な分析や問題設定、仮説の提示と検証を重視する学術研究においてはいまひとつ夢物語的なスタイルにみえてしまうかもしれない。逆に、現場を重視する平和活動家たちにとって研究室や教室で進められる平和学はどこか歯がゆく生ぬるいものとして映ってしまう。これは本書の冒頭で述べた科学や学問とは何か、という点に直結する問題である。

話をもとに戻そう。1980年代後半、日本は国際協力の文脈から政府開発援助（ODA）にも積極的にかかわっていた。さまざまな解釈が可能であるが、戦後補償や賠償の代わりに経済協力を行う名目にもつながっていたし、「ひも付き援助」であれば、日本企業の利益にもつながるというカラクリも存在した。さらに、憲法9条の縛りから国際的な貢献は軍事ではなく経済的な側面に特化するという日本の固有の事情も存在していたのかもしれない。どの立場をとるにしても、1992年に戦後初めて日本がPKOとして自衛隊をカンボジアに派遣するまで、戦後日本の外交政策は経済協力を中心としたものであった。もちろん、朝鮮戦争においてもベトナム戦争においても、日本は間接的にはアジアの紛争にかかわっていた。

４ 現実的平和主義（平和のリアリズム）が台頭する時代

──ポスト冷戦期における転換点

　ほとんどの国際政治学者は冷戦の終わりを予言できなかったらしいが、それでもポスト冷戦はやってきた。高校生時代、ベルリンの壁が1989年に崩壊して30年が経つ。あの時の光景をテレビの画面越しで眺めていた私が、その時、生まれてもいない世代に冷戦について教える。それほどの歳月が経った。冷戦の恐怖も、1990年代の旧ソ連の解体や旧ユーゴスラビア連邦共和国の解体をめぐる民族紛争も、ソマリアの内戦も、そして2001年に起きたニューヨークの同時多発テロ事件や、その後のアフガン戦争とイラク戦争も、いまの大学生には歴史上の遠い過去にすぎない。私が第二次世界大戦や朝鮮戦争とベトナム戦争を知らないようにだ。

　そうすると、体験的な平和主義や理想的な平和主義、そして現場型の平和主義とはまた異なる価値観が台頭し、顕在化するようになる。憲法９条の改正や日本の国際社会における貢献のあり方、そして周辺諸国との関係の見直しなどについて、歴史的な文脈と切り離し、今日的な解釈と取り組みを重視しようとする視点でもある。朝鮮民主主義人民共和国（北朝鮮）や中国、そして韓国を日本にとっての脅威として位置づける視点が政府の政策やメディア報道でみえてくると、より強い日本が安全をもたらすという主張を後押しする。それを私は現実的平和主義あるいは平和のリアリズムと捉えている。

　私は、この現実的な平和主義もまたひとつの平和主義であるとひとまず捉えてみよう。私の見解では第２次安倍政権の時に生まれた「積極的平和主義」もこれに含まれる。ここで注意すべき点は、「積極的平和主義」はガルトゥングの「積極的平和」（ポジティブ・ピース）と日本語訳がほぼ同じであるが、内容面ではほぼ対極的な考え方であるので留意したい。安倍総理が掲げる「積極的平和主義」をどこまで「平和主義」として認めてもよいのだろうか、というクリティカルな指摘も周囲の研究者から受けたことも事実である。とはいえ、イデオロギー的な対立の時代が終わった今日、これを安易に「好戦主義」や「軍事主義」そのものとしてレッテル貼りすることにも慎重でありたいと私は考える。

私は日本政府が掲げる「積極的平和主義」は本来平和学で唱えるポジティブ・ピースの概念と矛盾するために批判的な立場をとっている。そして、リアリストたちが描く「平和」が「暴力」にならないためには、リアリスト自らの注意と省察も必要であると考える。なぜならば、現実的平和主義と軍事主義の線引きは、必ずしも明確とはいえないからだ。したがって、現実的平和主義者を名乗る人びとが自ら、その境界線を明確にする必要があると思う。

　たとえば、大学における軍事研究はどう考えるべきか。それは現実的な平和主義に基づく政策と研究なのか、それとも軍事主義に基づく政策なのか。あるいは、名誉や地位などに惑わされてはいないだろうか。その線引きと根拠を自ら示すことができないとしたら、いつの日か、再び戦争のリアリズムに戻ってしまう時代が来るかもしれない。その時、悔やんでも後戻りできないほど科学技術と軍事主義の癒着は進みすぎているのではないだろうか。

2　日本における平和学の特徴

１ 日本平和学会が提唱する理念・使命

　日本の平和学が学問として根を下ろし、戦争研究や主権国家間の政治や経済を中心とした国際政治学から分離・派生したのは1970年代の初めであることはすでに述べた。設立時の記録や初期の『平和研究』で確認できる日本の平和学の特徴的な使命は、①政策研究としての平和学、②価値・理念志向的な理念、③脱中心主義と越境性にまとめることができる。日本の平和学の先学が明示的に述べてきた部分を私なりに敷衍したい。

［1］「平和学は政策研究・応用科学である」

　本来の学問はなぜ（why）から始まる基礎科学が大切である。学生に対しては「なぜ、りんごは木からおちるのだろうか？」「なぜ、人びとは争うのだろうか？」「なぜ、美しい景色を観ては異口同音に美しいと言うのだろうか？」などなど、なぜから始まることが学問や研究の出発点であると私は説明している。その次にどうすれば（how-to）などについて探求する応用学問があると伝えている。

さらに、ネットで調べれば、図書館で資料を探せば、専門家や当事者に聞けば、リサーチ・クェスチョンに関する答えがすぐ見つかるような調査（research）は、研究（study）とは線引きされるべきである、とも教えている。むしろ、専門家や当事者ですら「なるほど、そういう視点があったんですね」「そのことについて教えてくれてありがとうございました」というものが良い研究であると強調している。学部生レベルで世紀の発見やノーベル平和賞的な業績を求めることはおそらくできないが、発想の転換さえ試みれば、世の中に笑いや微笑みを与え、癒しを与えてくれるイグノーベル賞的な研究は学部生でもできると鼓舞している。

　平和学の先達は、設立の時から、平和学は政策科学であり、応用的な学問であると唱えてきた。これはすなわち、「なぜ、人は人を殺すのだろうか」とか「なぜ、貧困はなくならないのだろうか」という原因の究明だけではなく、どうすれば戦争や差別、貧困などの暴力をなくすことができるのだろうか、という実践的な問いをも重視してきたことを意味する。本書がさまざまな暴力の原因を探求する「構造的暴力」論を重視しつつも、それに加えて「越境」「共生」「和解」のあり方や成し遂げ方に関心を払っているのも、この問題意識につながる。

　政策研究という言葉を聞くと、行政や政治が主体となるかのように誤解する人たちも多いかもしれない。しかし、平和学者たちが求める政策研究は、むしろ国家中心や権力中心の政治や行政のあり方を批判的に捉え、その権力の監視者（ウォッチドッグ）になり、変革をもたらす姿勢をもつ、時には物申す学者、行動する学者であるべきである、というメッセージにつながる。政策提言（アドボカシー）を軸にしたアドボカシー研究といってもよかろう。

［2］「平和学は価値・理念志向的な学問である」

　政治的中立性や公平性、不偏不党などの言葉がある。一般的に、それはとても崇高な価値理念であると私も思う。しかし、留意しなければいけない点もある。人びとが、中立であろうとしている場合や不偏不党であるという場合の多くは、知らないうちに、どちらかに加担している場合が多いことである。

　つまり、別にどちらかの勢力に加担しているつもりはなくても、すべての行

為者には属性とか立場というものがある。ポジショナリティ（立場性）と呼ぶ人もいる。別に擁護しているとか差別しているつもりはなくても、私たちは、ジェンダーや国籍とか職業とか出身地とかで解釈されるのである。学生たちに差別や偏見の事例で意見を求めると「私は別に、○○について差別や偏見はもっていませんが……」という言葉が出てくる。それは政治的に中立であるとか不偏不党であるつもりなのかもしれないが、結果としては傍観者とか無関心者になってしまっているのである。一人ひとりの立場や責務ということに関する自覚が必要である。

「平和学は価値・理念志向的である」という言葉は何を意味するのか。単に中立性や不偏不党性、平等主義を謳うだけでは足りず、自身のポジショナリティについての自覚と行動が求められていることを意味しているのではないだろうか。

［3］「平和学は脱中心主義を求め、境界を越（超）える」

パワーやマネーを軸とする国家（中心）主義から脱却し、草の根や辺境の視点から行動することが平和学の基本的姿勢であると考える。政治学は権力（パワー）やその配分を原理とする学問であるとしよう。経済学は交換や利潤を原理とするものであるとしよう。すると平和学は何を原理としているのか。ガルトゥングの概念を借りるとしたら「構造的暴力」の不在を原理としている。さらにその実践の模索を続けていけば、越境や共生、和解などの原理がみえてくるといった具合だ。

つまり、その理念や価値の実現に向けて、当事者の立場を理解する必要がある。研究室や教室などで現場の実情が十分理解できないのであれば、現場に赴くフットワークが必要であるし、現場の実態を把握する必要がある。特に、できることならば、傍観者や無関心者にとどまらないための姿勢も求めたい。

永田町や霞ヶ関の観点から物事を眺めたり、考えたりするのではなく、声なき声に耳を傾け、物事の本質を捉えるまなざしが求められる。ドラマの名台詞「事件は現場で起きているんです！」といわんばかりにだ。

2 ○○的（型）平和へのアプローチ

いままで、平和学という学問の成立をはじめ、平和学の価値や志向性について簡略にまとめてきた。平和学は単に戦争研究であってはならない。そして、平和学は象牙の塔や司令塔にこもっているだけでは足りず、現場に赴き、現場で解決策を模索しつつも、一人ひとりの立場、能力、そして限界を把握しなければならないことについても述べた。

「あなたはどのような平和主義者ですか。」

こんな質問をいきなり投げかけられて、「私は○○的な平和（主義）のアプローチを日々実践しています」といえる人はいるだろうか。思ったことすらなかっただろうし、求められることもまずないだろう。

すでに本章では、日本の平和学・平和学会の誕生と発展をめぐり、いくつかの平和主義的な学問やスタンスの流れを整理してみた。時代的な背景に基づく平和（主義）の動向というのはあるにせよ、○○的（型）の平和（主義）のみが絶対的に正しいとか、優勢であるという仮定はとっていない。常にさまざまな視点が混在したり拮抗したりする。また、個々人のなかでも複数の平和へのアプローチが時には自己矛盾を生み出しながらも共存している場合があるとも考える。そのことを前提とした上で、ここでは戦後日本における平和主義の類型を試みる。

［1］ 絶対平和主義

この平和主義は非暴力主義に基づくガンジーの思想やキリスト教の平和主義的な教義のグループなどにみられる。徴兵制がある国家において「良心的兵役拒否」をめぐる問題としてしばしば話題になることもある。非戦や否戦などの概念も絶対平和主義に近い。

［2］ 体験的（体現）平和主義

戦争など悲惨な暴力状態を経験したからこそ、二度と暴力を繰り返してはいけないという考え方である。ヒロシマ、ナガサキ、日本国憲法9条などの背景には戦争体験世代が抱くこの思想に支えられているとみられる。戦後日本の平和主義はこのアプローチによって支えられてきた側面があることについて、す

でに述べている。

［3］　内面的（潜在的）平和主義

自らを平和主義者であるという自覚を強く抱かない場合も多い。直接、平和という言葉を口にすることはなくても、差別や貧困、物理的な暴力や不条理、戦争問題の解決に取り組む人びとには程度の差はあれ、この平和主義が当てはまる。平和主義の土台的な思想になるともいえよう。本書を通じて、この内面的（潜在的）平和主義の再検討を行うことを重要な役割のひとつとして位置づけたい。

［4］　理想的平和主義

「祈る平和」や「静かな平和」ともいえよう。千羽鶴を折って平和を祈願することに代表されるように、直接的な平和行動にはつながらないにしても願いや倫理観が伴う。夢想主義と揶揄されるかもしれないが、その願いは、原理や思想の灯火になっている。ジョン・レノンの「イマジン」という曲をイメージしてみよう。

［5］　現実的平和主義

「創る平和」や「動く平和」ともいえよう。具体的な行動やミッションが伴うリアリズムに基づく。軍事主義との線引きが難しく、また、武力や軍事力に基づく平和の実現というアプローチそのものが矛盾を抱え込む。この考え方は軍隊の人道支援や軍事的な介入、正しい戦争の根拠になっている。他方、武力闘争や革命主義者も、自らの平和の実現のための戦いを模索する上でこの考え方を掲げるであろう。

［6］　現場型平和主義

軍や国家権力、反政府組織たちのような現実主義的な立場にも適用できるし、非暴力・非武装に徹した人道支援グループや平和活動の人びとが現場で行動をするのであれば、理想主義的な立場にもなろう。NGO にせよ、軍隊にせよ、争いの震源地や現場での活動を重視する立場である。

以上のように、便宜上いくつかの平和主義を提示してみた。そのほかにも「日本型平和（主義）」や「アジア的平和（主義）」または「仏教的平和（主義）」

などもありうるだろう。

みなさんも自分なりの平和へのアプローチについて考えてみてほしい。

3　平和学の今日的な課題

さて、いままで日本における平和学の誕生と発展について触れ、さまざまな平和のあり方についての概略を述べてきた。来年には2020年代を迎える今日、平和学の課題は何だろうか。

① 混沌した世界の解決策へのビジョンをいかに提示するか

冷戦が終わり、世界規模の戦争のリスクは本当に軽減したのだろうか。ポスト冷戦期の過去30年間、国民国家の解体をめぐる内戦や難民問題、貧富の格差や宗教対立などによる暴力は続き、和解と共生への道のりはいまだ遠い。

そのような混沌状態に対して、平和学はどのようなビジョンとメッセージを発信できているのか、行動として示せているのか、自戒を込めて考えたい。言葉だけが中身を伴わずに先行する原理や主義で終わるのではなく、また普通の人びとには実現できそうもない大きなビジョンではなく、一人ひとりの胸に刺さり、行動を促せるビジョンはどうすれば生まれてくるのだろうか。この点に関しての平和学の悩みは続くであろう。

② 平和教育の普遍化と形骸化にどう対応するか

8月になれば日本全国には「平和月間」が訪れる。テレビ番組でもヒロシマ、ナガサキ、そして平和についての特番が欠かさず放映される。学校教育でも日本では小学校から高校まで「人権教育」「平和教育」が積極的に展開されている。世界的にみても日本では平和教育が普及または普遍化しているともいえよう。街には平和食堂、平和タクシー、平和商店など「平和」という名前の屋号や商標も目立つ。

しかし、考えてみよう。むしろ平和教育は形骸化していないだろうか。修学旅行で訪れた広島や長崎、沖縄の追悼施設や平和祈念公園、博物館などでどこ

まで真剣に学ぼうとしただろうか。むしろ、形式的に訪れて、退屈ささえ抱いてしまった人すらいるだろうと想像している。それは、平和教育が普遍化してはいるが、形骸化しているからだと私は考える。

国際理解教育や開発教育、シティズンシップ教育、環境教育など、平和学と隣接する分野との連携も拡大されるべきであり、何よりも現実の世界で起きている宗教対立やテロ、そして差別や抑圧に教育現場で頻繁に触れることができる。その解決に向けて常に悩み続ける姿勢が芽生えるような教育が必要である。

日常で生まれる小さな実践こそが具体的な平和のはじまりである。

以上、平和学の誕生と発展のプロセスを通じて、今後の課題と展望を私なりにまとめてみた。

平和学はひとつの独立した学問領域（ディシプリン）として確立されることも重要であるが、同時に、教養レベルとして幅広く人びとが触れられることも大切である。そのためにもそれぞれが「早稲田流平和」「新宿型平和」「平和のためのアーティスト集団」「頑張りすぎない平和スタイル」など自己流の平和主義を模索することが必要である。またそれこそが持続可能なアプローチでもあるだろう。そして、日々の生活で実践される小さな行動が重なり具体的な平和へとつながるのである。

ディスカッション

① 自分自身の平和観、平和主義について考え、周囲の人と比較してみよう。
② 平和をつくる上で、政治問題への関心やかかわり（選挙での投票や市民運動への参加など）はどのようなつながりや意味合いをもつのか話し合ってみよう。
③ 中立性と傍観の境界について、具体的な体験を例にあげながら話し合ってみよう。

✦ 参考文献・資料案内

小田博志・関雄二編『平和の人類学』法律文化社、2014年

風間孝・加治宏基・金敬黙編著『教養としてのジェンダーと平和』法律文化社、2016年

坂本義和『平和研究の未来責任』岩波書店、2015年

日本平和学会編『平和研究』1〜51号

日本平和学会編集委員会編『講座平和学 1　平和学──理論と課題』早稲田大学出版部、1983年

日本平和学会編集委員会編『講座平和学 2　平和の思想』早稲田大学出版部、1984年

付記：本研究は科学研究費基盤 C（18K11828）ならびに韓国国際交流財団の助成による研究成果の一部である。

［金　敬黙］

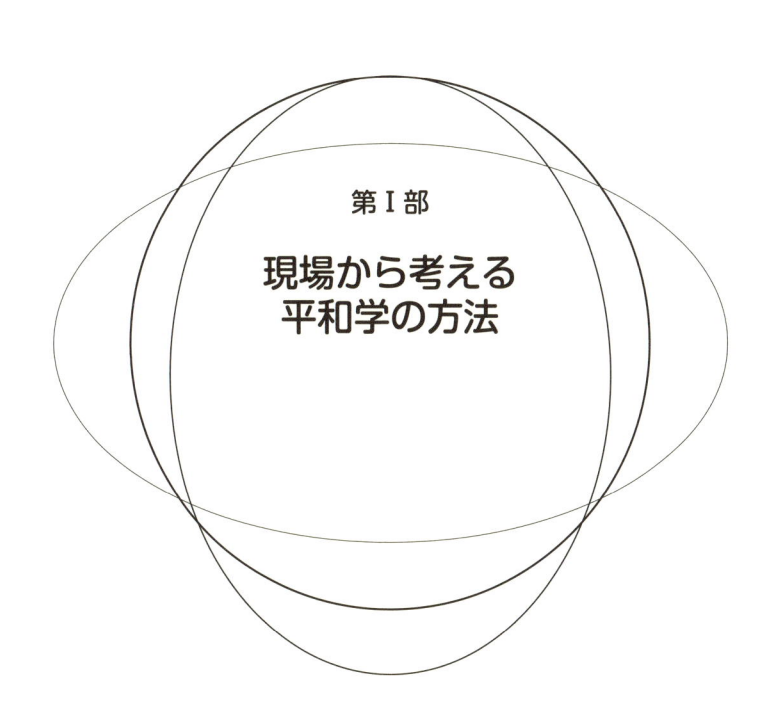

第Ⅰ部

現場から考える
平和学の方法

第1章 なぜ越境、共生、そして和解なのか?

キーワード　平和の概念定義　アジア　越境　共生　和解

アジア、越境、共生、和解の脱構築

　　本章のねらいは、本書の各章で扱われる事例分析に必要な分析の枠組みの構築を試みることである。平和という概念が文脈依存的であり、相対的なイメージや経験に基づくことについては序章ですでに述べた。本書は既存の平和学の流れを汲みながらも、紛争や暴力の背景や要因だけの分析にとどまらない。さらに、アジアにおける越境や共生、そして和解という概念を積極的に用いることによって、現在のアジアそして世界の諸課題に向き合う実践知を模索することはすでに述べている。

　　そのためには、平和という概念が多義的であることを前提にしつつ、その上で、平和をとりまく分析上の枠組み構築が必要であると考えている。どうすれば、分析上の枠組みが構築されるのだろうか。逆説的ではあるが、私は、アジア、越境、共生、和解など、本書のキーワード的な概念を脱構築し、クリティカルに捉えなおす作業を通じての模索を試みたい。具体的には、平和学と関連分野の研究者や実践家たちがこれらの概念をどのように捉えているのかに着目する。

＊

1　私、アジア、そして世界

1　世界地図から見えてくる日本とアジア

　読者のみなさんにお願いがある。頭の中に真っ白のスクリーンを描いていただきたい。その上で、みなさんがイメージできる世界地図1枚を描いてみていただきたい。どのような世界地図がイメージされ、描かれたであろうか。そして、世界中の人びとが描く世界地図はどこまで共通しているだろうか。

おそらく本書の読者の多くは日本での学校教育を受けた人が多いと想像できるので、ここにある地図1のように、日本が世界の中心に位置づけられているような世界地図を思い浮かべ描いたであろう。

　しかし実際には、下に描かれている地図2のように西ヨーロッパが中心におかれているような世界地図がより普及してきた。世界の協定世界時（UTC）もかつての英国のグリニッジ標準時を基に定められている。世界の中心は西ヨーロッパであったために、日本などの東アジアは極東（Far East）と呼ばれていた。この世界地図を参照すれば納得のいく話でもある。

　この2枚の世界地図を比べていくだけでも、地図について人びとがどのような視点で捉えているかについてクリティカルに分析することはできるが、そうすると、「北半球中心主義」ではないか、という南半球側の不満が聞こえてきそうだ。したがって、オーストラリアやニュージーランドでよく使われるサウス・アップまたはアップサイド・ダウンの世界地図（地図3）を見ながら考えてみよう。

　真夏のクリスマスを過ごすオーストラリアの人びとが真冬の北海道でスキーを楽しむようになってから20年前後の時間が経つ。たとえば、オーストラリアに暮らすある一家が北海道のニセコ町のスキーリゾートで北半球式の年末休暇を過ごすことになったと仮定しよう。両親は子どもたちに書斎に飾られている大きなサウス・アップ世界地図を見せながら、北海道のニセコ町を指している。子どもたちはなによりもクリスマスにスキー旅行に出かけることでワクワクしている。この地図（地図3）に描かれている北海道のニセコ町はまるで世界の極地である。

　西ヨーロッパや東アジアに暮らす北半球の人びとが、南半球のアルゼンチンや南アフリカ共和国を世界の「辺境」または「地球の果て」と思っている傲慢さを思い知ることのできる地図かもしれない。

　そのほかにも異なる投影法（プロジェクション）の地図を用いて異なる世界観はいくらでも再発見できるだろう。要するに、世界地図のひとつをとってみても、自国中心主義（ethno-centrism）が見え隠れし、学校教育やメディア報道で知らずに形成されてしまった世界観またはアジア観が、いつの間にか偏ったイ

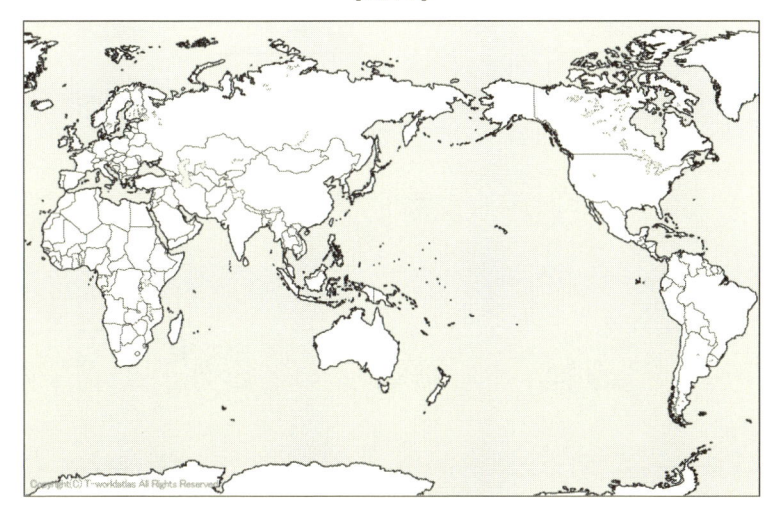

http://www.sekaichizu.jp/atlas/worldatlas/p800_worldatlas.html

【地図２】

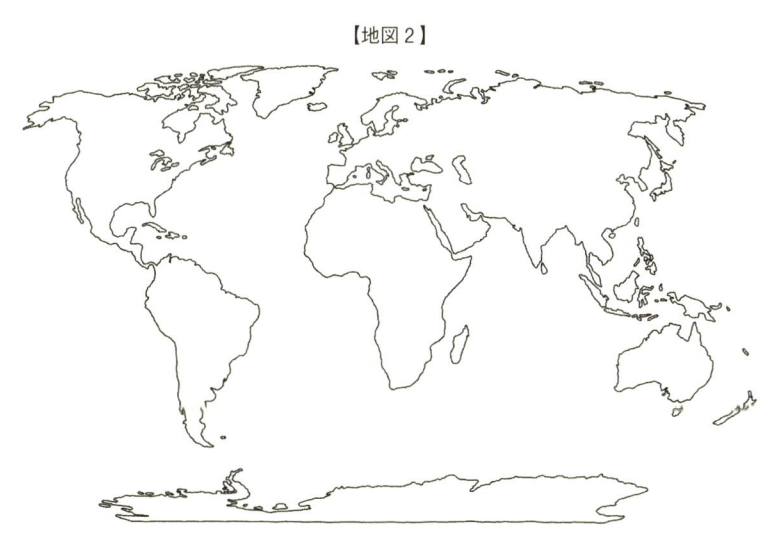

http://www.timvandevall.com/wp-content/uploads/2014/06/blank-world-map.jpg

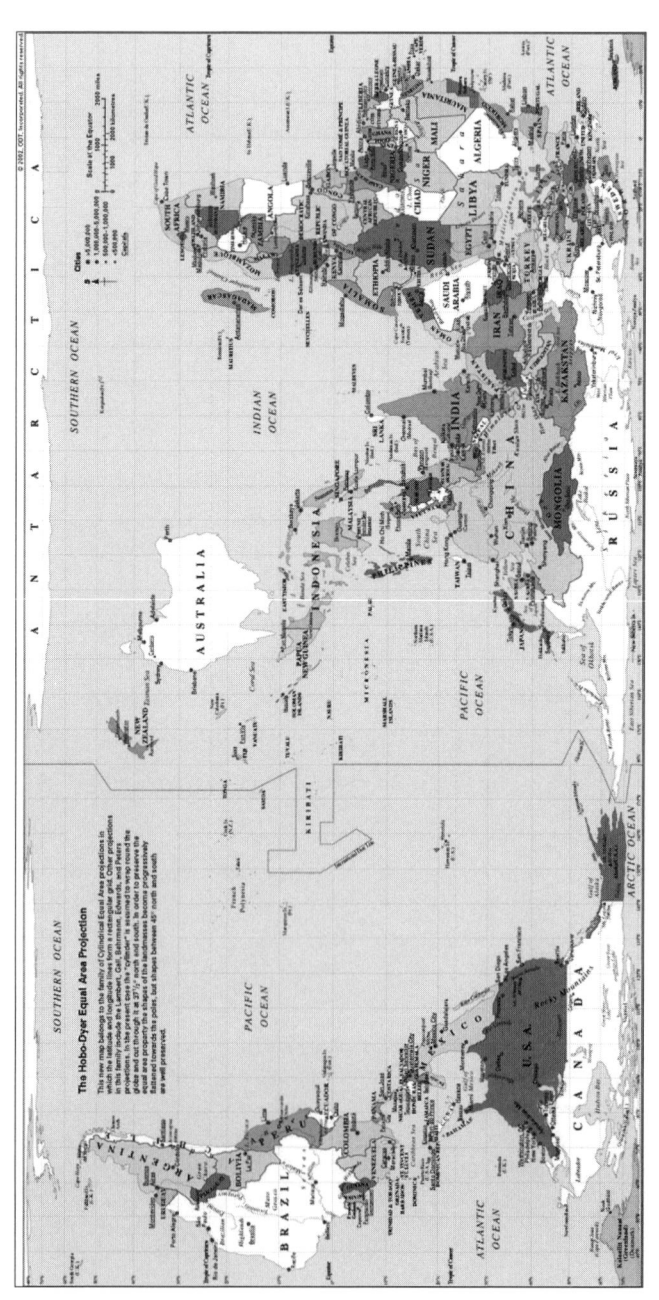

【地図3】

https://www.flourish.org/upsidedownmapimages/hobodyer-large.jpg

メージにつながってしまうのである。グローバル化が日々進展し、日本語や外国語でお互いが不自由なくコミュニケーションがとれたとしても、それぞれがイメージする世界はかなり同床異夢的な状況であることを忘れてはいけない。紙幅の制約もあるので、地図の話はこの程度にしておこう。

② 言葉が生み出す世界観——アジア（人）と東洋（人）

　次に考えてみたいことは、「アジア（人）」という概念のあいまいさである。アジアは空間的にどこからどこまでなのだろうか。西はトルコのアジア大陸部から東は日本やカムチャッカ半島、北はモンゴルやカザフスタン、そして南はインドネシアの島嶼部や東ティモールあたりまでをアジアというイメージで括ることができるであろう。

　しかし、トルコがアジアまたはオリエントとして含まれる背景には、単にトルコがボスポラス海峡を挟んで大陸アジアとつながっているだけではない。そこには文化または文明という大きな境界があるのではないだろうか。つまり、西ヨーロッパのキリスト教文明とは異質の「非西洋＝イスラム文明」としてのトルコという存在が浮上してくる。この境界は単なる地理上の線引きを越えていることに注目する価値がある。将来トルコをはじめヨーロッパのイスラム圏がEUに加盟できるか否かの鍵は、単に経済水準や政治システムだけで判断されるわけではないはずである。

　また「オリエント」（Orient）という言葉の翻訳として「東洋」が使われてきた。最近はあまり聞かなくなった言葉であるが、「西洋」という言葉はいまだによく使われる。西洋という言葉は「欧米」という言葉とほぼ同じ意味で使われるが、そうだとすると東洋はアジアに、そして東洋人はアジア人に置き換えればよいのだろうか。日本人、中国人、韓国人などはアジア人でも東洋人でも違和感がない。しかし、トルコ人やインド人を東洋人に括ることにいささかの違和感を覚える人はいるだろう。言われてみて初めて気づくことであるかもしれないが、このようにアジアと東洋という類似の言葉のなかにも目に見えない境界線が存在するのである。

　そもそも日本人や中国人、韓国人など東アジアの人びとはトルコ人やインド

人と同じ「アジア人」として、どこからどこまで共通の文化様式や歴史、共通言語を共有しているのだろうか。オリンピックやサッカーのワールドカップの地区予選を共に戦うくらいでは同じアジア人としての共通認識を醸成することは容易ではない。むしろ、競合関係におちいってしまうと思えるほどである。

この点について考えるために、「越境」という概念について次にもう少し詳しく述べていくことにしたい。

2 「越境」は事象・行為なのか、それとも価値・規範でもあるのか

本書の出版企画を作成する過程で、編集者といく度も協議を重ねたことがある。それは越境というキーワードが「共生」と「和解」と並列されてもよいかどうかであった。要するに、共生や和解という概念は、漠然としていながらも平和を志向する上での価値や規範につながると受け止められやすい。しかし、「越境」となると、それは行為または事象であり、越境という行為や事象そのものが平和を志向する価値や規範にはかかわらないのではないか、という意見が出されたからである。一般的にはたしかにそうかもしれない、と納得もできる。結果的に、本書のタイトルは『越境する平和学──アジアにおける共生と和解』というものに落ち着いた。

しかし、いまだに私は「越境」という概念は今日では単なる行為や現象を超えて、価値や規範そのものにもなりつつある過渡期・移行期的な状況なのではないかと仮定してもいる。それは、私自身が生まれた時から外国人としての存在であったからであろう。属人主義の国籍法は生まれた故郷が「異郷」(＝外国) というねじれを生み出す。人生の3分の2以上の歳月を私は「生まれ異郷」で外国人として暮らしている。それでも私の場合、初等教育から大学教育の時期を韓国で暮らしたために、韓国人としてのアイデンティティを形成し、国籍と自己アイデンティティの矛盾を最小化することができた。

しかし、ほとんどの越境する民とその子孫たちは日々悩みつつ暮らしているだろう。そのような存在は、いかなる意味で平和、共生、和解のための存在に

なるのだろうか。単なる社会的な弱者や少数派として括（くく）られることもある。しかし、いまの時代、このような「ねじれ」を梃子（てこ）にして、自己と他者の境界を乗り越える存在意義を求めることも可能である。後に「越境人」という概念の模索を第Ⅱ部で取り扱うので、そこで詳述することにしよう。

　このように本書では「越境」概念の脱構築を通じて、その価値や規範の模索を試みるきっかけにもしたい。そのためにはまず、境界、辺境、周辺、中心、超越、交流、停滞、循環、帰還など読者のみなさんも越境と関連して思い浮かぶ語彙（ごい）を自由に取り上げて検討してみてほしい。

　私は、「越境」には学問的な領域の境を越えること、国境などの空間を越えること、歴史的な時間を越えること、さらに、既存の価値や規範を越えることに加え、日常と非日常の扉を開くことなどがあると捉えている。以下では、そのことについてもう少しだけ詳しく述べることにしたい。

① 境界がなければ越境もない

　「越境」という言葉は、境界を越えるという意味である。しかし、少なくとも私の母語としての韓国語では「越境」という語彙は使われない。漢字を解する人であればその意は伝わるだろうが、単語としての越境という語は韓国ではそもそも存在しない。日本で生まれた漢字語ではないかと推測している。

　この越境という言葉を理解するためには、逆説的ではあるが、「境界」が何を意味するのかを理解すべきである。境界は、ひとつには県境などの行政的な区別をはじめ、国境などをさす。本書においては、特に国民国家が設けた境界が重要になる。

　私はかつて名古屋で10年ほど暮らしていたが、住民票がおかれていた区役所には「越境入（通）学をやめよう」という類のポスターが大々的に貼られていた。どうやら日本の行政の視点からすると越境というものはどこかネガティブなニュアンスが漂い、望ましくない行為であるらしい。

　ヘイト・スピーチ、ヘイト・クライムが深刻な社会問題となっているが、それでも日本における外国人差別はひと昔前と比べて漸進的に改善の方向に向かっている。難民や移住者の受け入れについて学生たちに質問をしてみると、

いまだ「日本は島国だから」「日本の領土は狭いので」「日本は同質性が高い国家なので」などの見解を示す人たちもいる。それらの見解の多くは客観性を欠くことが多いのだが、ここではそのような認識が存在している点に着目したい。その感覚や認識は、明治維新以来、メディアや教育がつくりあげた日本という「想像の共同体」から生み出されている。沖縄から北海道までそこに住む人びとが筆談をせずに共通の言語でコミュニケーションをとり、共通の歴史を記憶し、富士山と桜を見て同じ感情を抱く。ここには教育とメディアが不可欠だ。自己としての日本（または大和）と他者としての琉球や朝鮮、アイヌが設定され、日本を中心とする「小中華思想」が生まれたのである。差別や偏見は多くの場合、アジア系やアフリカ系の人びとに対する「人種・国籍差別」として顕著に現れる一方で西洋文明に対しては憧憬につながった。ここに日本の「内なるオリエンタリズム」がみえてくる。つまり、長年の間、日本はアジアに位置しながらも（大陸）アジアの外に位置しているというスタンスをとってきた。

　半島部や大陸部の人びとは四方が海でふさがれた人びとよりも境界に接する機会は多いかもしれないが、それが必ずしも開放的な姿勢や寛容さを生み出すとは限らない。たしかに EU 諸国のように、移動の自由が高い国や地域もある。しかし、難民や移住者の増加に伴い、EU 圏内でのパスポート・コントロールは厳格化の方向に向かっているし、BREXIT（英国の EU からの離脱）にみるとおり、排外主義の台頭という副作用にもつながっている。

　それらの葛藤と摩擦は、かつての東西ベルリン、パレスチナとイスラエル、そしてメキシコとアメリカ合衆国や南北コリアを隔てる境界線として顕在化する。壁と鉄条網は自由な往来と交流を妨げ、分断を誘う。

　一方の人びとは越境を求め、もう一方の人びとはそれを拒む。あるいは一方の属性だけにその特権が与えられる。つい最近、夏休みを利用して若者たちとフィールドワークに出かけ、南北コリアの事実上の国境と化している DMZ（非武装地帯）を訪れてきた。展望台から鮮明に見えてくる北朝鮮の開城市の風景を眺めながら、いつかこの境界の扉が開かれたとしたら、一方から何が流入し、もう一方からは何が流出するだろうかというリアルな想像をしてみた。交流や越境が平和をもたらすのか、それとも新たなコンフリクトを生み出すの

か、まさに共生と和解の姿勢が大切になるだろう。

② 境界を生み出す根源は何か

　境界や縄張りはなぜ生まれるのか。またなぜ、それらが葛藤と摩擦を生み出すのだろうか。自然界に暮らす動物たちの縄張りはさておき、社会的な人間たちはなぜ縄張りと境界を生み出すのだろうか。

　そこには物理的なパワーとは異なる文化的、経済的、社会的な権力関係が存在していることがわかる。たとえば、北朝鮮からの脱北者たちが韓国での生活に慣れてくると、多くの人が北朝鮮での方言や抑揚を南の標準語に順応させるという。このことは在日コリアンが通称名を使って、日常的に自らの姿を不可視状態にすることとも通ずる。文化や生活様式、習慣には価値・規範が伴い、それが差別や偏見の源にもなる。グローバルな文脈から捉えてみると、本土のコリアンと海外に暮らすコリアンのあいだにも権力関係が発生し、英語圏の海外コリアンと非英語圏の海外コリアン、そして本土の人たちとのあいだでのヒエラルキーが存在していることを私はみてきた。人間界において、言語と知性、そして教養は権力や富につながることがあり、ヒエラルキー関係に影響を及ぼす。

　パスポート・コントロールの視点から考えてみよう。一般的に飛行機に乗る前にはだれもが出入国審査台でパスポート管理を受け、飛行機で渡航して着陸した後にはもう一度現地で再びほぼ同じプロセスを経て入国審査の手続きを受ける。その時に自国民と外国パスポートの管理が異なる。実質、eパスポート化している時代なので、指紋や顔写真の撮影などのデータ登録に所要する手続き上の時間の違いであるともいえる。顔写真の撮影と指紋の電子押捺による本人確認とデータ登録。なぜ、外国籍者に関しての手続きがこれほど厳格になったのか。パスポートの最大の機能のひとつは、所持者の国籍を明らかにすることによって、その人の身分を証明することである。本来、その所持者をどの国へ「送り返すのか」という帰還性（returnability）の性格も強い。けれども、外国で生まれ、本国には行ったこともない、あるいは帰る予定のない人びと（たとえば、日本に永住する在日コリアンなど）にとって、国籍国のパスポートと帰還

する場所は一致しない。

　さらにパスポート審査の際に並ぶ列においても、目に見えない国籍別の境界が現れてくる。国籍が違うので当然といえば当然であるが、これが多国籍ファミリーに同伴する子どもの場合はもう少し複雑になる。日本の場合、一定の年齢までは事実上の「重国籍」を容認しているが、幼い子どもが自分自身のパスポートを持っていない限り、保護者に付帯するかたちでパスポート審査が行われる。両親の国籍が異なり、仮に一方の親と子どもの国籍が異なる場合はどうなるのだろうか。

　管理のために恣意的に生まれてくる境界線は国籍やエスニシティなどに限らない。LGBTQ は長年の間、一部の（または大勢の）人びとによって「病理化」されてきたし、特定の障がいをもつ人たちは国家権力が定めた優生保護法による人権侵害を受けてきた。しかし、「時代の変化」は人びとの価値と規範をも変え、次第に制度の変革にも及ぶ。最もその変革に鈍いのが国家権力を盾にした制度であるが、民間や市民社会、自治体が国の行政よりも先に柔軟な対応をみせることもある。たとえば、LGBTQ の婚姻が合法化していない日本においても一部自治体はパートナー制度をもうけている。携帯電話の「家族割り」が適用されたり、ブライダル業界が同性間の挙式サービスに参入することも増えてきた。このように越境は、空間軸を前提とした国家や民族、人種の違いの超越に限らずに、世代の変化に伴う新しい時代の価値と規範を創っていくパターンもあることを忘れてはいけない。

　ここでいう「時代の変化」とは何か。自らの意識の変化もありうるし、環境や構造の変化もありうる。一定の思想や見解をすでに形成している成人が 1 冊の書物や 1 本の映画、数人との対話を通じてその主張や信念を変えることは不可能ではないが、大いに期待できることでもない。環境や構造の変化は時と場合によって、「パラダイム」の変化に喩えられることもある。たとえば、冷戦構造の解体、社会主義経済における資本主義経済の導入、政治における王政から共和制あるいは権威主義体制から民主制への移行、紛争や内戦の勃発、「3．11」（東日本大震災）などが人びとの暮らしそのものやライフスタイルに影響を及ぼす場合にパラダイムの変化が生じうる。

　管理を軸にした役所的な発想に基づくのであれば「越境」という行為・事象は、たしかに厄介・面倒な存在であろう。しかし、「越境」という事象や行為を積極的に、あるいは価値志向的に捉えている分野もある。それは出版業界と学界ではなかろうか。

　本書のタイトルが『越境する平和学——アジアにおける共生と和解』に決まった理由のひとつとしては、越境という概念が価値や規範志向の概念であるという社会的な認識が不十分である可能性があり、結果的に共生や和解と同列にならべることへの違和感があるという意見が出たことがあったと先に述べた。社会的な認識が不十分であるという意見にはまったくそのとおりであると理解する。

　しかし、興味深いことに、日本の研究書籍の多くのタイトルには『越境する○○』というものがある。実は、私の最初の単行本も『越境するNGOネットワーク——紛争地域における人道支援・平和構築』というものであった。博士学位請求論文を加筆・修正したかたちで出版したが、その際に急いで英語のタイトルも決めた。私はその時、深く迷うこともなく、『*Transnational NGO Networks*』というものにした。その本のタイトルはそれでまったく問題がないというか、それが「トランスナショナル」の翻訳として「越境する」が後づけされた。けれども、すでに述べているとおり、すべての越境が国家や民族などのネーションを越えることだけをさしているわけではない。

　「越境」というキーワードにおける出版物をデータ検索した第5章の執筆者である鄭康烈によると（⇨詳しくは第5章）、日本の図書出版では以下、3つの特徴が現れているという。

①　「越境」という言葉を用いた図書の出版は1970年代から1980年代にかけてまばらに始まり、1990年代以降に顕著に増加する。

②　「越境」という単語の多くは「芸術・言語・文学」の分野で用いられてきた。

③　1970年代までは「芸術・言語・文学」「歴史・地理」「教育」「社会・労働」の分野でのみ「越境」という言葉を使った書籍の出版が行われたが、

1980年代以降「経済・産業」「政治・法律・行政」「哲学・宗教」「科学技術」などの分野に浸透している。

　この知見を参照しつつ、改めて『越境する○○』という書籍の内容を吟味してみると、そこには「新しい」とか「既存の枠組みや制度を乗り越える」「学際的」など、価値や規範志向的な印象を与えるものが多い。つまり、「越境する」という言葉にはすでに新しい価値や規範を創り出そうという志向性が明示的に表れているのではないだろうか。

3　共生をめぐる批判的視座
——住み分け、同居から差異を認める共存まで

　共に生きる。そこには個と個の関係性は現れていないにもかかわらず、共生という言葉からはなんとなく理想的な響きが伴う。呉越同舟的な敵対的な関係、仮面夫婦的な関係、無関心な関係など、共に生きていながらも共に生きていないような状態は日常的にあふれている。したがって、共生をめぐる理念と実態について考えてみよう。

① 「多文化共生」の理念と実態

　21世紀になって多文化共生という言葉をよく耳にする。行政も民間も教育現場もこのキーワードが大好きだ。しかし、それはこの社会がそのような状態におかれていないことの反証でもあり、目指す方向性としてのメルクマールであり、実現すべき社会的・政策的課題でもある。

　多文化共生の英語翻訳を検索してみると、「Multiculturalism」「Multicultural Coexistence」「Multicultural Symbiosis」などの言葉が出てくるが、実態としての多文化共生とはどのようなものだろうか。過度の理想化や美化は禁物であるが、いくつかの象徴的な体験を共有しよう。多文化共生は移民国家としてのカナダやオーストラリアが政策的に掲げるものであり、自文化を尊重しつつ移住社会で暮らしていくことが許される。

　私はカナダに語学留学中の1992年、トロントでオンタリオ州の自動車運転免

許を取得した。英語の勉強をかねて英語のペーパーテストに（一度の勉強不足に基づく不合格を体験した上で）合格し、実技テストもパスし、めでたく人生初の運転免許をカナダで取得した。当時、何言語での受験が可能であったのかは確かでないが、2018年現在では24の言語での受験が可能であり、そこにはコリア語（Korean）も含まれている。筆記試験の多言語化は自動車運転に必要な知識と英語の読解力を分けて考えているから実現する政策である。

2012年に1年ほど暮らしたオーストラリアにはSBS（Special Broadcasting Service）という放送局があり、そこでは多文化と多言語の情報を発信している。韓国語や日本語をはじめとするオーストラリアに移住してくる多くのエスニック集団が使用する言語のニュースや情報提供に限らず、多くのエスニック映画や文化的な番組にも触れることができる。もちろん、この地にも差別や偏見は残っているし、人種差別的な犯罪も生じている。1973年に「白豪主義」が撤廃されてから半世紀近くが経つが、依然として上流社会は「白人系」が主導権を握っている。しかし、少なくとも都市部においては、自文化に誇りを抱き、同化主義ではないかたちでの自己アイデンティティの形成や継承に対する制度的な後押しは感じ取れる。第1の都市シドニーの街中を歩いていると、アイコンとしてのオペラハウスでも見えない限り、ここがシンガポールなのか、香港なのか、あるいはニューヨークなのかがわからなくなるほどである。それほどグローバル都市におけるアジア系人口の増加は著しい。

一方、日本の多文化共生はどのような状態なのだろうか。日本の大都会の駅や電車でもいくつかの外国語による音声アナウンスや標識が増えているが、多文化・多言語政策を積極的に採択している諸外国の事例に比べたらまだまだ学ぶ点はたくさんある。日本の行政区域で最も多文化の度合いが高いところは東京都新宿区である。2018年8月1日現在、新宿区の住民基本台帳人口は34万6062名であるが、うち4万3482名が外国籍である。12.5%以上が外国籍であることがわかる。新大久保や高田馬場などの駅はアジア系の住民やエスニック・ビジネスであふれている。この量的な増加や可視化状態だけで多文化共生をどこまで占うことができるであろうか。一部のK-popファンや韓流好き、あるいはエスニック料理を楽しむ人びと以外にとって新大久保や高田馬場界隈

が認識上の「危険地帯」や「接近禁止区域」として位置づけられているのであれば、それは多文化共生社会ではなく「多文化乖離社会」にすぎない。

　量的な側面で外国籍住民は大都市圏で急増している。では質的な面での暮らしやすさはどこまで改善されたであろうか。私が勤務する職場の近くに、比較的安い飲み屋がある。ある日、友人と軽くいっぱいするためにその店に行った時のことである。人手不足で外国人スタッフが急増していることは周知のとおりである。その店も中国系の若者が働いていた。その若者の仕事ぶりを見ている限り、新米スタッフであることは明白だった。特に店が忙しかったこともありその若者は失敗の連続だったが、そんな時に限って店の日本人男性スタッフは大声でそのスタッフを罵（ののし）っていた。私たちをはじめ、他の客たちも状況が気になって、次のビールをなかなか頼めない状態であった。あからさまに指導を超えた偏見と差別が生み出すハラスメントに近かった。これでは本末転倒ではないだろうか。

　別のエピソードも紹介しよう。自宅の最寄り駅によく行く回転寿司がある。ベトナム系の好青年がいつも明るく、一生懸命、接客の仕事で働いている。客が茶碗蒸しを2つ板前さんに注文した。板前さんは、「茶碗蒸しツー」と叫んだ。その外国人スタッフは「ヒトツー、フタツー？」と繰り返した。「2個」とか「ダブル」とか言えばよいのに、板前さんはただ単に「ツー」「ツー」と繰り返した。結果的に茶碗蒸しは「ひとツー」だけ客に届いた。板前さんはあきれていた。しかし、店の客たちは板前さんにあきれていた。あなたの発音、いや心が悪いんではないか。「ツーじゃなくてトゥーっ！」

　この2つの事例で共通していることは、人手不足の結果、コンビニや外食産業で外国人スタッフに頼らざるをえない状況が急増し、特にサービス業では似たようなハプニングが頻繁に起きているということだ。日本はすでに影の移民大国であるとか、一日も早く移民政策を正式に導入すべきであるという議論があり入管法（出入国管理及び難民認定法）も改正された。市場の論理から開放を訴える業界もあるだろう。私は、移民政策は現実的な政策であると前向きの見解をもっているが、少なくとも「二級市民」的な労働市場の開放は避けるべきだと思う。空港から都心までのバスを利用する時に荷物を運んでくれるポー

ターさんも技能実習制度で来日した人が多い。汗だくになって荷物を積んだり降ろしたりする人びとは、先進国日本にどのような思いでやって来て、実際には何を学んでいるのだろうか。

　ここで重要なのは政策的な課題だけではなく、社会構成員の認識の変化が必要であるということだ。百歩譲って、大人たちの意識はそう簡単に変わらないとしよう。でも、学びの段階におかれている子どもや若者たちの意識は変わりうる。しかし、教育現場における多文化共生はかなり上辺だけの共生を掲げたり「してあげよう」のスタンスも垣間見られる。これではいけないのである。

② シンガポールは多文化共生社会なのか——共生の手前の段階としての共存

　2017年の8月、私は「グローバル・アジア研究」という看板を掲げて展開しているゼミのメンバーたちと一緒に香港とシンガポールへのフィールドワークの「旅」へ出かけた。その時のテーマは、香港とシンガポールの街を歩きながら、ひとつは中国・中華文明、英国の植民地（くわえて日本の占領期）の経験をもつ2つのグローバル都市の共通点と相違点を探すこと、そしてもうひとつはグローバル化時代における多文化共生の度合いを肌で体感することであった。香港でのフィールド調査を終えて、シンガポールの街でフィールドワークをした学生たちの「発見」は以下のようなものだった。

　　　多文化共生のイメージでシンガポールに来たが、実際に街を歩いてみると、多文化共生ではなく、多文化並存であるような印象が強い。チャイナタウンはほとんど中華文化一色であり、リトル・インディア駅に下車すると広告ボードのモデルたちもインド系の人種に変わっていく。シンガポール全体で混ざり合って生活をするイメージが強かったが、そうではなく、区域ごとに分かれて、思った以上に交わっていない。

　学生たちにとって、シンガポールという空間的な場所が、「共生とは何か」を考えるための「現場」に変わった瞬間であった。
　共生とは何か。共に生きる、ということはどこまでの関係を求めているのだろうか。私は現在、集合住宅に住んでいるが、隣の住民も、上下階の住民も知

【写真1】 リトル・インディア駅に現れる
インド系モデルによる広告

撮影：2017年8月、筆者

らない。実際に玄関口で隣の住民に会うことすらないし、お互いの名前も知らない。これは共生状態なのか、共生状態ではないのか。争いもトラブルもない。そしてこれといった関係もない。紛れもないひとつの事実に、そこにはだれか（他者）が暮らしているという自覚があり、相手も私のこともそう思っているということだ。

　現代社会の疎外感を指摘することは簡単でもあるが、村や町から人びとが都会に流れ込み、匿名化した、ひっそりとした暮らしをある程度求めていることも事実である。国籍やエスニシティ、政治的な信条や宗教、文化様式が異なる場合に、どこまでわかり合うことが可能であり、どこまでわかり合う必要があるのだろうか。多文化共生の問いはそこから始めるべきである。

4　和解をめぐる批判的視座
　　──赦し、棚上げ、補償・賠償から忘却と記憶まで

1 戦争の記憶と記憶の戦争

　人間の最大の能力のひとつには「忘却」というものがある。悲しい状況、どん底の状況におちいったとしても再び立ち直ることができるのは時間の経過に伴い「記憶が薄れていく」または「忘れていく」という作用が生じるからである。

　にもかかわらず、東アジアの国々では時間の流れをさかのぼる動きがあり、過去をめぐる対立が激化している。さらに、そこには両国の市民・草の根レベルの運動がメディアを通じて両国民の世論、そして政治・外交レベルに影響を与えている。「時間軸の逆行」と従来とは異なるボトムアップ的な両国関係の

形成はなぜ起きるのだろうか。ボトムアップ的な世論形成と政策の反映は民主的な社会制度のなかではむしろ自然なものであるため、本来ならば問題にする要素ではない。しかし、ここであえてそれを指摘しているのは、ボトムアップ的な両国関係が「時間軸の逆行」に大きな影響を与えているからである。

　一方では過去の問題は決着したという支配的認識があり、他方では、過去の問題は終わっていないし、新たな課題が発見されたという認識がある。そしてその解決方法をめぐって「和解」どころか新たな紛争が顕在化している。市民・草の根レベルの動きが両国関係に影響を及ぼし、関係改善を模索する市民・草の根交流や自治体・姉妹校流などが延期・取り消されるという事態も発生している。ここでは明確に国家やナショナリズムという枠組み・境界が形成され、個々人の発言も国家や政府、民族の立場に帰属されることが求められる。そこからはみ出た見解は望ましくない、許されるべきではないものになり、「裏切り者」「異端者」的なレッテルが貼られてしまう。問題の解決や相対化を試みる多くが「火に油を注ぐ」結果として紛争の火種になってしまった事例も数多くみてきた。そのような試みは勇気のある行動なのか、それともナイーブな行動なのか。

　ひとつ確かな点は、「記憶の戦争がいまだ続いている」という状況認識だ。要するに、一方だけの立場ではこの問題は終わらせることができないばかりか、記憶の戦争が始まってしまう結果を生み出すということである。そうだとすると「共生」の前段階として「共存」を唱える必要があるごとく、「和解」の前段階としてのキーワードが必要になるのではなかろうか。私はそれを正義、真実、そして記憶の継承と再生産の視点から考えてみたい。

② 加害、被害と和解

［1］　正義、真実、および記憶の継承と和解

　平和という概念を構成する要素に和解を含めてみよう。正義と和解の関係はどうだろうか。多くの場合両立しうるし、それが望ましいという考え方も支配的である。しかし、正義を追求しすぎるあまり和解が実現できなかったり、和解を模索するために正義が損なわれてしまうという競合関係すらあることを忘

れてはいけない。その点、和解には調和、均衡、折り合い、妥協、棚上げ、水に流す、触れないといったことを含意する。赦しなどの文脈が必要になることすら論理的には生じる。しかし、これらの選択をとることが強制されてはならず、被害者または傷を負うすべての当事者の自発的かつ自主的なプロセスが前提条件となる。そのために真相解明や真実が必要になるのである。

問題は、歴史問題における真実と解釈の境界線が恣意的であることが多々あることだ。そこには立場や主観が大いに影響をしている。客観性が担保されるような歴史的な史実においても、文芸作品などにおけるファクトと虚構（フィクション）の混在による問題が、意図的であろうがなかろうがしばしば発生する。商業的な興行成績を重視したあまり、誇張や歪曲が生み出してしまう映画や文芸作品の描写は「文化」が引き起こす平和の脅威にもなりうる。

過去の出来事を記録・記憶し、それをきちんと継承する。そして、それが新たな憎悪や紛争を生み出すプロセスではなく和解につながる経路を生み出す。この流れをどのように設定できるかがいま真剣に問われている。

先ほど少し触れたが、2018年の夏休みに、私は早稲田大学と韓国・高麗大学の学生とが中心に進めてきた「日韓誠信学生通信使2018」という大学生交流に参加する機会に恵まれた。過去十年間、両校の学生たちはほぼ毎年、日本または韓国を隔年ごとに行き来し、戦争と平和、植民地支配をめぐる諸問題、共通の歴史や文化遺産などについて触れ合ってきた。韓国の学生たちには日本語や日本文化を学ぶ人が多く、日本の学生たちには韓流ファンなども多い。お互いが親日・知日派、親韓・知韓派というメンバー構成である。にもかかわらず、歴史認識や領土紛争などのテーマをめぐっては鋭い緊張が走る場面も起きていたという。韓国側は日本側を知識不足だと捉え、日本側は韓国側の鋭い攻めに戸惑うという感じだったと過去の参加者の証言や記録から把握している。

過去の企画に参加できていないし、毎年開催地やテーマ、構成員が少しずつ変わるので単純比較はできない。しかし、今年の企画では、そのような緊張感があまり浮き彫りにされなかった気がする。その背景には、2017年10月に「朝鮮通信使」が日韓の共同申請によるユネスコ世界の記憶に登録されたこともあり、国民国家を超える共通の枠組みが交流企画の精神に合ったことにも起因す

る。さらに日韓の双方の課題解決という二者間の課題というよりは、朝鮮半島の和平をはじめとする東アジアの共通課題や共通の歴史と文化の模索というゴール設定に今年の企画が合致したのではないかと仮説的に捉えている。

［2］ ノグンリとヒロシマにおける昇華（越境）

フィールドワークとしての訪問先に韓国人被爆者が多く暮らし、2017年には原爆資料館も開館したハプチョンに加え、ノグンリ平和公園や休戦ライン近くの非武装地帯（DMZ）なども訪れた。特に、南北首脳会談（2018年4月27日）や米朝首脳会談（2018年6月12日）が開催されてから数か月しか経過していない時期でもあったために参加者の関心も高く、建設的な問題意識の共有も可能であった。けれども、それ以上に私はノグンリ平和公園に日韓の大学生が参加し、朝鮮戦争時に発生した米軍による住民虐殺の事例を記憶しつつも、加害者と被害者の関係を超えて平和と人権という普遍的な価値を求めることに和解の可能性をみた。自らの被害者性を強調しすぎるのではなく、住民虐殺の加害者である米軍兵士も戦争の被害者でもあった、という戦争の加害・被害の重層性を学ぶ場所の模索が和解の現場へと昇華（越境）しうるのかもしれない。

韓国人被爆者が暮らすハプチョンを訪ねたので、関連したことについても敷衍したい。2016年5月にバラク・オバマ前大統領が、当時のアメリカの現職大統領として初めて広島を訪問したことは記憶に新しい。なぜ「広島平和記念公園におけるバラク・オバマ大統領の演説」が評価されるのだろうか。オバマ演説の最初の一部を読みながら考えてみよう。日本語訳は駐日米国大使館・領事館のホームページから引用したものである。

Seventy-one years ago, on a bright cloudless morning, death fell from the sky and the world was changed. A flash of light and a wall of fire destroyed a city and demonstrated that mankind possessed the means to destroy itself.

Why do we come to this place, to Hiroshima? We come to ponder a terrible force unleashed in a not so distant past. We come to mourn the dead, including over 100,000 Japanese men, women and children, thousands of Koreans, a dozen Americans held prisoner. Their souls speak to us. They ask us to look inward, to take stock of who we are and what we might become.

71年前の明るく晴れわたった朝、空から死が降ってきて世界は一変しました。閃光（せんこう）と炎の壁によって町が破壊され、人類が自らを破滅させる手段を手にしたことがはっきりと示されました。

　私たちはなぜ、ここ広島を訪れるのでしょうか。それほど遠くない過去に解き放たれた、恐ろしい力についてじっくりと考えるためです。10万人を超える日本人の男女そして子どもたち、何千人もの朝鮮半島出身の人々、12人の米国人捕虜など、亡くなった方々を悼むためです。こうした犠牲者の魂は私たちに語りかけます。彼らは私たちに内省を求め、私たちが何者であるか、そして私たちがどのような人間になるかについて考えるよう促します。(https://jp.usembassy.gov/ja/obama-remarks-hiroshima-memorial-ja/)

　すでに多くの人が指摘していること2点のほか、私なりにもう1点を加えてみたい。「オバマ演説」が評価されるひとつ目のポイントは、「死が降ってきて」という表現を用いることによって、被爆者（被害者）の視点を取り入れたことである。そしてもうひとつのポイントは、「何千人もの朝鮮半島出身の人々、12人の米国人捕虜など、亡くなった方々を悼むためです」という表現によって当時の朝鮮人たちについて言及した点である。

　しかし、その後を読み進めていってもアメリカの加害者性を認めたり、被爆者に対する直接的な謝罪ははどこにも見当たらない。そうだとすると、2番目のパラグラフにある「私たち（we）と彼ら（they）」はだれなのか。安直に答えたら、「日本とアメリカ」や「被害者と加害者」などと誤読してしまいそうだが、ここでの彼ら（they）は明らかに犠牲者であり、私たち（we）はいまを生きる世代のことである。ここには加害と被害の構造はみえてこない。

　それにもかかわらず、オバマ演説は評価される。私は演説の内容以上に、その演説を「核なき世界」の願いとして受け止め、昇華（越境）させた被爆者たちの姿勢が評価されているのではないだろうか、と思ったりもする。

5　おわりに

　以上、アジア、越境、共生と和解について、今後各章で分析をする上での視点を提示してみた。これらはあくまでも個別の事象や文脈に応じて変わりうる

流動的なものでもある。しかし、いままでの概念や認識を再構築したり、新し
い視点を取り入れたりするためには、必ず必要なプロセスであるとも思い、実
験的に取り組んでみた。この本を活用する読者一人ひとりの個別の視点、新し
い越境をさらに期待したい。

ディスカッション

①　みなさんが暮らす行政地域と隣接する行政地域の境界線（県境や市・区の境）を越
えることによって、道路や風景、制度の違いを調べ、周囲の人びとと比較してみよ
う。
②　異なる文化の人びととの距離感のとり方についてそれぞれの経験や思いについて話
し合ってみよう。

✦文献・資料案内

アンダーソン、ベネディクト（白石隆・白石さや訳）『定本 想像の共同体――ナショ
ナリズムの起源と流行』書籍工房早山、2007年
風間孝・加治宏基・金敬黙編著『教養としてのジェンダーと平和』法律文化社、2016
年
古沢広祐『みんな幸せってどんな世界――共存学のすすめ』ほんの木、2018年
ましこひでのり『幻想としての人種／民族／国民――「日本人という自画像」の知的
水準』三元社、2008年

付記：本研究は科学研究費基盤C（18K11828）ならびに韓国国際交流財団の助成による研
究成果の一部である。

［金　敬黙］

　北朝鮮から逃れ、韓国や諸外国に合法・非合法を問わず定住している人びとを「脱北者」と呼ぶ。その数は、韓国に定住した人だけでも3万2147人を超えている（2018年9月暫定、韓国統一省発表）。そのほかにも、諸外国へ直接入国し庇護を求めた人（難民申請をした人）、定住をした人、さらに中国や東南アジアなどに潜伏中のため統計値として現れない人びとを含めたら、その数は10万人とも30万人とも推計できる。中国の朝鮮族自治州を中心とした一帯に潜伏している人びとは、生命の危険を負ってまで中朝国境を繰り返し渡りつつ、北朝鮮内部の親族とのネットワークを維持している場合もある。そのため、もはや単純に命がけの逃避を前提とした「難民」的な側面だけでは説明がつかず、経済的な要因などを含めた「移住」や「往来」の側面があることも視野に入れなければならない。中国も北朝鮮政府もこのことを問題視し、厳しく取り締まっている。摘発・逮捕された時の処罰は状況にもよるが、収容所行きなど過酷な状況におかれる可能性がきわめて高いことに留意すべきである。

　脱北者支援をめぐっては、当事者の安全を手助けするNGOや宗教者たちもいるが、そのあいだにはブローカーとして高額の金銭を要求する人びとの介入も不可欠であり、人命の保護をとりまく「ビジネス化」という懸念も存在するなど、脱北者支援は複雑化の様相を呈する。また、いまでは韓国や諸外国への定住後に生じる社会不適応や差別・偏見などが問題視されている。生命の危険から脱しても、人間としての暮らしが満たされない場合はさまざまな2次的な課題が生じる。

　理念的に捉えれば、脱北者支援は人道主義の精神や価値・規範に基づく説明が十分できるはずだ。しかし、実際においては、脱北者支援をめぐっては、人道支援派と人権派あるいは「対北朝鮮宥和派」と「対北朝鮮強硬派」のあいだで、その対応をめぐるアプローチの違いが浮き彫りにされている。人道支援派（または「宥和派」）は、北朝鮮の経済状況の改善や発展を通じて、脱北者の発生を防止することを理想とする。他方、人権派（または「強硬派」）は、北朝鮮の体制や政権の人権抑圧や政治弾圧状況からして、人民（民衆）をその地から救い出すことや体制変換そのものに、より大きな価値があると捉える傾向がある。南北の融和、和解、非核化などをめぐる平和プロセスが進むにつれて、北朝鮮政府から目障りな存在である脱北者たちの処遇と対応は平和プロセスに向けてのジレンマとなる状況を生み出している。

　人道主義の精神に基づく人道支援派と人権派の対立は、政治・外交的な文脈でとても生じやすい。そうであるならば、脱政治的な文脈から取り組むことさえできれ

ば、両方にかかわることは十分可能であるかもしれない。そんな思いを寄せつつ私は、脱北者支援に関する取り組みを細々とであるが続けている。

　私が北朝鮮問題にかかわり始めたのはいまから25年近く前の1997年ごろである。ちょうど大学院に進学した時であり、NGO 研究を始めた私は、「なぜ日本のNGO は国交のない北朝鮮に対して人道支援を展開するのか。それを日本のNGO、日本政府との関係からどのように説明できるのか」という研究上の問いを立て、実際に日本の NGO での参与観察ならびに支援活動の世界に足を踏み入れた。要するに、人道支援派の立場からかかわり始めた。食糧支援においても日本国内では逆風が強く、支援物資の軍事的な転用や闇市への横流しが懸念された。そのため、ある NGO はタマゴやバナナなど長持ちしない高カロリー食品を選んだり、食料の代わりに寄生虫の治療薬品など子どもたちの保健医療に特化する方法なども生み出した。それでも、「テポドン・ミサイル」の発射実験や日本人拉致問題が可視化されるにつれて日本の NGO の人道支援は下火となった。

　時が流れ、2012年の4月から1年間、オーストラリアの大学で在外研究を行いながら、オーストラリアに暮らす脱北者支援に関する調査と支援活動に取り組んだのが、私の脱北者問題への本格的なかかわりである。韓国に定住した脱北者たちが韓国での差別や偏見から逃れるため、または漠然とした憧憬や友人・親族からの誘いに応じて、北米や EU 諸国、オーストラリアなどに合法・非合法を問わず再移住する事例が頻発していることに驚いたからである。オーストラリア第1の都市シドニーなどには15万人以上の韓国系の移住者がコミュニティを形成しているが、その地で脱北者支援活動にかかわっている韓国系住民や研究者たちと、特に若い世代（20歳代）の青年たちへの支援プログラムの開発につとめた。小さな NGO の立ち上げにまでつながったが、その後、その NGO 活動は現地の大学が企画・運営するプログラムに移譲された。

　脱北者支援活動には、救済と保護の段階、定住移行の段階に大きく分かれるが、脱政治的な文脈から私が重視したい活動のひとつは、教育現場における情報提供と活用という視点である。つまり、差別や偏見がいけないと頭でわかっている人であっても、実際、目の前に（他の難民や移住者も同じであるが）脱北者が現れ、同じ生活空間で暮らし始めた時に生じうる摩擦やコンフリクトとどう向き合うべきかという教育が学校や家庭、社会全般で欠けているということが大きな問題である。日本ではこの問題が十分可視化されていないが、日本にも150人から200人以上の北朝鮮から逃れてきた人びとが暮らしている。そのような問題意識から2016年に仲間と一緒に『私、北朝鮮から来ました。ハナのストーリー』（アジアプレス、2016年）という日・英バイリンガル平和教育教材を開発し、大学の授業で活用している。正

解が存在しない、そして対立する見解のなかにもそれなりの「正さ」が存在する主張を紹介しつつ、読者・学習者の更なる対話と議論を誘導するしくみの教材である。タブー視しがちな問題に比較的容易に触れることができるというそれなりの手ごたえを感じつつも、同時に議論の展開における基礎知識やガイドラインがあまりにも学習者たちに足りないなどの重大な課題もみえてきた。個人的には、少なくとも未来の教員やジャーナリストにはこの種のテーマに関する学びの機会を広げる必要があると真剣に考えていて、授業ではこの本で扱うことができなかったジェンダー・セクシュアリティや障がいなどのストーリーを含めた教材開発についても学生たちと検討している。

[金　敬黙]

第2章 分析の視点と方法
● 現場の多様性を把握するアクション・リサーチ

キーワード　アクション・リサーチ　フィールドワーク　現場と場所

社会をより良くするための研究

　　本書の執筆者たちには共通点がいくつかある。そのひとつは、各々が、ジャーナリスト、教育者、NGO関係者として国内外で自分の「現場」をもち、その現場に足を運びながら研究や活動を進めているということである。そして、もうひとつの共通点は、研究はあくまでも現場を理解し、現場の問題を解決・改善するために役立つひとつの方法にすぎないという立場に立脚していることである。

　　要するに、執筆者たちは現在、大学や大学院に身をおき、研究や教育にたずさわっているが、それは、各自にとって「ほっとくことのできない現場」をより良くするための手法として研究や教育に取り組んでいるということである。あるいは教育・研究を通じて、社会をより良くするための活動にコミットしている。いってしまえば、「研究のための研究」や「調査のための研究」ではなく、社会を良くする方法としての研究の実践という問題意識を抱いている。本書の企画の段階で、最もこだわった点がまさにこれである。

　　「社会をより良くするための研究」「研究を通じて問題を解決する試み」をここではアクション・リサーチとして位置づけたい。本来、アクション・リサーチは従来の社会科学や人文学では重視されてこなかった、比較的新しい研究手法でもある。したがって、第2章では、アクション・リサーチの概念を検討しつつ、本書の執筆者たちがどのような問題意識で研究にたずさわり、また、現場にコミットしているのかについて読者とも共有することにしたい。

＊

1 いま、なぜ、アクション・リサーチか

① アクション・リサーチとは何か

アクション・リサーチとは、リサーチに取り組む側が、社会的なアクション（実践や行動）を通じて問題解決に向き合うことである。そして、調査や研究そのものが到達点ではなく社会的課題の解決という更なる到達点の設定が必要となる。すなわち、調査や研究（リサーチ）は具体的な実践行動（アクション）を通して進められ、調査・研究を通じての社会的なコミットが結果に影響を及ぼす、という考え方である。研究を社会の実態や現象に内在化させる点が、自然科学や客観性を重視する研究方法と異なる点である。

従来の研究の多くは、それが自然科学であれ、人文・社会科学であれ、調査者は問題の事象に関与したりコミットしたりしないまま、どちらかといえば三人称的な立場から行われるべきであるというスタンスが強かった。つまり、まるで透明人間のような存在になって観察や調査が可能だとする仮定や前提に基づいて調査研究を進めるのである。中立や公平の原則を貫き、客観性を担保したたまま、論理実証主義や普遍的な規則性に基づく研究を進めることが必要であるという発想である。

けれども、カメラを持って、時にはペンとメモ帳なり、IC レコーダーやノートパソコンを片手によそ者がのこのこやって来ては、「私は透明人間なのでお構いなく」「私と空気のように接してください」と一方的に告げたところで、「はい、わかりました」という具合にはならない。よそ者が来ることによって、問題が改善する可能性もあれば、悪化してしまう場合もあるし、カメラや IC レコーダー、ペンとメモ帳があるとないとでは、人びとの言動が大きく変わってしまう。それをもって、客観的だの、論理的だの、実証主義だのと主張することにどこまでの意味があるのだろうか。

研究の世界のみで生きるのであれば、それは大切であるかもしれないが、世の中の問題にコミットし、問題を解決することに意味を見いだすのであれば、客観性にこだわりすぎると矛盾や限界もしばしばみられることになる。私はそ

れを「客観性コンプレックス」とでも呼びたい。すなわち、もう少し、調査者や研究者の立場や存在を自覚し、その上で、状況がどのように動いていくのかを捉えたほうが有益ではないか、という考え方が生まれてくる。それが社会構成主義の基本的な視点である。

　私は、いまでも「平和学に取り組んでいます」とちょっぴり恥ずかしげに自分の学問的な専門領域のひとつとして平和学を取り上げる。しかし、専門領域としての「平和学」が他の学問領域とどのように異なるかを問われたら、なかなか明瞭に答えられない。異なる点があるとすれば、平和という価値を志向していること、戦争や紛争、暴力や差別などにかかわる研究テーマが多いことくらいである。その平和的な価値を志向しているということをだれにでも伝えるのが恥ずかしく、戸惑いを抱く。そもそも、そのようなテーマ自体は人類学、政治学、社会学、哲学、芸術学の領域でも散見される。「平和」という言葉は響きがよい場合もあるが、話がややこしくなることもあるので、相手を見極めて、ある時には平和学、別の時にはアジア研究や NGO 研究などと関連分野の専門領域を恣意的に選んでいる。どことなく偽善者っぽくみえる自分がいやで「平和学に取り組んでいます」というのに戸惑うのであろう。

　私にとっての学問的な出自はざっといえば次のようなものである。学部時代は政治学や外交論の基礎をかじり、大学院では、国際関係論の視点から NGO 研究に取り組んできた。紛争地域や災害地域の緊急救援、民主化、平和活動などをテーマとして NGO で働きつつ朝鮮半島問題やバルカン半島のプロジェクトにかかわっていた。博士論文はインドシナ半島の紛争問題であったし、「平和研究入門」という科目を初めて非常勤講師として教える機会に恵まれ、それがきっかけになって前任校では「平和論」という科目の専任教員として奉職することになった。このことはすでに「はじめに」で述べたとおりだ。しかし、日本平和学会に加入するのにそれから数年の時間を要したし、他人に「平和学を学んでいます」と公言できるようになるまでには、更なる時間を要した。

　どことなく平和学を学んでいることを口にすることが「照れくさい」というか「きざっぽい」という感情を抱いたこともあったし、前述したとおり、自分が教えている内容が、社会学、政治学、人類学などとどう違うのか、明確にで

きなかったこととも関連する。そこには、平和学固有の問題設定や解明の仕方（方法論）のオリジナリティを見いだせなかった、という私がいた。そして、それ以前に、大学院や学会などで議論されることが本当に世の中のためになっているのかわからず、手ごたえや意義を長年のあいだ、感じ取れない私がいた。

② 問題の本質を現場で探し、自分で考えて内面化する

［1］ 文脈を読み解き、問題を捉える力

　最近は学際的または融合的なアプローチが求められているために、型にはまった方法論に固執する傾向はずいぶんとなくなった。しかし、研究における学問的なアイデンティティや専門領域（ディシプリン）を確立させる上で、独自の理論（定説）や方法論を身につけることはとても重要でもある。

　研究を進める上ではさまざまな方法論が必要になる。計量的な研究も必要であれば、質的研究も必要である。史資料調査やオーラル・ヒストリーも重要になるが、忘れてはいけないことは文脈や情況を十分に把握し、その上で、自分なりに問題を捉えることではないだろうか。

　たとえば、以下の日常的な会話について考えてみよう。

　　A　大学英語の授業の一場面
　先生：中学レベルのおさらいです。「私はキツネ」という簡単な一文を英
　　　　語に訳してください。
　学生：I am a fox. これでよいでしょうか。
　先生：たしかにそうですね。でも、ここが蕎麦屋さんという場面でも同じ
　　　　英訳になりますか？
　学生：……。
　　B　テストの結果をめぐる教師と学生の会話
　先生：今回のテスト結果、落第点だったよ。お母さんもきっと喜びます
　　　　ね！
　学生：え？　母が何で喜ぶんですか。母はきっと怒ります。先生って、変
　　　　な人ですね。

　2つの会話には文脈や情況の大切さが現れている。Aの場合、文脈や情況を排除してしまえば、「I am a fox」で十分である。しかし、言葉には文脈が

つきまといがちで、「私はキツネ」という言葉が蕎麦屋で発せられた場合には、「キツネうどん」や「キツネそば」の注文にもなるので、「I am a fox」では説明がつかなくなる。Bの場合、教師の言い方が適切かどうかはさておき、このような会話が実際にあるとしよう。学生が反語法を理解できないのであれば、社会的な空気や言葉の行間を読み解くことができていないということである。

野中章弘は次のように語る。

「沖縄の基地問題で沖縄の民意が割れていることは多くの人が知っているだろう。東京に暮らす大学生たちが、研究や調査という名の下で、そこで何が起きているのか、どうすれば問題が解決するのかについて調べなければいけない。ネットで調べ、せいぜい図書館に赴き、そして少し熱心なひとが専門家へのメールと電話取材だけでレポートをまとめたとしよう。せいぜい、沖縄県庁に足を運び資料を集めたとしよう。これで問題の本質に迫ることはできるのだろうか。それでは不可能だ。問題が起きている現場に足を運ぶ必要がある。」

これはお金があまりない大学生だけの話ではなく、その道の専門家集団にも当てはまることが多い。たとえば、大手メディアの新聞記者やテレビ局のディレクターには危険だからという理由で海外の紛争現場や災害現場に足を運ばず、その代わりにフリーランスの記者たちに取材と報道を外注することが増えていることは何を意味するのだろうか。

ジャーナリストなのか会社員なのか。個々人にも問われる問題であろう。どこにその問題の根源があるのかを探すために現場に赴き、そこで感じ取る人びとの表情、肉声、匂い、味や空気など、活字や映像では伝えることのできない五感を活用する必要がある。その上で、何が問題なのかについて考え、問いを設定する能力または姿勢が必要になる。これがアクション・リサーチに必要な第一歩である。

［2］　現場で本質に迫る

量的な調査はさることながら質的な調査方法においても、文脈や行間を読み解くなどの姿勢やスキルが大切になる。学生たちの多くは、アンケート調査やデータ分析に過度の信頼を寄せる傾向があるが、数字はけっして客観的でも正

確でもなく魔物になることが多い。指標を活用したランキングなどは典型的な例かもしれない。たとえば、世の中の開発や幸福など、さまざまなものを指数化してランキングにすることがある。私の「幸福度」とブータンに暮らす A さんの幸福度を単純に比べることがどこまで有益なのだろうか。また、そもそもそのような指標をどこまで信じてよいのだろうか。私が美味しいと感じるラーメンとランキング 1 位の座を譲らないラーメン屋の人気メニューのずれに問題などあるのだろうか。つまり、ランキングや指数などは、ひとつの参考指標としてはとても有益なのだが、はたして本当にその指数は、本質の的を射ているのだろうか、ということに留意しなければいけない。

つい最近、余談といえば余談であるが、職場の「ストレス・チェック」を15分くらいの時間をかけてウェブ上で答えた。本音としては、このチェックに信頼度をまったく寄せていないのであるが、対応を怠ると、要請メールが来る可能性があるので形式的に応じた。「まったく当てはまらない」から「たいへん当てはまる」まで 4 〜 5 つの選択肢をひたすらクリックする方法だ。はたして、ありきたりの質問のパレードで私のストレスを把握することなどできるだろうか。質問自体が的外れだったり、胡散臭かったりする。チェックを怠ると次のページに進めなかったりもする。これで本当に私の心身の不調やストレスをはかることができるのだろうか。この確認作業がストレスそのものだったとでもいったら言いすぎだろうか。

学生たちも同じような経験を学期末ごとに強いられているかもしれない。そう、「授業アンケート」のことである。「教員の声は教室によく届きましたか」「あなたはこの授業に欠席せずに参加しましたか」「あなたは毎週どのくらいの時間をかけて予習や復習を行いましたか」「あなたはこの授業について満足していますか」などの質問に対して、「ほとんどそう思わない」から「とても強くそう思う」の指標を選ぶことができる。この作業を通じて本来の到達点である改善点を評価することができるだろうか。教員は平均値よりも優れた結果を手にして喜べばよいのだろうか。本当に、改善を模索するためには、問題の本質に迫る別の方法があるのではないだろうか。

［3］ 問いが先にあり、方法論がその後を追う

　誤解のないように繰り返すが、量的研究と質的研究は、どちらが良いとか悪いとかというものではない。それぞれにメリットがあり、それぞれに弱点があるので相互に補完しうるものである。また、おかれている問題によって、問題を解明する理想の方法も異なってくる。私の場合は、どちらかというと国家よりもミクロな社会や共同体、自発的な結社としての市民社会を研究の対象としてきたために、計量分析よりも、質的研究なかでも現場で一定の時間をかけて調べたり、その環境に暮らしながら調べる参与観察などが適する場合が多い。

　たとえば、「タイの田舎に暮らすラオス人労働者の HIV/AIDS 感染について」調べる研究があるとしよう。どのような方法で調査と研究を行うことが最も理想的な方法なのだろうか。けっして正解やベストな方法があるわけではないが、私の場合、できるのであれば、量的研究よりは質的研究が適していると判断する。そして、その場に身をおきながら観察をしなければならないと思う。しかし、そうすると不法入国をしたラオス人労働者が調査に協力をしない可能性もあるし、労働基準などを無視したタイ人の雇用主が調査を歓迎しないかもしれない。そもそも不法入国したラオス人労働者はビザ申請をかつて却下されたのかもしれないし、不法滞在のためにタイ政府の公的サポートは得られない状況かもしれないのだ。

　アクション・リサーチ的な方法は次のようなものであろう。本質的には、ラオス人労働者が合法・非合法の滞在者であるか否かを問わず、一人ひとりの健康を維持し、HIV/AIDS を予防することがアクション・リサーチのゴール設定である。その目的を達成するために、よそ者である研究者がそこに堂々と参加する方法には、ラオス人だけを受益者にしていたらそもそも活動自体の許可が下りないかもしれない。どうすれば地元住民や地域社会の共感と支援を得ることができるだろうか。どうすれば公的機関の許可を得ることができるだろうか。単に当事者の理解や許可を得るだけではなく、そのためには現場に溶け込むための幅や融通性も必要になる。ラオス人だけを探し、その上で問診表を配り、あるいは 1 日無料健康診断会を開くだけではなかなか研究が進まない。仮に、データをたくさん得ることができたとしよう。タイ人よりもラオス人労働

者の HIV/AIDS 感染率が高いことが解明できただけで、彼ら / 彼女らの健康はまったく増進されないではないか。

これらは、マニュアルや教科書を片手に理解するものではなく、失敗を含む経験の蓄積によって構築される実践知、体験知である。したがって、できるだけすでに現場化されているところに出かけ、自らの問いと現場化を設定できるプロセスとトレーニングが必要になる。

これから免許をとりたい人が自動車のマニュアルを熟読したところで、いきなり高速道路は走れない。

2　職能的アイデンティティと現場づくり

本書の執筆者たちは、他の実践家や研究者とは異なると自己認識をしているのか。あるいは、どのような人間像・専門家のイメージを描いているのか。そこで、本書の執筆者たちに以下のような質問をぶつけてみた。

> Q. あなたにとって、プロフェショナルとはなんですか。
> A. 野中章弘：痛みを内面化できる力をもつ人。
> 　　直井里予：自己批判できる人。
> 　　森本麻衣子：永遠の素人と自分を捉えることができる人。
> 　　南雲勇多：変化の可能性を信じて実践と研究をつなぎ、つむぐ人。
> 　　鄭康烈：当事者になっていく力をもつ人。
> 　　金敬黙：他人が真似できないオリジナルなパフォーマンスをする人。

これらに共通してみえてくることは、研究よりも先に日常における人びとの暮らしがあることである。そして、一人ひとりがその空間の一員であったり、その問題の当事者になろうとして他者化（客体化）するのではなく、その問題にコミットする当事者化（主体化）する姿勢がみえてくることである。もっとも実践を大事にするために、研究が必要になり、研究したことが実践に適用されるように研究と実践は相互に関連している。

仮にガンを治療したい医師がいたとしよう。ガンを治療するために研究室に

こもり、学会発表を繰り返し、すばらしい論文を発表して世界的に有名な医学者としての名声を得ることもたしかに大切である。しかし、ガンを患う一人ひとりの患者たちと向き合う臨床医の現場がなければ実際にガン治療に貢献することもできない。世界から紛争をなくしたい、格差や差別をなくすための法律や制度づくりも大切な仕事であるが、紛争現場、差別や偏見に満ちた私たちの生活空間で個々の問題に取り組むフロンティアの努力がなければ実際の平和は訪れない。その両方に取り組む姿勢をもつのがアクション・リサーチャーの心得ではないだろうか。

日本の独立メディアや NGO などは市民社会セクターとして位置づけることが妥当である。その市民社会セクターは日本の場合、いまだ影響力が弱く、その結果、活動資金も脆弱であることが多い。NGO や独立メディアで働くアクティビストやジャーナリストたちの能力、そして日々の活躍と比べて、彼ら／彼女らが手にとる報酬はあまりにも少ない。もちろん、カネがすべてではない。しかし、プロフェッショナルあるいは専門職がそれなりに能力を発揮するためには社会的な認知度の向上とそれに見合う待遇も必要になる。この点が、日本をはじめ、市民社会が後発的に芽生えてきた国や地域の抱えている課題でもある。

私はいままで、朝鮮半島問題、旧ユーゴスラビアの解体をめぐるコソボ紛争、カンボジア紛争、ベトナム戦争、グァテマラ内戦、アフガニスタン戦争などの紛争問題にかかわったことがある。直接的な紛争ではなくても東日本大震災や脱北者問題などをテーマにした研究にかかわったこともある。紛争が現在進行形であった事例の現場調査もあれば、関連した調査や研究、実践活動の文脈から現地に赴いたこともある。

自分でも冗談まじりで言うことであるが、何が専門ともいえないほど、さまざまなイシューやテーマに関心をもってきたし、このスタイルが変わるとも思えない。そこにはそれなりの理由がある。シンプルにいえば、ほぼすべての道がつながっている如く、ほぼすべての問題はその根源がつながっている。だから、「これは私のテーマで、あれは私のテーマではありません」という線引きが難しいと捉えている。その一方で、すべての問題に同時進行的にコミットす

ることは不可能であるし、私のなかでも興味の濃淡は存在する。おそらく、自分との距離または関係性が「線引き」や「濃淡」を決めているのかもしれない。そして、問題にかかわるプロセスから、当事者になっていく姿勢が求められるのであろう。

この感性は、おそらく私が日本社会でそれもマイノリティとして生きているから比較的自然に育まれたのかもしれない。在日外国人に対する差別や偏見は、少しずつよくはなっているとしてもいまだに根深く日本社会に残っている。入居差別や就職差別が露骨に行われる場合もあれば、知らないうちにはじかれる場合もある。外国籍を保持し、本名を使って暮らしているからこそ経験することがあるし、その暮らしの体験が共感する力につながっているのかもしれない。その点、逆説的ではあるが、人が他者化され、差別や偏見を経験することも大きな力になると考えている。

3　立場性（ポジショナリティ）に関する倫理
──何に触れて、何にあえて触れないか

① 当事者研究と他者研究

研究を進める上で客観性が大切であるという前提に立つ場合、「私（I）」や「私たち（we）」を主語にした当事者的な研究は可能なのだろうか。

私の場合、すでに述べたが、「三人称を主語」にした（たとえば「筆者は……」などの）研究を進めることが客観的であり、すなわちそれが望ましい、という環境でトレーニングを受けた。したがって、「私は……」という主語で学術的な文章を書き始めた時にはかなりの不安があった。ある研究会合で発表をした時には「あなたの文章はとても私的ですね……」と言われたこともある。

しかし、「私たち」を対象とした研究は、本当に主観的または私的なのだろうか。私はともかく「私たち」の範囲はかなりあいまいである。「日本に暮らすコリアン」とか「ジェンダーとしての男性」だからこそ、深い話や調査が可能となる場合も体験してきている（⇨第5章参照）。たとえば北朝鮮から逃れてきた脱北者の70％以上は女性である。人身売買的な被害に遭う当事者につい

て、私が調査を展開することは簡単ではない。逆に、数としては少数である脱北男性たちは、男性ならではのジェンダー固有の悩みも抱えている。同性間だからこそ分かち合いやすい環境もあるのだ。それを主観的または客観的ではない研究とレッテル貼りすることはできるのだろうか（⇨**コラム1・4参照**）。

「当事者」とは、最初からその範疇が定まっているのではなく、問題に向き合い、立場の違いを超えて彼／彼女らの心境を理解する時があってこそ形成されるものである。だから、「当事者である」ことよりも「当事者になる」姿勢が重要なのかもしれないと野中章弘は語る。

人類学などは歴史的に植民地主義の背景を背負って発達してきた部分もあるために「他者研究」を原則にしてきた時代もある。しかし、それは過去の話であり、当事者による当事者研究、または当事者の他者化を前提にした研究もあるのではないだろうか（⇨**コラム2参照**）。

たとえば、在日コリアン研究者である鄭康烈（第5章担当）は、在日コリアンに対する研究を進めるなかで、日本人または非コリア系の人びとにはしづらい研究があるか、という問いかけについて「在日コリアン研究では、立場によって警戒される場合がある。民族的な結社や組織にかかわってきた個人の情報について、たとえば日本人が調査をするよりも、同じコリアンである私が進めたほうが安心される傾向がある」と述べる。

けれども、研究者としてかかわる以上、そこには「分析の枠組み」というものがかかわり、調査協力者の期待を裏切る分析や解釈も十分ありうることに留意しなければならない。クリティカルな視点に基づく分析がなければ、そもそもそれは研究とはいえないであろう。かつては情報提供者（informants）と呼ばれた人びとは、最近では対話者（interlocutors）という概念が使われる傾向になってきている。当事者の属性、当事者的な立場に共感できたとしても、本人たちが気づいていない何かを提示できることに研究者としての役割や使命が求められるのである。

② 「よそ者」の効果とリスク

ここで考えるべき点は、当事者や他者を決める要因のひとつには調査や研究

を実施する人が、「よそ者」であることをどこまで自覚し、そして細心の注意を払うかである。中立や公平という立場は、響きそのものはよいが、村で組織的な虐殺やレイプが起きていたとしたら、どこまで加害や被害の関係と対等の距離をおきながら向き合うことができるだろうか。

　森本麻衣子（第6章担当）は、学部生時代からアジアプレス・インターナショナルにかかわってきたが、学部生時代、インドネシアでスハルト政権が崩壊する混乱期のなかで、人口の3％にしかならない、しかし富裕層ともいえる中国系の人びとをターゲットにした暴力が頻発したという。その過程で、17歳の少女がレイプされ殺されるという事件が起きた。事件の真相を調べてほしいという両親の訴え、そして華人系NGOの取り組みにもかかわらず、真相に迫るどころか、闇に葬られていたという。この事件の真相に迫るために、森本は現地に出かけ取材・調査を開始した。同じ女性、同じ若者という当事者意識を抱き、インドネシア人の女性と一緒に調査に取り組んだという。しかし、何も真実を得ることができなかった。手がかりどころか、住民たちはそのことについてまったく触れてもくれなかったという苦い経験をもっている。地元住民はなぜ、森本と通訳女性に何も語ってくれなかったのだろうか。もしも、だれかが何かを語ってくれて、それが報道されたり、事件化したとしたら、どのようなことが起きていただろうか。それはポジティブなシナリオにもネガティブなシナリオにもつながる。

　NGOスタッフとして、研究者として、ジャーナリストとして、外国人として、あるいはよそ者として現地に入るということは、いつかはこの人たちは別のところへ去っていくことを意味する。そこに残される地域住民はよそ者が去った後にも、その地で日々の生活を営む必要がある。正義や平和、真実という名の下で、だれかの命の危険、だれかの生活の混乱が起きてしまうのであれば、それは本来の調査や研究が目指していたゴールではなく、人権という名の暴力であり、正義という名の暴力でもある。

　しかし、常によそ者がネガティブな存在であるだけではない。明らかに権力または力をもつ側が住民または力のない人びとへの虐待や人権侵害を行っている場合、よそ者は「人間の盾」としてその暴力を防ぎ、また外部社会とつ␀

る連帯によって、状況を改善することもある。このよそ者の存在によって、暴力が防げたり、問題の真相が外部社会に広がればそれはとても望ましい効果を生み出す。これはたしかに非武装・非暴力的な手段による平和を創るひとつのアクションとして展開される場合もあるが、人命の尊さを重んじない狂信的な勢力にはこの方法が効かないという限界もある。

　個人的に最も避けたいのは、傍観者になることである。知らなかったならまだしも、知っていながら傍観したり、自分のことではないからという理由で見て見ぬふりをすることは、問題がこじれる大きな要因にもなってしまう。

4　研究の進め方と成果公表のスタイルについて

　アクション・リサーチは単発や短期的に企画されるイベント形式、一定期間の時間軸をもうけて進められるプロジェクト形式、そして、プロジェクトよりも固定的または長期間進められることの多いプログラム形式などさまざまなスタイルがあるだろう。イベント、プロジェクト、プログラムなどの名称は恣意的な区分にすぎず、アクション・リサーチに取り組む人やグループ、組織がそれぞれの基準やイメージで使い分ければよい程度のゆるやかなものである。

　単発のイベント企画ならさておき、プロジェクトやプログラムなど中長期にわたる事業が企画される場合、現場をとりまくさまざまな状況に応じてゴールの修正やアプローチの見直しなども検討される。これがオーソドックスな研究スタイルと異なる特徴ともいえよう。こうした見直しは具体的な生の現場や当事者などが存在するためには不可避の状況でもありうるし、その見直しや軌道修正などを記録し、分析することも重要な研究のプロセスであると考えられる。したがって、因果関係の立証そのものに重点をおくことだけではなく、アクション・リサーチのプロセスを記録したり、説明をすることも重要な作業になるであろう。

　その上で、アクション・リサーチの成果はどのようなかたちで公表することが期待されているのだろうか。通常、人文・社会科学における研究成果は学術論文や書籍の執筆という形態が古典的な方法である。しかし、学術論文や学術

書は、限られた一部の人びとにしか手にとってもらえない。場合によっては、教養書や映像作品など従来の学術研究ではそれほど重視してこなかった表象スタイルもアクション・リサーチの成果報告のひとつとして考える傾向がある。

　直井里予（第8章担当）はフィールドワークをふまえて映像（ドキュメンタリー）制作にとどまるのではなく、その公開やオーディエンスとの対話の場をもうけることを成果公表のひとつとして位置づけている。2018年10月に高田馬場近辺で開催された『Our Life 2』の上映会とトーク・イベントはその具体的な一例でもある。第8章は、そのようなプロセスを経て執筆されている。

　また、コラム1で紹介したように、海外へ再移住する脱北者研究を進める上で、当事者の個人情報が特定されることによるプライバシー侵害や生命の危険が生じうるリスクを回避するために、フィールドワークを通じて得た当事者の体験や情報をドラマ化し、ケースメソッド方式の教材開発にするという手法も大切であると私は考える。この手法は特に母集団が小さかったり、特殊な事情によって記号や匿名化をしたところでも当事者や協力者が特定されてしまう可能性があるテーマにおいて、どのようなかたちで情報を活用することが可能なのか、という現実的な悩みから生まれてきた。

　この点の更なる発展形としては小説や映画など平和をテーマにした文学や文芸作品としての創作活動の活性化も含められる。私は、学術研究やノンフィクション作品に限らず、事象をモチーフにしたフィクションや教材開発などを有益な研究成果のひとつであると考えている。

　しかし、そこにまったく問題がないというわけではない。なぜならば、どこまでがファクトに基づく事象であり、どこからが推察や想像による創作なのかが明らかにされなくなるパターンの表象において、真実性をめぐる論争が生じうるからである。歴史問題をめぐるドラマや小説があったとしよう。部分的なフィクションは、歴史修正主義的な問題につながりやすいし、書き手や表現する側の主観によって、それが更なる紛争の火種になってしまうことは、東アジアの歴史問題ひとつを挙げても数多く経験してきているからだ。

5 おわりに——教育現場における対話の場づくり

　いま、教育現場ではアクティブ・ラーニングという言葉が飛び交っている。ある人は自らアクティブ・ラーニングの手法を積極的に導入し、また別の人は、「アクティブ・ラーニングは実は苦手です」などとこぼしたりもする。また、市民講座などの場でたまにお話をさせていただくチャンスがあると、すでに定年退職をされた「リカレント」世代とのあいだで私の限られた知識と体験を共有させていただくこともある。東アジアの歴史認識や日韓関係、日朝関係などがテーマである場合は、参加者間の論争または論争を超えた揉め事までも起きたことがある。

　ここで必要なものが対話の場づくりである。専門家の講義を聞いて知識を増やすのではなく、相手を論破するようなディベートでもなく、私の視点とあなたの視点のどこに相違があり、なぜそのような違いが生まれたのだろうか。そして、それははたして乗り越えることができない解決不能の難題なのだろうか。このような問いかけを続けることこそが、これからの教育現場に必要な学びのスタイルであると考える。その点、対話を通じての平和の模索を進める上で必要なのは教育現場であり、学びの空間はまさに、平和のためのアクション・リサーチの現場である。私たちが教育現場にかかわる理由はここにある。

ディスカッション

①　大学における講義や演習、ゼミのあり方について話してみよう。その上で、フィールドワークやアクション・リサーチが導入可能な部分があるか検討してみよう。
②　平和学をとりまく大学教育を進める上で、実践知（体験知）の意義（大切さ）と制約（難しさ）について話し合ってみよう。

✝ 文献・資料案内

小田博志『エスノグラフィー入門——〈現場〉を質的研究する』春秋社、2010年
川端浩平『ジモトを歩く——身近な世界のエスノグラフィ』御茶の水書房、2013年
川端浩平・安藤丈将『サイレント・マジョリティとは誰か——フィールドから学ぶ地域社会学』ナカニシヤ出版、2018年

矢守克也『アクションリサーチ──実践する人間科学』新曜社、2010年

［金　敬黙］

　私が大学院生として学んだ米西海岸の大学では、毎学期、教養課程の学部生向けに「社会文化人類学入門（Introduction to Socio-Cultural Anthropology）」が開講される。多い時で500名ほどが受講するマンモス講義である（人類学が教養課程における準必修のような扱いを受けているのは、アメリカが多人種多民族社会であることと無縁でない）。ただマンモス講義といっても、学生たちは15名程度の「セクション」に分けられ、週3時間の大教室での講義に加えて週1時間、セクションごとに行われる双方向授業への参加を課される。私のような博士課程の院生が数セクションずつ受け持ち、授業進行から課題の指導・採点、学期末の成績評価までを切り盛りするならわしである。

　本書で時折言及される「エスノグラフィー（ethnography、民族誌と訳される）」は、この入門講義でどう教えられているだろうか？　参与観察に基づく記述の様式であるエスノグラフィーは、今日では社会学・教育学・政治学など他分野の学問に応用されるが、もともとは人類学のお家芸だった。いわば「本家」として、<ruby>件<rt>くだん</rt></ruby>の講義ではその定義や流儀をさぞしっかり教えるのかといえば、学期ごとに異なる教授が担当するたびその教え方も異なり、教養課程向け講義であることを差し引いてもかなり「ゆるい」印象である。ある教授は「3人の人類学者が同じフィールドに出かければ、3つのまったく異なるエスノグラフィーを書き上げる可能性があるし、それでよい」と言ったが、同様に、あたかも「3人の人類学の教員がエスノグラフィーについて教えた場合、3つの異なる教え方がありうる」ようだった。とはいえ、異なる教え方の根底に、共通するスピリットが感じ取れるのもまた確かである。そのスピリットの一端を以下で伝えたい。

　アメリカの大学の常として、この講義でも毎週大量のテクストが課題として出されるが、ある学期は「ナシレマ族の身体儀式」（Miner, "Body Ritual among the Nacirema"）という課題文献で幕を開けた。北米大陸に居住するナシレマ族の生活様式を典型的なエスノグラフィーの文体で描写するこの論文によれば、同部族の文化は「高度に発達したマーケット経済によって特徴づけられ」るが、「人間の身体は醜く、そのままでは衰弱と病におちいる」と信じる彼らは日常生活の相当部分を身体清めの儀式に費やすという。教授は「読んできたね？」と階段教室を埋める学生たちに語りかけ、ナシレマ族の風習をひとつずつ確認していく。家庭ごとに儀式用の聖堂を家屋の中に設けていること、聖堂の数は裕福な家族ほど多く、そこで魔術的な粉末をまぶした小さな毛束を口内に突っ込む「奇妙な」儀式が行われること……。気づいた学生たちのあいだに次第にクスクス笑いが広がっていき、最

後の種明かしとして Nacirema を逆さまに読んでみて、と促されると、Ah hah! と大教室全体がどよめいた。

　アメリカのれっきとした学術誌に1956年に実際に発表されたこのテクストは、つまり、現代アメリカ文化についてのデフォルメされたエスノグラフィーである（聖堂はバスルーム、小さな毛束は歯ブラシ etc.）。だがそれ以上に、これは文化人類学についてのテクストであり、エスノグラフィーが「何をするものか」を示した創造的な試みといえる。講義では defamiliarize という動詞が黒板に書かれた。すなわち、エスノグラフィーの効用とは、単に記述対象である他者についての知識を得るにとどまらず、慣れ親しんだ自分たちの習慣や信念の恣意性・異様性に気づく視点を得るところにある、とナシレマ論文は示唆している。自分たちが当然だ、合理的だと思ってやっていることが、他文化のフィルターを通してみればまったくの不合理にみえる可能性に対して己を開く、と言い換えてもいい。

　他者との出会いの経験を通じて視座の転換をはかる——文化人類学／エスノグラフィーの根底にあるこのスピリットは、かつてそれが主に研究対象としていた「未開の部族」のような存在が地球上からほぼ姿を消し、何より「未開の部族」といった言葉や見方がいかに問題のあるものだったか、また歴史的に文化人類学の成立そのものがいかに西洋による植民地支配の文脈と結びついていたか、といったことがさかんに反省されるようになった今日においても、少しも意義を失っていないと私は考えている。文化人類学は自らのいわば「黒歴史」に蓋をすることなく、そこから新しい思索を引き出してきたが、それはもともと、すべてのエスノグラフィーが、単に研究対象についてのテクストではなく、潜在的には、研究されるものと研究するものの関係性についてのテクストだからだ。（だからこそ「3人の人類学者が同じフィールドに出かければ、3つのまったく異なるエスノグラフィーを書き上げる可能性がある」わけだ。これはエスノグラフィーが主観的ということではなく、関係性の産物ということである。私はそれを限界ではなく、可能性と考えている。本書の第8章で論じられる映像ドキュメンタリーについても、同じことがいえると思う。映像に映し出されるのは、「客観的な」現実というより、撮る側と撮られる側——そしてそれを観る側——の関係性そのものでさえある。）

　拡大していく西洋が他者としての異文化に出会って受けた衝撃を手なづけようとする歴史的な過程から生まれたものが文化人類学だったとしたら、そうした経緯をふまえた上で、新しい時代の新しい関係を志向し、探求し、記述していくエスノグラフィーとはどんなものか。本書を生み出すまでに行ってきた分野を横断する対話は、そうしたことを考える意味でも多くの示唆に富んでいた。　　　[森本　麻衣子]

越境・共生・和解の「見える化」
● 問題の発見とドキュメンタリー制作

第3章

キーワード　デジタル革命　ジャーナリスト精神　棄民　戦後賠償　戦争の傷跡　ステレオタイプ　情報操作　人権　正義の戦争　民主化　歴史認識　中立性と客観性

戦争や紛争の現場へのアプローチ

　私たちの世界は争いに満ちている。この百年のあいだ、戦争や紛争、内戦は多くの犠牲者や難民を生み出してきた。戦争の代償は甚大であり、「二度と過ちは繰り返さない」という私たちの決意はその都度、裏切られ、いまなお人びとの命や営みを破壊する暴力はいたる所で噴き出している。

　その一方、無力感や絶望感に打ちのめされながらも、惨状に心を痛め、少しでも被害を食い止めようとする人びとの努力も続いてきた。その試みの一つひとつは微力ではあっても、無力ではない。人間の意思は一滴の滴としてやがて大河を成す。そう信じて歩む人たちの存在は私たちの「希望」である。

　戦場へ足を踏み入れ、戦争の実相を記録するジャーナリストたちも、「伝える」という行為を通じてその「希望」の一端を担っている。社会改良を旨とする近代のジャーナリズムは、たびたびその機能不全を指摘されながらも、社会の不条理や矛盾を記録、告発してきた。殊にデジタル技術（PC、ビデオ、スマホなど）の発達は、従来の「伝え手」と「受け手」の境界線を消滅させ、プロフェッショナルではない新しい映像記録者を大量に生み出しつつある。

　私の主宰するアジアプレス・インターナショナル（以下、API）は、最も初期の段階から、この変化を捉え、活字、写真の分野から、ビデオ映像へと仕事の重心を移行させてきた。APIのジャーナリストたちは小型ビデオを使った撮影手法を学び、1990年代初頭より数百本の映像リポート、ドキュメンタリーを制作、テレビ、インターネットなどで発表。私自身もビデオカメラを手に、インドシナ紛争、アフガニスタン内戦、ビルマ（ミャンマー）の民主化闘争、東ティモール独立闘争など、紛争や戦争の現場を取材してきた。

　取材とは問題を「掘り起こす」ことであり、隠された事実を探りあてながら、自ら現実を再発見、再構成する行為である。それはきわめて主観的な作業

であり、問われてくるのは、取材者の問題意識や独立性、立ち位置である。APIは独立性を担保するため、公権力と距離をおくことはむろんのこと、いかなる資本にも従属せず、自分たちの問題意識に従って取材、発表を行ってきた。だれからも干渉されず、徹底してインディペンデントであること、いかなる事象においても不条理を押しつけられた人びとの側に視点をおくこと。この2点はAPIにとってけっして譲れない倫理、原則である。

　私たちの仕事は、目撃した状況や事実を映像によって記録、可視化させることである。人間の想造力には限界があり、目に見えないもの、目で確認できないものは、往々にして「存在しないもの」とされてしまう。だからこそ、APIは意識的に映像を使う。映像は最も証拠力、訴求力、伝播力の強い表現手段であり、言語や国境を越えて多くの人びとへ伝達できる。

　APIは国家間の争いの現場や軋轢をどのように取材し、伝えてきたのか。私たちの仕事ははたして社会の共生、和解へとつながったのだろうか。

　本章ではジャーナリストとしての私自身の経験をふまえながら、表現の越境者としてのAPIジャーナリストたちの仕事を通して、「戦争と平和」について改めて考えていきたい。

＊

1　越境から棄民へ——小型ビデオを使った現実の可視化

① アジアのジャーナリストたちとのネットワーク形成

「ジャーナリズムには国境がない。ジャーナリストには祖国がある」

　ジャーナリストたちが自国の国益やナショナリズムに抵抗できず、時にジャーナリズムの国家監視機能が失われている現実を表した言葉である。ジャーナリズムの最も基本的な役割は、国家や権力をチェックして、市民社会の民主主義的な機能を支えることにある。だからこそ、ジャーナリズムは国家からの独立を保っていなければならない。公権力の干渉を許すことはジャーナリズムにとって「自殺行為」である。しかし、日本のマスメディアの現状をみる限り、その原則は年々、空洞化している。マスメディアにおける政府への忖度や国益を掲げた論調、傾向は、ますます強くなるばかりである。

1987年10月、APIは、そのような時代の危機感を受けて創設された。国籍、民族、人種、宗教、言語、思想、ジェンダー、世代を超えたネットワークの構築を目指していた。設立においては主に2つの点に留意した。

　第1は広くアジアのジャーナリストたちと地下茎のように結びつくことで、私たちの内にある一国主義的な意識を変え、ジャーナリズムの普遍性を獲得すること。このビジョンの意義はいまでも変わらない。戦後、アジアの多くの国々は軍部や強権的な政府の統治下にあり、言論、報道の自由は厳しく制限されていた。マスメディアは国家のコントロールを受け、政府の意向を国民に伝える道具とされていた。だが、現地を訪れるとそのようなメディアのあり方に抗い、独立した言論を守ろうとする人たちがいることに気がついた。彼らは絶望的な状況のなかでも、本来の意味でのジャーナリスト精神を失ってはいなかった。APIには韓国、中国、フィリピン、インドネシア、タイ、インド、パキスタンなどから、インディペンデントのジャーナリストたちが集まり、お互いに助け合いながら、アジアの現地発の報道を担い始めた。日本人ジャーナリストにとっても、国境を越えたつながりは、日本からの垂直的、画一的なアジア観を自ら省みる機会を与えてくれ、アジアに開かれた意識の獲得を可能にさせてくれた。

　第2の目的は、歴史の闇に埋もれていく声なき声に耳を傾け、この社会の不条理な現実を可視化させることである。私たちの社会にはさまざまな歪みや矛盾があり、多くの人たちの苦しみを生み出している。メディアで報道されるのは、そのごく一部でしかない。耳を傾けねばならない声なき声は私たちの周辺にも満ちている。政治や経済の大状況から俯瞰的に社会を見つめることも必要だが、同時に地べたを這う、虫の眼ももたねばならない。APIには人びとの側から、社会を観察、点検するジャーナリストたちの拠点としての意味合いももたせたかった。

　アジアのジャーナリストたちと協働するにあたり、まず、問われたのは私たち自身の歴史認識、立ち位置である。日本という国家の行った侵略戦争、植民地支配の歴史をどう考えるのか。直視すべきは、アジアの一国でありながら、近隣諸国への侵略を繰り返してきた日本の「負」の歴史の清算は、戦後数十年

経ってもいまだ行われていない、という事実であった。私たちは国家ではなく、「個」としての視点から、清算されない歴史のねじれ、歪みを伝える必要を感じていた。

② 国家から切り捨てられた人びと

　歴史的視座を視野に収めながら、この項では主に「越境」「棄民」といったキーワードでAPIの試みを振り返ってみたい。1990年代からの十年間、APIの制作した主な映像リポート、ドキュメンタリーを国別に並べてみると私たちの問題意識のありようを理解していただけると思う（表1参照）。

　まず「越境」「棄民」という切り口から、最初に中国残留日本人婦人の問題を取り上げてみよう。残留日本人婦人たちは日本の傀儡国家・満州国（現在の中国・東北部）の統治を強化するため、満州に送られた後、敗戦により国家から「棄てられた」人びとである。取材したのは中国人メンバーである季丹である。季は黒竜江省通北に暮らす石田一枝さんという新潟県出身の日本人婦人を追い、『老いて大地に生きる〜中国・残留日本人婦人5年間の記録』（NHK・ETV特集、1998年7月）というドキュメンタリー作品として発表した。石田さんは日本語を忘れてはいないものの、日常生活では中国語を使い、日本とは断絶した戦後を送っていた。祖国へ帰ることを願いながらも、長年世話になった中国人の夫を見捨てることができずに、帰国に踏み切れない石田さんの想いを、季は時に日本語、時に中国語で聞き取り、日中両国のあいだで揺れ動く女性の複雑な心情をていねいに描いていった。

　黒竜江省の生まれで日本への留学経験があり、残留孤児、残留婦人を身近な存在として知っていた季だからこそ、国家と国家の狭間で翻弄されてきた人びとの苦悩や葛藤を表現できたのだと思う。

　当時、満州の開墾や国境警備のため、日本全国から集められた人びとは約27万人。1945年8月9日、ソ連軍の侵攻が始まり、満州国は崩壊。多くの開拓民たちは無防備のまま、現地に取り残された。満州を支配していた関東軍は開拓民たちの命を守らず、見棄ててしまった。日本に帰れず、犠牲となった人びとの数は約8万人に及ぶという。

【表1】 APIの取材したおもな映像リポート (1990-1999年)

国・地域	番組タイトル　[取材者]	備　考
日　本	外国人労働者が見たニッポン　[ムハンマド・ズベル]	外国人労働者自身によるビデオ記録
韓　国	アボジは強制連行された　[安海龍]	朝鮮半島から強制連行された父親の軌跡
	戦場・枯葉剤・虐殺　[慶淑顕]	ベトナム戦争に派兵された韓国軍兵士の証言
	国境を越える韓国コテグリ船　[具永鳩]	違法操業として非難されている韓国漁船の同乗記
中朝国境	中朝国境現地報告・北朝鮮難民の証言　[石丸次郎]	北朝鮮から脱北した人たちの証言記録
中　国	三峡ダム113万人移民の真実　[馮艶]	巨大なダム建設で故郷を追われる農民たちを描く
	老いて大地に生きる～中国・残留日本人婦人5年間の記録　[季丹]	敗戦後、中国に残留した日本人女性のドキュメンタリー
チベット	チベット最後の宮廷楽士　[野中章弘]	ダライラマ14世に仕えた最後の宮廷楽士の証言
台　湾	花蓮三勇士～台湾・旧高砂族の元日本兵たち　[柳本通彦]	日本兵として駆り出された台湾原住民の姿を追う
フィリピン	「従軍慰安婦」ローラ・ロサの人生～私は皇軍の慰安婦だった　[レイ・ベンチューラ]	日本軍の性暴力の被害者の記録
東ティモール	独立に揺れる島～密林で戦うゲリラたち　[アグス・ムリアワン]	インドネシアに併合された東ティモールの抵抗運動の記録
イリアンジャヤ（インドネシア）	弓と森と明星と～辺境の知られざる独立運動　[渋原千鶴子]	インドネシアからの独立を求めて戦う人びとのルポ
カンボジア	地雷原を生きる人びと～数百万個の地雷の中で　[和田博幸]	戦争が終わっても続く地雷被害の現状をリポート
タイ・ビルマ（ミャンマー）国境	森の回廊～カチン族の抵抗運動の記録　[吉田敏浩]	武装闘争を展開するカチン族ゲリラへの従軍取材
インド	ハンセン病患者の差別される日々（カルカッタ発）　[アジズール・ラフマン]	差別、迫害されるハンセン病患者たちの記録
インド・カシミール	引き裂かれた楽園～独立運動と抑圧の現場から　[廣瀬和司]	カシミール紛争の現場から人びとの想いを伝える
ネパール	動乱の中の肖像～王国を揺るがした民主化闘争と暴動　[小倉清子]	王政をめぐる民主化闘争とネパール社会の現状を記録
スリランカ	光の島　内戦の闇～タミルとシンハラの作られた民族紛争　[綿井健陽]	民族とは何か。厳しい民族対立の根源を探る
クルド地域	砂塵舞う大地へ～クルド独立の絶望と希望　[玉本英子]	国家をもたない最大の少数民族クルド地域のルポ
	独立に願いをのせて～クルド初の衛星放送が始まった　[坂本卓]	衛星放送で独立を訴えるクルドの人たちを取材
パレスチナ	パレスチナ～女たちの群像　[古居みずえ]	抑圧されたパレスチナの現状を女性の視点から描く

残留孤児として中国人に預けられた幼児たちもいた。このような人たちが「祖国・日本」へ想いを馳せることができるようになったのは、日中国交正常化（1972年）の後のことである。彼らは国策により、故郷から押し出され、移民先となった満州でも、敗戦と同時に国家から「見棄てられた」人びとである。

　石田さんは中国人の夫と死別した後、永住帰国を果たして、新潟に長男一家を呼び寄せる。しかし、家族は日本の生活になじめないまま、再び中国へ戻ることを決意する。あれほど夢見た「祖国」にも居場所を見つけられず、石田さんは北京で亡くなった。

　「棄民」という視点から考えれば、命からがら帰国した人びとも厳しい現実に直面していた。私たちは福島原発事故の被災地となった飯舘村（福島県）にカメラを据え、ドキュメンタリー映画（『飯舘村の母ちゃんたち』古居みずえ監督、2016年5月劇場公開）を制作してきたが、山間にある小さなこの村にも、満州から引き揚げて入植した人たちがいた。戦後、長い時間をかけて山を開墾して、ようやく農業や酪農で生計を立てることができるようになったころ、東日本大震災（2011年3月11日）の津波で、福島第一原発が被災。原発から30キロ離れた飯舘村も風向きの影響で高い放射線を浴び、7年間の全村避難を余儀なくされた。帰村を許されても、地域社会も生活基盤もすべて破壊され、元に戻ることはない。

　満州移民による離村、敗戦による棄民、そして原発事故による避難生活といずれも国策により故郷から引きはがされてきた人たち——。戦争の時だけでなく、国家はいつでも国民を切り捨てる。国家は国家の維持、存続のために権力を行使するのであり、国民を守らない。

　日本という国家が棄民したのは、日本人だけではない。韓国人メンバーの安海龍（アン・ヘリョン）は、第二次世界大戦後、サハリンに残留した朝鮮人を記録してきた。安自身の父親も植民地時代、強制連行で日本に連れてこられ、千歳（北海道）で空港建設に従事した体験をもっていた。安によれば、サハリンでは戦争当時、「官斡旋」と「徴用」によって集められた約6万人の朝鮮人たちが炭鉱や軍事基地で苛酷な労働を強いられていたという。敗戦を迎え、約30万人の日本

人たちは帰国したが、4万人余りの朝鮮人たちは凍土の地に置き去りにされた。戦後は冷戦構造のなかで韓国とソ連との関係が悪かった上、日本政府も責任を回避してきたため、サハリン残留朝鮮人たちの母国訪問、永住帰国が始まったのは、韓国とソ連の関係改善が進んだソウル・オリンピック（1988年）以降のことである。

安のサハリン訪問は1994年の夏だったが、その時点で韓国へ永住帰国できた人はわずか200人余りにすぎない。多くの人たちは朝鮮半島の故郷に帰ることを夢見ながら、異国の地で生涯を閉じていた。

サハリン残留朝鮮人たちの存在は、日本の植民地下で行われた強制連行や強制労働に対する日本の責任を鋭く問うものであった。安のルポ、映像記録は『棄民たちの望郷歌』というタイトルで韓国と日本で発表され、忘れられようとしていた戦争の傷跡の酷さを改めて突きつけることになった。

「棄民」をテーマにした安の取材はその後も続いた。中国に残された「従軍慰安婦」もそのひとつである。1996年の春、安は中国・湖南省を訪れ、元日本軍「慰安婦」チョン・スジェ（当時70歳）と出会っている。1943年6月、チョンは17歳の時、「綿糸工場でいい仕事がある」と騙され、故郷の忠清南道（現在の韓国の中部）から、列車で漢口（現在の武漢）に連れてこられた。チョンは漢口の積慶里にあった「特殊慰安所」で日本人将兵たちの性の相手をさせられていた。記録によれば、当時、この地区だけで「慰安婦」は日本人130人、朝鮮人は150人を超えていたという。

敗戦直前、慰安所の経営者たちは彼女たちを捨てて逃げ出してしまった。女性たちは中国語もわからず、どこにも行き場はなかった。また「辱めを受けた」という気持ちから、故郷へ戻ることへのためらいもあった。結局、チョンはそのまま中国に残り、1990年代になり、初めて「私は朝鮮人です。故郷に戻りたい」と名乗りをあげていた。

安のカメラは、たどたどしい朝鮮語で涙ながらに自分の身の上を語る年老いた女性の姿を淡々と映し出していた。これらの映像報告は韓国世論を動かし、「元慰安婦」たちの帰国への道を開くことになった。中国国籍でもなく、韓国籍でもない、事実上、中国で無国籍者として生きてきたチョンは、1997年2

月、54年ぶりに永住帰国を果たしたが、同年11月に病死している。

③ 戦後賠償と戦争の傷跡

　戦争責任、植民地主義の検証という意味では、台湾・原住民（日本統治時代には高砂族と呼ばれていた先住民族）の元日本兵たちの戦後賠償を記録したドキュメンタリーも、国家に切り捨てられてきた存在に光をあてる作品となった。この取材を行ったのは、1980年代から台湾に移り住み、十年の時間をかけて台湾人元日本兵の証言を集めてきた 柳本通彦〔やなぎもと・みちひこ〕である。

　日清戦争（1894 - 95年）の結果、50年間、日本の植民地となった台湾で日本は徹底した皇民化教育を行い、住民たちに皇国臣民としての意識を植え付けていった。アジア太平洋戦争に突入すると、台湾人たちは日本軍人、軍属として戦争に駆り出されることになった。原住民の青年たちも、フィリピンなどの南方戦線に送られ、過酷な戦場で日本兵として戦った。台湾出身者の戦死者は2万人余り。しかし、日本の敗戦と同時に台湾は蒋介石を指導者とする国民党の統治下におかれ、元日本兵たちは国民党の厳しい弾圧を受け、身を潜めて生きてきた。

　一方、日本という国家は戦争中、彼らを日本兵として戦わせておきながら、敗戦後は「もはや（あなた方は）中華民国の国民であり、日本人ではない」という理由で、軍人恩給はむろんのこと戦病死、戦傷に対する補償を一切拒否してきた。そのような不条理に対して台湾人元日本兵たちが声をあげ始めたのは、戦後40年ほど経ってからである。

　柳本は日本政府へ訴訟を起こした原告のなかでも、原住民たちに密着して、天皇の名の下に戦いながら、日本に切り捨てられてきた人たちの複雑な心境をカメラで記録してきた。

「私たちは（信義を重んじる）大和魂を叩き込まれました。しかし、今の日本に道義はあるのですか」

　彼らは日本に見捨てられた悔しさ、無念さを訴える一方、「日本は私たちの父ちゃんです。懐かしいです」と天皇のカレンダーを飾った部屋で日本への

「郷愁」を語ることもあった。裁判を行うために来日した3人の原住民たちは、まず、宮城（皇居）に参拝した後、靖国神社を訪れ、「ようやく戦友に会えた。（戦死した）戦友の声が聞こえる気がした」と本殿の前で涙を流した。

この映像記録は『花蓮三勇士〜台湾・旧高砂族の元日本兵たち』（NHK・ETV特集、1998年10月）として放送され、植民地だった台湾の人びとの日本に対する言葉にできない想いを切々と伝えていた。この作品は「親日的な台湾の人たち」というステレオタイプ的なイメージを覆し、台湾の歴史から日本という国家の成り立ち、あり方を問うドキュメンタリーとして高い評価を得ることになった。

台湾人元日本兵たちの賠償を求める訴えを日本の司法はすべて退けてきた。法的論理からすれば、「日本ではなくなった台湾の元日本人」を救済する手立てはないのかもしれない。しかし、道義（正義）の履行を求める主張に対して、賠償にも応じず、誠実な謝罪も行わない日本へのまなざしは厳しい。国家と国家のあいだの法的な論理、合意ですべて解決済み、という考え方は一面的であり、植民地支配、戦争の犠牲を強いられた人びとの納得は得られないだろう。

戦争の傷跡というテーマではもうひとつの事例も紹介したい。

ベトナム戦争へ派兵された韓国軍兵士たちの枯葉剤被害をめぐる事柄である。米国と同盟関係にある韓国は、1965年より、延べ31万2853人の将兵をベトナムへ送り、4687人の戦死者を出している。ベトナム戦争終結（1975年4月）後、十数年経ったころから、元兵士たちのあいだで米軍の散布した枯葉剤の被害を訴える声が出始めていた。米軍は南ベトナム解放民族戦線らのゲリラを掃討するため、彼らの活動するジャングルに枯葉剤を大量に散布していた。森林を丸裸にしてゲリラの隠れ場をなくそうとしたのである。枯葉剤のなかには猛毒のダイオキシンを含んだものもあり、ベトナム人だけでなく、米軍兵士たちのなかにも、多くの被害者を生み出している。米国では1970年代の後半、元軍人たちが製薬会社を相手どり、集団訴訟を起こしていた。最前線で戦っていた韓国軍兵士たちのなかにも、枯葉剤を浴びた後遺症と思われる症状を訴える者は少なくなかったが、韓国の元兵士たちが実際に行動を起こすのは1990年代に

入ってからである。

　1997年の夏、韓国人メンバーの慶淑顕（キョン・スッキョン）は、枯葉剤の後遺症に苦しむ元兵士たちの声を記録するため、取材、撮影を始めた。手足の痺れで寝たきりになった人や妻が何回も流産を繰り返した人など、枯葉剤の後遺症と思われる身体の障害は想像以上に深刻なものだった。枯葉剤の被害者の手当てをする病院も指定されていたが、有効な治療のできないまま、亡くなる人も多かった。

　慶は枯葉剤の被害者の撮影を続けるなかで、戦場で起きた韓国軍による住民虐殺事件を知った。慶はこの証言を聞いた時の強烈な衝撃をいまでも忘れていない。

　カメラの前で、勇猛果敢な部隊として名を馳せた「猛虎部隊」の分隊長、金一郎（キム・イルラン）は、「猛虎6号作戦」（1966年9月から3か月間、南ベトナムで展開されたゲリラ掃討作戦）で起きた虐殺事件を詳細に語っていた。

「村ではベトコン（解放戦線の兵士たち）を特定するのがむずかしいので、見せしめのため村長の2人の娘たちを木に吊るして腹を切り裂きました。その後、村長も含めて皆殺しにしました。このようなことは数え切れないくらいありました。私たちは人間じゃなかったのです……」

　慶は韓国軍による虐殺事件を調べるため、南ベトナムを訪れ、虐殺現場のひとつ、ビンディン省ツイブック県ブックホア村に足を運んだ。住民たちは韓国軍のことを鮮明に覚えていた。

「虐殺のことは永遠に忘れられないです。死んだときにやっと忘れられるでしょう」

　金の参加した「猛虎6号作戦」の虐殺現場は、同じ省のフーカット県カッティン村にもあった。村人たちは「猛虎部隊」のシンボルである黄色の虎のマークを恐怖とともに覚えていた。1966年9月23日、この村では韓国軍により、17歳までの子どもたち58人を含む84人の村民が殺害されたと記録されている。

　慶の映像リポートは枯葉剤の被害者を中心に編集して、NHKの夕方の番組で放送したが、虐殺の証言はあまりに生々しくて放送には出せなかった。

　当時、韓国では韓国軍の参戦したベトナム戦争を批判することはタブーとも

いえるイシューとなっていた。ベトナム戦争における韓国軍の加害を問う記事を掲載したハンギョレ新聞なども、元兵士たちから激しい非難を浴びていた。

　戦争の当事者には加害と被害の両面が含まれるが、日本でも、韓国でも、米国でも、自らの加害の事実に向き合うことは困難を伴う。だが、個々の兵士たちのなかにはたえず自問自答しながら、罪の意識に苛まれている者もいた。

　金は「自分たちの参加した戦争は正義の戦いであり、大義のために命を懸けたと信じたい。けれども、民族のためでもない、国家のためでもない、私たちがベトナムで戦ったのは何のためでしょうか。私にはなんと答えればいいのか、わかりません」と苦しさを吐き出すように語っていた。

　ベトナム戦争で戦った韓国の若者たちもまた国家の「大義」のために駆り出され、傷つき、切り捨てられてきた。その歴史的事実は国家の虚偽や戦争犯罪に対する告発の確かなエビデンスとなっている。

④ 日韓のナショナリズムを超えて

　日韓関係は領土や「慰安婦」、徴用工など戦後賠償をめぐる問題で現在もギクシャクしている。APIでは日韓の軋轢を扱ったドキュメンタリーの制作も行ってきた。

　竹島（韓国名・独島）の領有については日韓両国とも自らの主張を譲らず、排他的経済水域での漁業権をめぐる衝突もたびたび起きていた。なかでも釜山付近から出港するコテグリ船（小型底引き船）は日本近海で漁場を荒らすとして日本の漁民たちから激しく非難されてきた。日本と韓国の漁民たちがなぜいがみ合わねばならないのか。同じ漁民として相互に歩み寄ることはできないのか。

　私は日韓のステレオタイプ的で感情的、情緒的な世論にとらわれず、冷静にこの問題を考える材料を提起したいと考えていた。韓国人メンバーの具永鳩（グ・ヨング）と検討を重ねた結果、具自身がこのコテグリ船に乗船し、韓国の漁民たちの実情を撮影しようと決めた。コテグリ船は韓国でも違法とされていたが、なぜ漁民たちがコテグリ船での操業をやめないのか。日本側にも、韓国側にも立たず、漁民たちの生活や葛藤を表現したかった。

この取材について、東京駐在の韓国公共放送（KBS）の特派員に相談したところ、彼は強い口調で具を責めた。

「君はジャーナリストである前に韓国の国民であることを忘れるな。韓国人の君は韓国に不利になるような報道をすべきではない。韓国の「恥」を日本人にさらけ出すとは何事か」

　国益を意識した報道は、長期的な視野で考えたとき、必ず日韓の関係を損なうことになる。韓国漁民の実情を知らせることこそ、日本の漁民たちとの相互理解の第一歩になるのではないか。具はそう信じて釜山へ飛び、コテグリ船への乗船交渉を始めた。撮影許可をとるのは容易ではなかったが、最終的には日本近海で操業するコテグリ船への同乗取材を行うことができた。

　この映像取材は、『ビデオ・ジャーナリストは見た〜国境を越える韓国コテグリ船』（NHK・ETV特集、1998年9月）というタイトルで放送することができた。番組では釜山付近の漁民たちの貧しい生活も映し出されており、違法な操業を止めることのできない人たちの苦悩を伝えていた。

　放送後、島根県の漁民から連絡があり、「今まで韓国の漁民は「敵」だと思っていたけれども、彼らもわれわれと同じような問題を抱え、苦しんでいることがわかった」と語ってくれた。日韓双方の激しいナショナリズムの渦の中にあって、情緒に流されず、相互理解を深めるための材料を提供できたことは、国籍や民族を超えたネットワークとしてのAPIの存在意義を改めて確認させてくれた。

2　不条理の告発へ──人びとの側から世界を切り取る

[1] 国家による情報操作

　戦争は私たちの世界で起きる最大の不条理のひとつである。そのため、戦争はいつの時代でも、ジャーナリズムの最も重要なテーマとなっている。APIのジャーナリストたちは「戦場ジャーナリスト」という呼び方には違和感をもつものの、現実の取材地として戦争や紛争地を選ぶことが多い。殊に現代の戦

争が国家による「正義」の名の下に行われている以上、人びとの側から暴力を行使する国家の論理を打ち砕く必要がある。ジャーナリズムは、現場から国家の虚偽を暴き、正確な事実の提供を行わなければならない。いかなる戦争であれ、戦争を肯定するジャーナリズムはジャーナリズムとはいえない。少なくとも、私たちはそう信じている。平和構築を構想するためには、現実の戦争を伝えるジャーナリズムのあり方が問題になってくる。

　残念ながら現代の戦争報道を検証すると、マスメディアの多くは戦争を仕掛けた国家の情報コントロールの影響下にあることを認めざるをえない。

「戦争の最初の犠牲者は真実である」（The first casualty when war comes, is truth.）

　この言葉を残したのは米国の上院議員だったハイラム・ジョンソンで、時に1917年のことである。この年は米国が第一次世界大戦に参戦した年であり、ジョンソンの警句は世論を参戦に導くため、政府によって大掛かりな情報操作が行われたことを指している。メディア論の古典といえるウォルター・リップマンの『世論』には、ウィルソン大統領の意向を受けて「広報委員会」が設置され、ドイツへの敵愾心（てきがいしん）を煽るプロパガンダを展開することで米国を参戦に導いた経緯が述べられている。

　「当時の主要なメディアは新聞だけであり、情報操作は難しくない。それに比べ、テレビやインターネットなど多様なメディア、情報源をもつ現代では、簡単に騙されることはありえない」と考える人たちは多い。しかし、歴史はこの百年前の警句がいまも厳然といきていることを示している。

　殊に2001年9月11日の米国同時多発テロ以降、マスメディアは対テロ戦争を主張する愛国主義的な波に飲み込まれ、米国の武力行使の歯止め役を果たすことはできなかった。政府によって情報は操作され、メディアは事実確認されない情報を垂れ流すという失態を演じた。ジャーナリズムの機能不全により、武力行使への検証や反省も行われないまま、中東地域における混乱は拡大し、いまも多くの犠牲者や大量の難民を生み出し続けている。

　この項では私たちの取材したイラク戦争やパレスチナ紛争などを事例に平和構築へ向けた報道のあり方を具体的に考えていきたい。

2003年3月20日に始まったイラク戦争における米国政府の露骨な情報操作については、ここで改めて指摘する必要はないだろう。そもそも、イラク侵攻のきっかけとされた以下の2つの理由はいずれも「間違い」であったことを米国政府も認めている。

① 　イラクは大量破壊兵器（生物化学兵器）を保有しており、国際社会の安全に対する脅威となっている

② 　フセイン政権はアラブのテロリストたちと関係がある

　9．11直後からブッシュ政権はイラクの独裁者であるサダム・フセイン政権を倒すため、「ウソ」の情報を大量に流し続けてきた。ブッシュ政権の情報操作に抵抗できなかったメディアの罪は致命的ですらある。世界でも最も影響力の強いニュースチャンネルのひとつであるCNNも、政権と距離をおけず、積極的に大勢翼賛的な報道を担ってきた。CNNの著名なアンカーマンであるウルフ・ブリッツァーは自らの報道姿勢についてこう述べている。

「私たちは今回の戦争報道において、なるべく事実に基づいて多角的に伝えていきたいと思っていました。何が犯人たちを自爆テロに駆り立てたのか。このような問題を深く掘り下げて答えを出そうとしました。しかし、それはできませんでした。なぜなら、CNNは米国のテレビ局であり、われわれ自身が攻撃された以上、中立の立場をとることは不可能です」（NHK・BS1、2002年5月22日『シンポジウム　戦争報道』より）

② 人びとの側から戦争を記録する

　開戦前、API内部でもイラク戦争をどう取材するのか、という議論を始めていた。私たちの視点、立ち位置はすでに決まっており、「攻撃を受けるイラク市民の側の被害を伝える」という1点において、全員の意見は一致していた。戦争取材の重心を最も被害を受ける人びとの側におくことは、ジャーナリズムの基本的立場と考えていた。

　戦争を仕掛けた米国の主張は、ホワイトハウスであれ、国防総省であれ、カタールの米軍司令部であれ、世界中から集まったジャーナリストたちによって、逐一報道されている。その情報量は圧倒的であり、イラク戦争を正当化させる世論形成に決定的な影響力をもっていた。

私たちは大方のマスメディアとは真逆の立場から、「今回の戦争の正当性を認めることはできない。大義なき戦争の犠牲となる市民たちに焦点を絞って記録する」ことを確認していた。

　APIからイラク戦争を取材したのは綿井健陽（わたい・たけはる）である。綿井は9.11直後に始まった米国のアフガニスタン攻撃でも、現地取材を行っており、今回も開戦の1か月前、大統領宮殿のある首都バグダッドへ入った。

　一方、日本の新聞、テレビの記者たちは開戦前に全員、「安全が確保できない」という理由でバグダッドから退避しており、米軍の空爆を受けるバグダッドの状況は、綿井をはじめとするフリーランスのジャーナリストたちが担うこととなった。

　綿井のリポートで最も秀逸だったのは、開戦から3週間後、クウェートから侵攻した米軍のバグダッド入城を伝える現地中継だった。この日、市の中心部にあったフセイン像が米軍の装甲車によって引き倒される映像が世界中に流されていた。ほとんどの新聞、テレビはこの情景を「『解放だ』市民歓喜」（2003年4月10日付け読売新聞）というニュアンスで伝え、紙面は米軍によって独裁者から解放されたバグダッド市民の喜びの声で埋め尽くされていた。そのようなマスメディアの報道に対して、現場でその様子を目撃していた綿井はまったく逆のコメントを発していた。

「いま24年にわたるフセイン政権が崩壊しました。しかし、歓迎している人はごくわずかです。これは悲しい勝利です。いや勝利と言ってはいけないのかもしれません」（テレビ朝日、2003年4月9日『報道ステーション』より）

　マスメディアの報道と綿井のリポートとどちらのほうが正確だったのか。後に行われた検証で、フセイン像引き倒しの現場に集まったのは、フセイン政権下で弾圧されていたシーア派の住民たちで、その数は200人足らず。イラク侵攻を正当化させるため、「米軍を歓迎するバグダッド市民」という「宣伝」がメディアを通じて世界中に流布されたことが明らかになっている。

　私たちの懸念したとおり、「ウソ」で塗り固められたイラク戦争報道で隠されてきたのは、イラク市民の犠牲者たちだった。開戦以来の市民の死者数は、

実に20万人にのぼっている（NGO イラク・ボディ・カウントの推計）。

　最も大きな問題は、「ウソ」で始まった戦争の犠牲者に対して、だれも責任をとっていないことである。ブッシュ大統領だけでなく、イラク戦争を全面的に支持した日本政府も、戦争のまともな検証は行っていない。メディアからの追及もほとんど行われていない。

　綿井は映像記録を素材にしてイラク戦争のドキュメンタリー映画『Little Birds ～イラク戦火の家族たち』（2005年劇場公開）を制作した。この作品の主人公は、米軍の空爆によって3人の子どもを失ったアリ・サクバンという父親である。サクバンたちは対テロ戦争という「大義」を掲げる米軍に対して、「これは米国による国家テロだ」と叫び、「誤爆」などという言葉ではけっして正当化されない不条理な死の責任を追及しようとした。しかし、米軍から正式な謝罪もなく、激しい怒りを抱えたまま、サクバン自身もまたテロの標的となり命を落とす。

③ 「人権」の二重基準

　国家の内部では人間を殺すことは犯罪であり、厳しく罰せられる。日本では複数の人間を殺害すれば死刑もありうる。しかし、国家の名の下に行使される殺人は正当化され、黙認されることがある。力のある国家の暴力による人間の殺害はなぜ犯罪にならないのだろうか。

　私たちは戦争や紛争地を取材するなかで、いつもそのような疑問をもち続けてきた。どのように考えても、国家による殺人を認めるいかなる理由、正当性も見当たらない。

　イラク戦争だけでなく、パレスチナ紛争を取材するなかでも、国際社会の命に対する二重基準（ダブルスタンダード）の矛盾を痛切に感じてきた。

　2008年12月27日、イスラエル軍はパレスチナ自治区ガザへの攻撃を開始、空爆、地上軍の侵攻など23日間に及ぶ武力行使で、多くの民間人が殺害された。犠牲となったパレスチナ人の数は約1400人。そのうち300人は子どもだった。

　イスラエルはガザを支配するイスラム原理主義組織ハマスのテロに対する報復と主張していた。この事件について NHK ニュースは「イスラエルとハマス

が衝突するパレスチナでは……」と報じたが、この認識は明らかに間違っている。イスラエル側の死者は13人で、死者数の割合は100対1である。この数字は、起きているのは「衝突」ではなくて、「大虐殺」であることを示している。米国の近代兵器で武装したイスラエル軍とパレスチナの抵抗勢力とのあいだには、相撲でいえば、横綱と中学生ぐらいの力の差がある。殊に300人の子どもたちを殺害する行為は明白な「戦争犯罪」である。21世紀に入って起きた最も残酷で不条理な暴力のひとつであると断言できる。

それにもかかわらず、イスラエルはむろんのこと、国際社会もこの虐殺事件の責任を追及しようとはしない。米国のオバマ大統領（当時）は「イスラエルの軍事行動はテロに対する防衛である」との見解を示し、無辜のパレスチナ人殺害の責任を問う姿勢はまったくみられなかった。また大方のメディアはNHKのように「喧嘩両成敗、どっちもどっち」という見方、報じ方をしており、戦争犯罪という認識はきわめて希薄だった。

この事件が起きた時、私は犠牲となった子どもたちの記録を残すことで、この戦争犯罪の責任を追及したいと考えていた。その想いはパレスチナを20年にわたって取材してきた古居みずえも同じだった。

古居は1988年の第1次インティファーダ（イスラエルに対する抵抗運動）から、パレスチナの取材を始め、イスラエルの建国（1948年）以来、故郷を追われたパレスチナ人たちの日常生活、殊に拳を振り上げる男たちの陰でどっしりとした存在感をみせている女性たちの姿を丹念に記録してきた。

2009年1月、古居はガザに入り、イスラエル軍によって家族や兄弟を殺された子どもたちの取材を始めた。現場では建物は壊され、生き残った子どもたちも深い心の傷を抱えていた。目の前で両親を殺された子どももいた。古居は子どもたちの放心したような表情や悲痛な叫びを記録していった。

この時のドキュメンタリーは『子どもたちは見た〜パレスチナの悲劇』（NHK・BS1、2009年4月）というタイトルで放送した後、追加取材を行い、再編集して劇場公開作品となった。

私たちは「命は地球よりも重い」「人間の命は平等である」などと教えられてきた。「人権」という概念は私たちの社会では最も大切な価値観のひとつで

ある。しかし、イスラエルの占領下にあり、自決権を奪われているガザの人び
とにとって、「人権」は欧米社会のなかでのみ認められている理念、価値であ
る。民主主義を標榜する国々のそのようなダブルスタンダードこそ、テロを生
み出す温床となっていることに留意する必要がある。

3 分断から共生へ──民主化を求めて市民は訴える

1 ステレオタイプを壊す

　1989年12月、東欧革命の嵐の吹き荒れるなか、ルーマニアの独裁的なチャウ
チェスク政権が民主化を求める市民たちにより打倒された。その一部始終を数
名の市民たちがビデオ（VHS）で記録。現場からの生々しく臨場感あふれる映
像は世界中に流され、多くの人びとに衝撃を与えた。それ以降、急速に進歩し
たデジタル機器は、アジアでも独裁政権や強権的な政府の統治下にある人びと
の告発、抵抗の武器として使われてきた。いまや小型ビデオで記録した映像は
ネットを通じて瞬時に世界中に配信されている。

　APIでは1990年代の後半から、取材規制の厳しい朝鮮民主主義人民共和国
（北朝鮮）の内部映像をテレビなどで放送するようになった。これらの映像は北
朝鮮から中国へ逃げてきた脱北者たちによって撮影されている。

　彼らにビデオカメラを渡したのは、朝鮮半島の取材をライフワークとする
石丸次郎である。石丸は中朝国境で出会った脱北者たちから「北朝鮮の惨状を
世界に伝えたい」という要請を受け、北朝鮮内部における彼らの取材、撮影を
支援してきた。現代の最大の「秘境」ともいえる北朝鮮で何が起きているの
か。北朝鮮の人たち自身によって撮られた映像は、国際政治の文脈で語られて
きた北朝鮮という国に生きる人びとの暮らしやその素顔を生き生きと映し出し
ていた。むろん、自由な取材は許されないため、撮影はすべて隠し撮りとな
り、見つかれば厳罰を覚悟せねばならない。文字どおり、命のリスクを懸けた
仕事となっている。

　石丸自身も中朝国境には100回近く足を運び、約900人の脱北者たちの聞き取
りを行ってきた。その記録はドキュメンタリー『北朝鮮難民の証言』（NHK・

ETV特集、1997年）をはじめ、毎年、多くの映像報告をテレビ、ネットなどで発表している。

　北朝鮮に関してマスメディアから流れる映像は、絶対的な指導者・金正恩（キム・ジョンウン）の動向や軍隊の行進、マスゲーム、ミサイル発射などに集中しており、人びとの「顔」は一向に見えてこない。日本では「北朝鮮の人びとは洗脳されている」「ロボットみたい」という類のステレオタイプ化されたイメージが広範に共有されており、石丸たちの映像はその一面的な見方を覆す材料を提供している。北朝鮮の人びとと外部世界との壁に風穴を開け、私たちに人間的な共感を呼び起こす機会を与えている。

② 歴史の再検証へ

　「見えない壁・境界線」は北朝鮮とのあいだにだけあるわけではない。中国についても同様である。日本のメディアでは中国を「仮想敵国」的に報道することも多く、ナショナリズムに色づけされたステレオタイプ的なイメージは深く浸透している。

　中国では習近平政権になってから、メディアへの管理、締めつけは一段と厳しくなり、「メディアは共産党の喉であり、舌である」という社会主義的原理で、言論、表現の自由は窒息しつつある。経済の市場化とは異なるメディア政策のなかで、プロパガンダ以外の自由な取材、撮影はまず許可されない。政治的なイシューはむろんのこと経済、文化的な事柄であっても、当局の検閲を受けねばならない。

　そのような閉塞した状況のなかでAPIは、1990年代より、中国のドキュメンタリストたちと連携をとりながら、中国の社会や人びとの暮らし、生き方を描いた映像作品の制作を支援してきた。季丹をはじめとして、胡傑（フー・チェ）、馮艶（フォン・エン）など、APIにかかわったメンバーたちは、独立系ドキュメンタリー監督として中国国内に留まり、さまざまな制約のなかで撮影に取り組んでいる。

　注目すべきなのは、政府による思想統制が強化される一方、国家の認める正史に対して、市民の側から歴史の解釈の変更を求める動きも微弱ながら、始まっていることだ。

たとえば、胡は多くの犠牲者を出した反右派闘争、文化大革命の歴史を掘り起こし、「革命」の名の下に行われた、人間存在に対するすさまじい破壊的行為を一市民の視点で問い続けている。1999年から取材を始めたドキュメンタリー『林昭の魂を探して』は、文化大革命時、反革命の罪状で処刑された北京大学の女子学生・林昭の苛烈な生涯を描いたもので、多くの人びとの歴史観を激しく揺さぶる「問題作」となった。自分の良心に従い、転向を拒否して死を選んだ林の生き方は鬼気迫るものがある。独房の壁には自分の血で書いた2万字に及ぶ告発文が残されていた。中国を愛すればこそ、権力（共産党）の腐敗と過ちを批判する彼女の訴えは、共産党幹部から危険思想と疎まれ、1968年、上海の刑務所で銃殺刑となった。このドキュメンタリーは中国国内では上映禁止となったが、市民によって自発的に1000枚を超える DVD が製作され、「真実」を知りたい市民たちの強い共感を得ていた。胡はその後も甘粛省の反体制地下活動で逮捕、処刑された知識人たちを取材した『星火』などのドキュメンタリーを制作。「国民は歴史の真実を知る必要がある」といまも新たな証言者を求めて中国全土を訪ね歩いている。

　共産党と「人民」の離反が拡大するなか、胡たちのドキュメンタリーは、一党独裁を正当化する歴史ではなくて、文字どおり「人民」の立場から行う歴史の再検証の核心的な役割を担っているのだ。

4　おわりに——ジャーナリストの立ち位置

「武器よりもビデオカメラを！」

　この言葉は米国の代表的なビデオ・ジャーナリスト、ジョン・アルパートを日本に招いてワークショップを開いた時のポスターに使ったコピーである。アルパートは小型のビデオカメラを使い、イラク戦争における米軍兵士の犠牲者やフィリピンの反政府ゲリラへの潜入取材、リポートなど、米国の隠しておきたい事実を暴くビデオ・ジャーナリストとして知られている。彼は巨大資本に牛耳られているマスメディアに対抗して、独立した「個」の表現者として、物事の発生する現場から時代を切り取り、国家の認定する正史を撃つドキュメン

タリーの制作を続けている。

　アルパートと同じように、APIもビデオカメラを道具として、アジアで起きている戦争、紛争、難民やさまざまな不条理で苦しむ人びとを記録してきた。外から客観的に撮るというより、むしろ当事者のなかにカメラを持ち込み、被害を受けている人たちに密着しながら、その関係性そのものも、映像に映しこむという手法をとっている。そのため、APIのリポートは「偏っている」「中立的でない」などという批判を受けることがある。だが、このような批判は、民主主義国家におけるジャーナリズムのあり方に対する「誤解」から生まれていると思う。

　日本では「ジャーナリズムは客観的、中立的でなければならない」と信じられているが、それは「幻想」である。メディアで語られる「中立的報道」は単に両論併記や情報の羅列である場合が多い。むろん、私たちもギリギリまで最良の観察者であるという立場を放棄することはない。ただ、表現という行為は、ジャーナリズムも含めて、きわめて主観的で恣意的な行為である。問われるのは、その主観の中身、見識であり、主観の根拠となる数多の事実への歴史的な文脈をふまえた上での論理的、合理的アプローチである。

　近代ジャーナリズムは、権力（政府、司法、行政、官僚組織、経済界など）を監視することを通して国民の知る権利を代行している。ジャーナリストたちの立ち位置は、権力と市民の中間にあるのではなくて、明確に市民の側にある。最後にそのことを再度確認しておきたい。

ディスカッション

① 「正義の戦争」「平和のための戦争」はあるのだろうか。また、紛争解決のために暴力（武力）を使うことは許されるのだろうか。

② 民主主義社会にとって言論、表現の自由はなぜ必要なのだろうか。

③ 身近な社会問題をテーマにミニ映像リポート（長さは5分程度）の企画書を書いてみよう。企画書には、タイトル、企画趣旨（意図や問題意識）、取材の具体的な内容・方法・構成などを書き込みます。企画書ができたら、実際に制作に取り組んでみよう。ビデオカメラがなくても、スマホでも取材、撮影はできます。

♣ 文献・資料案内

アジアプレス・インターナショナル編『匿されしアジア──ビデオジャーナリストの現場から』風媒社、1998年

アジアプレス・インターナショナル編『アジアのビデオジャーナリストたち』はる書房、2000年

アジアプレス・インターナショナル編『アジアの傷──アジアの癒し』風媒社、2000年

アジアプレス・インターナショナル編『リムジンガン』7号、2015年

▼ API のドキュメンタリー作品（DVD で視聴可能な作品のみ）

綿井健陽監督『Little Birds ～イラク戦火の家族たち』安岡フィルムズ、2005年

古居みずえ監督『ガーダ～パレスチナの詩』アジアプレス・インターナショナル、安岡フィルムズ、2005年

古居みずえ監督『ぼくたちは見た～ガザ・サムニ家の子どもたち』アジアプレス・インターナショナル、2011年

その他、API のウェブ・マガジンであるアジアプレス・ネットワーク（APN）において映像リポートを視聴できる。

[野中　章弘]

コラム3　私とAPI——小型ビデオで世界を変える

　アジアプレス・インターナショナル（API）は文章、写真、ビデオの3つの表現方法を使って、社会問題の可視化に取り組んできたジャーナリストのネットワークである。1990年代の初頭からは、民生用の小型ビデオを使ったドキュメンタリー制作にも力を入れてきた。第3章で取り上げた作品もいわゆるビデオ・ジャーナリスト的な手法で取材、撮影されたものである。デジタル技術の発達により、小型カメラの性能も飛躍的に高まり、数百万円もする高価なプロ用機材（ENGカメラ）を使わなくても、テレビ・ドキュメンタリーの制作が可能となった。

　APIのドキュメンタリーはNHKを中心に発表してきたが、ETV特集などのドキュメンタリーの視聴率は通常1〜2％前後である。同じ時間帯で放送されている民放の番組とは比較にならないぐらい低い。しかし、NHKの視聴率1％はおよそ110数万人の人びとが番組を視聴したことを示している。北海道から沖縄まで、子どもからお年寄りまで、同時に多くの人びとにメッセージを伝えることが可能である。

　また、テレビ用の映像記録は国境を越え、グローバルに展開しやすい。これまで韓国、中国、イギリス、フランスなどのテレビ局への映像リポートの提供や共同制作を行ってきた。戦争責任や戦後賠償、歴史認識の問題など、共生、和解を求める事柄、社会的事象に関して、映像表現のもつ潜在的な波及力、訴求力はきわめて強力で現実を揺さぶる力を発揮することも少なくない。

　APIだけでなく、ビデオ・ジャーナリストたちの仕事の場は近年、急速に増え、ジャーナリズムの欠かせない一翼を担うようになってきた。民主化運動や戦争、紛争など、現在では危険地の取材、最前線からの映像報告の少なからぬ部分を提供している。

　2007年、軍事政権下のビルマ（ミャンマー）での民主化運動を記録したドキュメンタリー映画『ビルマVJ（ビデオ・ジャーナリスト）』は、政府に抵抗する市民たちが自ら小型ビデオを持ち、軍の苛酷な弾圧やデモの様子を撮ったものをまとめている。外国人ジャーナリストたちの取材活動が厳しく制限されるなか、彼らの記録した映像はネットを通じて海外へ発信され、世界はビルマ国内で何が起きているのか、非道な軍事政権の実態を知ることになった。

　シリア内戦でも小型ビデオやスマホで撮られたドキュメンタリー映画は、『シリア・モナムール』『ラッカは静かに虐殺されている』『ラジオ・コバニ』など次々に公開され、巨大でむき出しの暴力の犠牲となる人びとの嘆きや悲しみ、怒りをストレートに描いている。

ビルマでもシリアでも、このようなビデオ・ジャーナリストたちの仕事は、世界に大きな衝撃を与え、暴力ではなくて、小型ビデオが「世界を変える武器になる」ことを証明した。

　ただ、戦地取材ではビデオ・ジャーナリストたち自身が犠牲となることも増えてきた。APIでも1999年9月、東ティモールの独立闘争を取材中、インドネシア人メンバーのアグス・ムリアワンが反独立派の民兵によって殺害され、2012年8月には元メンバーの山本美香がシリアで射殺されている。彼らの死は私の人生のなかでも、最も鋭く、重い痛みをもたらした出来事だった。

　イラク戦争（2003年）以降、ジャーナリストを標的とした誘拐、殺害事件も頻発している。残念ながら、欧米諸国と違い、日本では被害者となったジャーナリストに対して「自己責任」と非難する声もあり、ジャーナリズムが民主主義を支えているという認識は弱い。

　現実を直視、認識しなければ、戦争や紛争を食い止めることはできない。いま、この瞬間にも、破壊や殺戮の現場に行き、自らの人生を懸けて不条理な現実を記録している人たちのいることを覚えていてほしいと思う。

［野中　章弘］

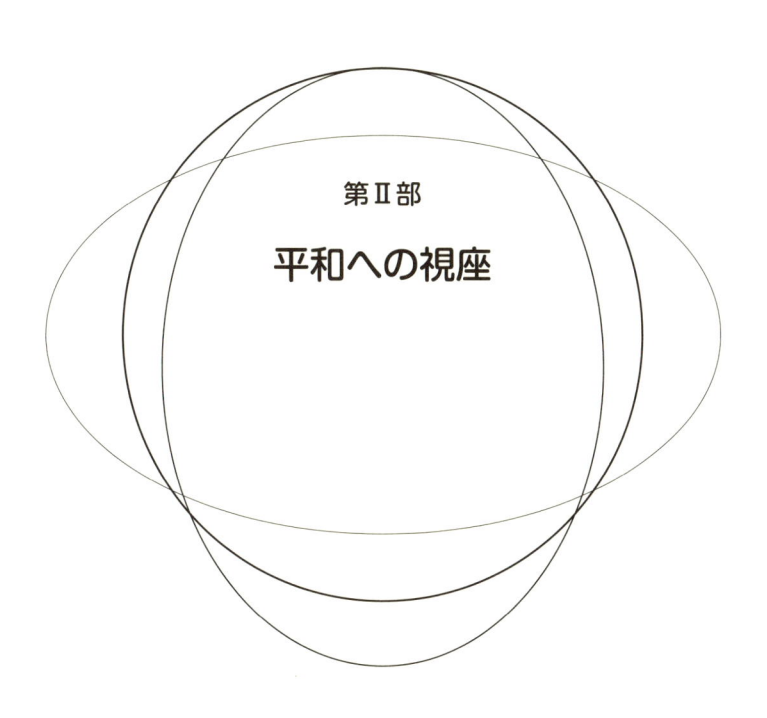

第Ⅱ部

平和への視座

都市における多文化と共生、そして境界

第4章
● 新大久保の「街歩き」

キーワード 「多文化共生」の批判的再考 エスニック・コミュニティの複合化
境界線と境界区域（コンタクト・ゾーン） 方法としての「街歩き」
着眼点としての「人・物」

現場で出会う異文化と他者

　本章の目的は、ホスト社会またはマジョリティ中心の「多文化共生」論を再考することである。言い換えれば、日本人 vs 外国人的な構図からは漏れ落ちてしまう、外国人や移住者コミュニティの関係性を移住者ならびに移住者コミュニティの視点から捉えなおすことである。具体的には、日本の多文化共生のフロンティアとして知られている新宿区新大久保地区の事例を活用しつつ、複合化する街を歩く。そこで体感できる「人・物」に着眼しながら境界と越境、共生などのリアリティとダイナミズムを描き出す。また、本章は独自の方法論に固執しない平和学において、「歩く学問」のスタイルをいかに教育現場で実践するのかという問題意識に基づく試論でもある。

　要するに、平和学は座学に基づく理論学習や事例分析ならびに歴史的な考察も大切ではあるが、実践知あるいは体験知もそれ以上に大切であると私は考えている。本章は、その実践知と体験知を大学教育の現場でどのように取り入れるべきなのかについての私なりの考察と試行錯誤的な記録でもある。

　私は、ここ数年、人類学における「エスノグラフィー」の手法や社会学における「質的研究」的な方法論を援用しつつ、私なりのスタイルの確立と伝授を大学教育（主に演習、ゼミ、フィールド実習など）の場で取り入れてきた。それは、ひとつの確立した方法や理論の伝授ではなく、試行錯誤を繰り返しつつ、失敗を恐れない模索のプロセスの連続でもあった。いまだ確固たる手ごたえを得ているとはいえないが、それでもこれこそが平和学を学んだり、研究する上で必要なアプローチであると信じている。大学教育の現場で取り組む研究と教育、社会貢献活動の融合を模索するアクション・リサーチに基づく実践報告として本章を位置づけたい。

＊

1　日本における「多文化共生」論の問題点

① 問題の所在

　　多文化共生とは、「国籍や民族などの異なる人々が、互いの文化的ちがいを認め合い、対等な関係を築こうとしながら、地域社会の構成員として共に生きていくこと」（総務省「多文化共生の推進に関する研究会報告書」より）です。

　この一文は新宿区の多文化共生推進課のホームページ（2017年4月1日更新）からの引用である。総務省が2006年3月に出した研究会報告書の定義は、全国の自治体でも活用されているため、日本政府ならびに行政は、上記の定義を公式なものとして位置づけていることになろう。

　私は日本社会が多様化することは望ましい、あるいは、少なくとも不可避的な流れであると捉えている。だから、辞書的な定義としての多文化共生を歓迎する側のひとりである。その上で、現在の多文化共生を志向する日本の何が問題なのか。あまり込み入った話はここではしないことにして、いくつかのわかりやすい問題点だけを指摘してみよう。

　ひとつ目は、日本は事実上、すでに移民国家化しているにもかかわらず、多文化共生の政策を導入する政府・行政はそれを巧妙に否定し、そのカモフラージュのなかで多文化共生を謳っているという点である。日本が多文化共生に向かうようになった主たる背景としてグローバル化を挙げることができる。しかし、それ以外にも超高齢化・少子化による労働人口の減少を懸念する声が経済界や政府のほうからいち早くあがっていることも周知のとおりである。労働人口の減少を防ぐ方法を大雑把に考えてみれば、高齢者の労働人口を増やす、出生率を高める、あるいは労働人口を外部から確保するなどのパターンがあるだろう。最も現実的な方法が労働人口を外部から充当する方法、すなわち外国人労働者の受け入れである。実は、そこに多くの問題がある。そもそも「島国だから」とか「日本は比較的同質性の高い文化なので」などホスト社会にあたる

一般の人びとが受け入れの難色を示すパターンも指摘できるが、同じ人間として の尊厳をもつ外国人労働者を「生産性」を高める手段や方策として捉える制 度設計には大きな問題があることを指摘したい。外国人労働者の家族滞在を原 則的に認めないルールの考案ひとつをとってみてもその問題が如実に現れる。

2018年の「改正入管法」の拙速審議は記憶に新しいであろう。仮に制度上、 課題や問題があるとしても「ジャパニーズ・ドリーム」を抱き、甘い誘いに魅 了されてやってくる海外からの労働人口の増加は疑うまでもなく、その結果、 不十分な対応による問題が顕在化するであろう。政府与党は十分な審議を経 ず、あまりにも性急に法律を通そうとしたことが問題であった。また、野党側 の反対一辺倒の争点づくりは、与野党間の陳腐な政争と化し、時代的な流れや 問題の根源をふまえない国政の運営であるような気もした。経緯はさておき法 律が通った以上、人権・人道的な配慮を視野に入れつつ本来的な多文化共生社 会の実現に向けての努力と法律・制度の補充が急がれる。

2つ目は、「日本人 vs 外国人」という二項対立的な構図で問題を捉える傾向 があるという点だ。人間は一人ひとりがそれぞれ異なる尊厳の主体である。日 本人だって十人十色であるし、外国人だって国や地域、宗教や言語、世代や職 業などの属性によってさまざまである。しかし、日本の多文化共生はホスト社 会の日本人が一方にあり、もう一方には、おもてなしの対象（観光客や駐在員・ 外交官など）であろうが守られるべき弱者・少数者（労働者など）であろうが、 外国人をひとつに括って短絡化した構図で捉える傾向がある。

「日本 vs 世界」「日本 vs 外国」という分け方は、多文化共生を考え、推進す る上では大雑把すぎるのではないだろうか。さらに、実質的な移民政策のはじ まりを表面的に否定するため、日本社会への「同化」を誘導してしまうような 多文化共生の施策が繰り返されるとしたら、新宿区のホームページにある多文 化共生が標榜する理念の具現にはほど遠いともいえる。

後にもう少し詳しく述べるが、新大久保は多くのコリア系住民が居住するこ とから注目を浴び始めた。その「コリア（ン）」という表現ひとつにも多義性 が内包されている。それは朝鮮半島をさすのか、国としての韓国または朝鮮民 主主義人民共和国（北朝鮮）なのか。それともその両方なのか。そこには中

国・吉林省の延辺朝鮮族自治州出身の中国籍朝鮮族たちや、日本に留学したり、職を得て働くコリアン・アメリカンを含めてもよいのだろうか。「コリア（ン）」をとりまく多様化と複合化が見え隠れする。

くわえて、オールド・カマーと呼ばれる「在日コリアン」と1980年代以降に来日した人びとをさすニュー・カマーとの境界線はどこにあるのだろうか。一般的にオールド・カマーとは1910年の日韓併合から1945年の日本の敗戦までのあいだに来日し、そして1952年のサンフランシスコ講和条約によって日本国籍を喪失した、日本に暮らす朝鮮半島出身者とその子孫をさす。その後、日本国籍を取得した人もいれば、韓国籍や「朝鮮籍」として生きる人びともいる。他方で、コリア系のニュー・カマーは、韓国籍の人びとがほとんどである。日朝間には国交がいまだないために、人的交流もほとんどない。したがって、日本でいう「朝鮮籍」は国家としての朝鮮民主主義人民共和国ではなく「朝鮮半島出身者のなかで韓国籍や他の国籍をもたない人」となる。日本における「韓国籍」は、1965年の日韓国交正常化によって認められた国籍である。

すると、1952年から1980年代の本格的なニュー・カマーの自由な来日期までに日本に来て暮らし始めた人たちは、オールド・カマーとニュー・カマーの境界タイム（コンタクト・ゾーン）を往来したことになる。そのような時間と空間を行き来した「コリア（ン）」の現代史をひとつの境界線として明確に線引きすることは非常に困難である。

このように、複雑な文脈や意味合いがあるにもかかわらず、日本の行政や政策にはセンシティブな部分に関する配慮や感性がみえてこない。

② 「多文化共生論」からみるグローバル都市 TOKYO と Shinjuku

［1］　多文化共生にもさまざまなパターンがある

実態はさておき、理念上、または定義上は「国籍や民族などの異なる人びとが、互いの文化的な違いを認め合い、対等な関係を築こうとしながら、地域社会の構成員として共に生きていくこと」が日本政府や行政が考える理想的な多文化共生の姿であるようだ。

とはいえ、この理念が実社会において具現化されることは簡単ではない。こ

のような交流と共生が生じるのは主に都市部であるが、どの国や地域の都市が理想的であり、何をモデルにすべきなのだろうか。北米のニューヨークやトロントあるいはヨーロッパのロンドンやパリ、アジアのシンガポールや香港、南半球のシドニーなどグローバル都市として脚光を浴びるところは数多くあるが、それらは東京や大阪のモデルになるのだろうか。

　多様な国籍や民族が対等に互いの文化を認め合うこと、地域社会を共に構成することとはどのような状態をさすのだろうか。またどこまで自文化を守ることが許され、どこまで交じり合うことが理想なのだろうか。第1章ですでに述べたが、私が担当する「グローバル・アジア研究」ではゼミ生たちと「文化的・社会的共生のあり方に関する実地調査——グローバル・アジアへの試論」というテーマのフィールド調査に出かける。2017年は香港とシンガポール、2018年が釜山であった。ゼミ生たちの多くは頻繁に東京の新大久保と高田馬場、大阪の鶴橋・生野などで合宿やフィールドワークを体験しつつ、その空間（土地）ならではの固有の特色に着眼点をおくという感覚を養うことが求められる。その上で、海外の街を歩き、共通課題や学ぶべき点を各自の感性を活用しながら発見することが求められる。

　香港とシンガポールの2つの都市は、19世紀から20世紀まで英国の植民地化や日本の占領を経験したり、中華文明をはじめ東南アジアや西アジア、ヨーロッパや中東など世界の文明や文化との交流を進めてきた文明の玄関口（ゲートウェー）でもあった。そのような2つのグローバル都市が文化や文明として「英国らしさ」（British-ness）と「中国・中華らしさ」（Chinese-ness）を21世紀にはどのように保全あるいは展開しているのかを街歩きから体感し、問いを発見する（場所から現場へ発展させる）ことが実地調査の目的でもあった。要するに、香港とシンガポールを歩きつつ、同時に香港とシンガポールの内なる多様性の展開模様を比較することをねらいとしていた。

　数日のフィールドワークと度重なる討論の結果、シンガポールでも香港でも多文化共生は、定義どおりの状態ではなく、さまざまな試行錯誤を繰り返しながら変容するプロセスであることを学びつつ、次のような問題意識を抱くことになった。第1章の共生をめぐる部分で取り上げた問題意識を改めて確認しよう。

多文化共生のイメージでシンガポールに来たが、実際に街を歩いてみると、多文化共生ではなく、多文化並存であるような印象が強い。チャイナタウンはほとんど中華文化一色であり、リトル・インディア駅に下車すると広告ボードのモデルたちもインド系の人種に変わっていく。シンガポール全体で混ざり合って生活をするイメージが強かったが、そうではなく、区域ごとに分かれて、思った以上に交わっていない。

　現場を歩く過程で生まれたこの問題意識は、ゼミ生たちの共通テーマへと発展し、2018年度には３人のゼミ生が新大久保、池袋、上野などを主なテーマにしつつ以下のような卒業論文を仕上げるかたちになった。

　学生１　「アジア料理店の急増から見る『多文化共生社会』―上野のエスニック店を事例に―」

　学生２　「都市部における多様化するチャイナ―池袋北口と東口の事例を中心に―」

　学生３　「東京のグローバルタウンにおけるジェントリフィケーションと共生社会」

［２］　東京における新宿、新宿における新大久保

　読者のみなさんは「新宿」という言葉にどのようなイメージを抱くだろうか。東口をイメージすれば、日本最大の歓楽街としての歌舞伎町などを思い浮かべるかもしれないし、西口をイメージすれば日本の摩天楼としての高層ビルや東京都庁を思い浮かべるかもしれない。最近では南口区域も再開発で新しいランドマークが次々と現れてきた。

　新宿駅そのものを語るのであれば、新宿駅は日本最大のターミナル駅としてJRだけでも１日平均80万人近くの人がこの駅を利用し、2016年の統計基準を参照すれば１日に347万人がこの駅を利用することからギネスブックにも記録が載っているという。他方で、新宿区内にある駅を検索すると、JR線や地下鉄、都電荒川線など30の駅が所在している驚きのエリアが新宿区である。

　そのような交通の要としての新宿は、江戸時代以降、戦後から高度成長期に拡大し、1980年代以降、すなわち日本の国際化以降は外国人住民が数多く集まる街としてのイメージをもたれるようになった。その背景には、日本語学校が

増加したことや、ロッテの工場があったこと、さらに簡易宿泊所などがあったことが挙げられる。移住者が集まりコミュニティを形成し、コリア・タウンのイメージが定着した。

新大久保一帯はたしかにコリア・タウンであることは間違いではないが、それだけでは不十分な説明である。もはや、新大久保はコリア・タウンにとどまらず、アジア系のエスニック・ビジネスが集住するアジア・タウンへと拡大、変貌しているからである。

大雑把な分け方をするのであれば、JR新大久保の改札を出ると大久保通りにぶつかる。明治通りに向かって東側を歩き進めるとコリア・タウンとして観光客で賑わっている。他方、その西側方面、すなわちJR大久保駅方面に進むと、韓流を求めている観光客やK-popファンの顔ぶれというよりは、東京に暮らすアジア系住民の多様な顔ぶれや言語の多国籍ゾーンが広がり、ここが日本の東京であることを忘れさせるほどである。日本人はマイノリティ中のマイノリティといっても過言ではない。大雑把な分け方で新大久保エリアをコリア・ゾーンと多国籍ゾーンに区別すればこのような表現を用いることができるが、コリア・ゾーンのなかにもベトナム系のレストランや台湾系の茶房などが点在するし多国籍ゾーンにも韓国系の大型教会がそびえ立っている。要するに、境界線としての線引きは不可能であり、境界区域あるいは緩衝地帯やコンタクト・ゾーンとしての店やビジネスが存在する。もちろん、そこには日本人というアジアの一員も当然ながら存在している。

日本人の視点から眺めれば、そこは外国人タウンまたはアジア・タウンという言葉でひと括りにされてしまう。けれども、そこにはさまざまなグラデーションや点と点が重なり合うことによって、コリア・タウン、イスラム横丁、多国籍ゾーンなどが成り立っている。したがって、以下では、コリアンの視点から日本におけるコリア・タウンを整理し、さらに、コリアンの視点から新大久保というアジア・タウンのダイナミズムを描くことにしよう。

2　コリア・タウンの文化シンボルとその境界

① 東西におけるコリア・タウン（コミュニティ）の形成とその境界

　日本には50万人弱のコリア系住民が暮らす。1945年の日本の敗戦後、すなわち朝鮮半島の人びとからすれば植民地支配下からの「解放」後には200万人前後の朝鮮半島出身者が日本に暮らしていたが、およそ140万人が本土へ帰還し、60万人前後が日本にとどまった。それがいわゆるオールド・カマーと呼ばれる人びとの「原型」である。人口が増えた戦後から今日まで、なぜコリア系住民の数が急激に減少し続けるのか。それはいうまでもなく、日本国籍を取得している人びとが増えているということである。法律用語として「帰化」という表現があるが、どこかなじまないので、私は国籍取得という言葉を日常的に用いている。つまり、数十万人から百万人以上の人びとが、コリア系日本人として生きている。

　日本国籍を取得し、あるいは国籍は韓国や朝鮮のままであったとしても日本名（通称名）を使用して暮らす「不可視的なコリアン」は、日本社会への同化の方向に向かっている。主流は同化の傾向にある。他方で、民族的なアイデンティティを自らの選択で誇示するか、あるいは、日本社会から排除・差別された結果、コリアのアイデンティティを保つ場合もある。かつては、差別や偏見が激しかったコリア系に限らず、日本に暮らす外国人はコミュニティを形成して集住地区に暮らしていた。周辺に追いやられた貧しい外国人は、河川敷や闇市に集住し、災害に脆く治安が悪い地域にスラム地区が現れることが多かった。関東における川崎、三ノ輪、東上野、大久保などであり、関西でいえば大阪の鶴橋や京都の東九条などが知られている。

　在日コリアン（オールド・カマー）を素材にした映画や小説などの文芸作品にもれなく登場する文化シンボルとしてホルモン、焼肉、鉄くず収集、パチンコなどがある。映画『GO』『パッチギ』『焼肉ドラゴン』をはじめその他の多くの文芸作品にはそれらが登場する。社会的、政治的、経済的な文脈においてこれらの表象は在日コリアンの文化的なシンボルとして再生産されたが、それは

すなわち日本の底辺・周辺に追いやられている民の再生産でもある。

　同時に、それらの作品でよく登場するキャラクターにはヤクザやチンピラ、あるいは闇社会の断面を覗き込んだ時に可視化されるものが多々ある。歴史的には、そのとおりであるが、歳月が経つにつれて、日本社会も在日コリアンのコミュニティも大きく変化した。それが民族的なものであれ、家族史的なものであれ、自らのアイデンティティを形成・継承させる上で、これらの文化シンボルは負の遺産として捉えられ、隠匿（いんとく）されたり否定されたりしていくという構図も否定できない。

　2000年代以降の韓流ブームの到来によって、ホルモン、焼肉、キムチ、パチンコなど日本社会で周辺化されていた文化シンボルが K-pop、韓ドラ、サムギョプサル、チーズ・タッカルビなど、浮き沈みはあるにせよ、同時代性を共有できる韓国または韓国から移住してきたニュー・カマーたちの文化シンボルへと変わった。かつては自らも日本社会において朝鮮人として差別を受けながらも、貧困、独裁などの苦境におかれる朝鮮半島の本国の民を見下すことのあった在日コリアンたちは、日韓新時代の到来によって、日本と韓国が直につながった結果（日本と朝鮮半島の橋渡しをモットーにしていた在日コリアンがパッシングされる時代が到来した結果）、日本人と同様にソウル語を軸にした「韓国語」を習い、韓流ブームを消費した。

② オールド・カマーとニュー・カマーの境界

　1952年から1980年代のニュー・カマーの本格的な移住までのあいだに日本に移住し、暮らし始めた人びとは、オールド・カマーなのか、それともニュー・カマーなのか。時間軸で境界をもうけるとしたら、彼ら／彼女らはコンタクト・ゾーンに来日した人びとになる。在日の伝統的な焼肉屋さんでハラミやカルビ、内臓系のメニューにサムギョプサルやチーズ・タッカルビが加わるとしたらそれもまた、食文化のコンタクト・ゾーンのパターンかもしれない。

　大阪の鶴橋・生野地区のフィールドワークを2017年2月、ゼミ生たちと実施した。鶴橋・生野コリア・タウンは大きく2つの地区に分かれる。ひとつは鶴橋駅のガード下に展開する、まるでそこは時の止まったかのような空間があ

り、もうひとつは、鶴橋駅から徒歩10分くらいの距離にある生野コリア・タウンである。一般化するには若干慎重にならなければいけないが、ゼミ生たちが自由に鶴橋駅のガード下に展開する商店街で聞き取りや基礎調査を行いながら、ある中年女性から次のようなことを聞いたそうだ。

「あの店は在日ではなくニュー・カマーの店だから。」

ここでいう在日はオールド・カマーをさしている。そして、その文脈からして、内なる境界が生じていると考えられる。何をもってそのような線引きが可能なのだろうか。ひとつは、その店の経営者がニュー・カマーである場合が考えられる。もうひとつは、扱っている商品やメニューが、現代韓国の料理である場合が考えられる。しかし、韓流ブーム後に、ビジネスの商機を求めてオールド・カマーがK-pop関連のお店をオープンしたとしたら、それはニュー・カマーの店になるのだろうか。

大阪のコリア・タウンであれ、東京・東上野のコリア・タウン（旧朝鮮マーケット）であれ、そこにはオールド・カマーとニュー・カマーが混在して店舗が連なっている。この地をオールド・カマーのタウンであると裏付ける決定的なシンボルがあるとしたら、それは精肉店とキムチ屋さんの存在であろう。東京・新大久保コリア・タウンではスーパー・マーケット化した食品店などで韓国から直輸入したキムチや、大阪・鶴橋などから届けられたキムチを買うことができるが、キムチ専門店やホルモンなどを小売・卸売り形式で販売する精肉店が連なっていることはない。境界線またはコンタクト・ゾーンのシンボルや記号はこのように具体的な商品や業種、メニューなどから判断できるものではなかろうか。

③ コリア系とノン・コリア系の境界

東上野の旧朝鮮マーケットにしても、鶴橋・生野のコリア・タウンにしても、すべてがコリアでうめられているわけではない。ここは日本であり、日本を構成するメンバーには日本国籍者をはじめ、世界各国から移住してきている納税者としての外国人住民がいる。新大久保のように、コリア・ゾーンと多国

籍ゾーンとが分けられる傾向が
あるにせよ、多国籍ゾーンにも
韓国系のサムギョプサル屋さん
や宗教施設があるし、コリア・
ゾーンにもベトナム料理店や台
湾資本のバブルティー・ショッ
プもある。空間的には常に混在
しているため、綺麗な線引きは
不可能である。

　文化的にはどうだろうか。そ
のコリアとノン・コリアの境界

【写真１】　新大久保にある朝鮮族が経営する
　　　　　飲食店の広告表示（「狗肉鍋」）

撮影：筆者

的な存在が中国籍朝鮮族の人びとが経営する飲食店ではないかと私は捉えてい
る。ニュー・カマー韓国人やオールド・カマーである在日コリアンの視点から
すると、吉林省地方の羊肉の串焼などは朝鮮半島の料理として位置づける感覚
がない。少なくとも日常的には羊肉は消費されない。それが、1990年代以降、
韓国に朝鮮族の人々が労働者、留学生などとして移住をし始めてから韓国の都
市部を中心に普及していった。いまだに、羊肉の串焼は好む人と好まない人に
分かれるであろう。そのような串焼や火鍋などを提供する店が新大久保や日本
の街に増え続けている。一部には狗肉鍋を提供する店までも現れている。2019
年１月にフィールドワークをした際には表看板のメニューからはそれが消され
ていたが、店前のネオンサインには朝鮮族料理、羊肉、狗肉鍋という文字が定
期的に現れては消えていっていた。仮にその店で狗肉鍋など狗肉を素材とした
料理を消費できないとしても、池袋をはじめ東京の他の街で狗肉を仕入れるこ
とは可能である。

　朝鮮半島（コリア）と中国（チャイナ）の境界区域（コンタクト・ゾーン）とし
て、朝鮮族料理を提供する飲食店が存在し、この場所を通じて、時間、空間を
はじめ食文化の「間」を越境することが可能となるのだ。

3 「街歩き」（方法）、「人・物」（きっかけ）、 そして「カンとカン」（心得）

　本書で重視しているアプローチは「街歩き」から再検討する「人・物」である。その具体的な言葉は鶴見良行の著書『歩く学問』に依拠しているが、鶴見以外にも彼とともに歩きながら、また「人・物」に着目した実践的な研究者・活動家には村井吉敬や内海愛子をはじめ彼らの教えを受けた人びとに継承されている。私は脳科学的な根拠を示すことはできないが、歩くことは、脳にも刺激を与えるために良いらしい。とはいえ鶴見や村井らが「歩く学問」を続けた背景には、考える場所がなかったからではなかろう。つまり、物事や事件が起きる現場で直接事象に触れて問題と向き合うことを重視したからなのである。鶴見や村井らは、教室や研究室にこもっているだけでは社会問題に触れることができないことを象徴的に文章として表した。鶴見良行が著した『バナナと日本人』や村井吉敬の『エビと日本人』は、「人・物」から構造的な問題を指摘する優れたアプローチである。だから、とにもかくにも具体的な場所に赴き、そこで問題を発見し、問いを立てることによって場所を現場化することが大切である。

　ではその「人・物」をどのように捉えることが大切なのだろうか。以下のアプローチから「街歩き」の際に「人・物」から問題を捉えるスタイルについて読者と共有したい。

　最も伝えたいメッセージは「カンとカン」を大切にすることである。

　ひとつ目の「カン」は「感」である。たとえば、嗅覚（匂い、香り）、視覚（色彩感、見栄え）、聴覚（音感）、味覚、触覚（手触り感）などの五感に加えて、空気感や科学的には証明することができない「直感」「勘」にも頼る必要がある。同じグローバル都市 TOKYO の Shinjuku を語る際でも高層ビルがそびえたつ新宿駅西口側と一駅先の新大久保駅周辺は大きく異なる。そして新大久保を歩く際にも、コリア・ゾーンで感じ取れる匂いと味、看板の色彩や文字、人びとの会話、売っている品物は JR 大久保駅周辺で感じ取れる五感とは異な

る。この違いに着目しつつ、それを分析的に観察し、文字やイメージとして伝えることが大切なのである。イメージや文字ではなかなか伝わりにくい五感に着眼点をもうけて、そこから文化や構造問題に拡大するアプローチが大切である。さらに、「この雑居ビルの店には立ち入らないほうがよさそうである」とか「人びとの目線がすごく気になるが、言葉では表せない嫌な空気感が漂ってくる」など直感力に頼ることも大切である。

もうひとつの「カン」は「間」のことである。時間軸、空間軸に加え、仲間、隙間、行間である。社会や文化、政治、経済などは個人の観点だけでは一般化ができず、集合としての仲間で共通する時に一般化される。また、「街歩き」をひとりで行うよりも、仲間と一緒に行動することから把握できる事象も数多くある。それは、多数または主流の観点からもれ落ちてしまう隙間（ニッチ）を拾い上げることが容易になり、同時に私には見えない「行間」が仲間や他者の視点から知らされる場合があるからだ。

このように「カンとカン」を意識しつつ「人・物」に着目しながら「街歩き」を展開すると面白い発見が期待できるかもしれない。以下、私の体験に基づくミニ・エスノグラフィー（ミニ・ルポルタージュ）を読者と共有したい。

4　ミニ・エスノグラフィー（ルポルタージュ）の実例
──「コリアとチャイナのコンタクト・ゾーン、新大久保」

ソウル・フードは元来、奴隷制を通じて生まれたアメリカ合衆国南部に由来するアフリカ系アメリカ人の伝統料理をさすが、広い意味では郷土料理や国民食という意味合いとして使われることもある。

日本における、あるいは日本人にとっての国民食といえば、味噌汁、そば、うどん、てんぷら、寿司、おにぎりなどを思い浮かべる人が多いだろうが、なかにはハンバーグ、カレーライス、ラーメン、肉ジャガなど日本食と化した「外来料理」を挙げることもできる。体調不良の時や、長期の海外滞在から戻ってきた際に食べたくなるメニューがその人にとってのソウル・フードなのかもしれない。

日本で30年、韓国で15年以上の滞在経験をもつ僕にとってのソウル・フードは日本食であり韓国料理でもある。適度に寿司が食べたくなるし、ハンバーグやラーメンも「○○通」とまではいかないにせよ好物である。韓国料理で思い浮かぶソウル・フードは

ジャジャン麺（짜장면）である。ジャジャン麺、これは韓国料理なのか、それとも中華料理なのか。新大久保を歩いていると、最近はジャジャン麺を楽しめる店がずいぶんと増えた。ある店は「韓国式中華料理」の専門店としてビジネスを行っている。韓流が普及するにつれてドラマで消費される甘い黒味噌を使った麺の正体を追いかけてやってくる日本人たちもいれば、韓国人の友人に連れられてジャジャン麺をすすっているノン・コリア系の人たちの姿も見かけられる。親子そろって週末の外食としてジャジャン麺やチャンポン（짬뽕）、そして韓国風に土着化した酢豚料理「タンスユク（탕수육）」を食している一家の姿もめずらしくない。なにしろ、ジャジャン麺やチャンポンを食するために店前で長蛇の行列をなすのが最近の新大久保である。本来の中華料理としての炸醤麺（ジャージャー麺）は黄醤（豆味噌）や甜面醤（テンメンジャン）を使うために塩辛いが、韓国で華僑によって春醤という別のもので応用されたジャジャン麺。いまでは多くの韓国人のソウル・フードとなっている。僕が韓国人としてのアイデンティティを自己認識する大きな指標のひとつには、このジャジャン麺が時々食べたくなるという点がある。

　エスニシティ的な文脈から中国延辺地域の朝鮮族は、血統主義の観点に基づけば韓国人と同じ民族、同胞である。独自の文化的な進化経路が過去百年前後に及んでいるので、会話を試みると互いのイントネーションは異なり、語彙の違いは少なからずある。しかしそれでも意思疎通に不自由は少なく、この地域の朝鮮族が話す言葉は現代の韓国語そのものではないにせよ、朝鮮語として位置づけることになんの問題もない。多くの韓国人、または朝鮮族の人びとに質問をしてみても僕と同じような回答が得られるであろう。

　けれども食文化については若干事情が異なるかもしれない。たとえば、「朝鮮族の人びとによる延辺料理を韓国料理あるいは朝鮮料理としてそのまま認めることは可能か」というアンケート調査でも行ったとしよう。多くの韓国人は、「延辺料理としての羊肉や狗肉鍋は韓国料理ではなく中華料理に含まれるべきである」と回答するであろう。僕自身はいまだ犬（狗）料理を体験したことがないので、韓国でスタミナ食として食される「ポシンタン（保身湯）」と延辺式「狗肉鍋」の違いがわからない。この際、勇気を出して日本で初めて犬（狗）食を検討したが、家族に大反対され保留状態になった。結局、羊肉の串焼を食べつつ店内で繰り広げられる「カン（感）とカン（間）」を体感するために、ある日再び新大久保に出かけた。

　同胞としての朝鮮族の延辺料理を食べに行くのに、店選びからいまひとつ様にならない。これではまるで初めて新大久保にチーズ・タッカルビを食べに来た東京近郊に暮らす女子高校生たちと同じ状況だ。何度も何度も店の外でメニューを確認し、そして、店内の様子が見えないだろうかと不安げにチャンスをうかがい、あるいはだれか先にこの店に入らないかと願うばかりのおどおどしさが限りなく頼りない。

「これじゃぁ情けないぞ。よぉし、入ろう。」自らにそう言い聞かせて、いざ勇気を出して店の中へと足を踏み入れる。内なる他者であり、いまだよく知らないもうひとつのコリアを求めて……。

（完）

5　おわりに──他者との出会いと対話のための街を目指して

　本章では、日本における外国人、なかでも新大久保の事例を中心にコリア系とノン・コリア系、そしてさまざまなコリアのグラデーション（層）を描きなおすことから、「ホスト vs ゲスト」あるいは「マジョリティ vs マイノリティ」に短絡化されやすい構図を批判的に捉える視座を示した。と同時に、フィールドワークを重視する上で「街歩き」と「人・物」に着目しつつ、「感」と「間」という客観性とは一線を画すアプローチを強調した。

　「コリアとチャイナのコンタクト・ゾーン、新大久保」というミニ・エスノグラフィー（ミニ・ルポルタージュ）では、食とエスニシティというキーワードを意識しつつ、新大久保で体験できる2つのコンタクト・ゾーン的な現場での内的葛藤を描写した。多文化や共生を模索する私（僕）自身にも排他性が内在することを再発見できたし、「街歩き」を通じてそれらを自省的に見つめなおすきっかけにもなった。延辺料理（内なる他者や異文化空間）で起きるさまざまな事象を具体的に描写する手法よりも、あえてその部分は読者の想像に託し、実は排他的かつ異文化を警戒する「僕」はだれ（何人）でもありうることを伝えようとした。この表現スタイルの節制または不十分さは、客観性を重視する社会科学の領域では、そもそも何が問いであり、何が解明されたのかすら明らかではない問題だらけ（問題以前）のものであろう。すなわち、何ひとつ始まらないまま終わり（完）が一方的に宣言されている。

　でもそれでよいのでは、とあえて問いかけてみたい。読者のあいだで、その是非がモヤモヤ感につながり、どこかで吟味されるのであれば、私にとっては十分すぎるくらいのねらい的中でもある。多文化共生とは原因・結果ではなく過程（プロセス）である。

ディスカッション

① 衣食住をはじめとする生活文化と日本（人）のアイデンティティの変化について具体的な例を取り上げながら話し合ってみよう。

② 「街歩き」や「人・物」などを通じて再発見できる生活空間のコンタクト・ゾーンを例示して、なぜそれがコンタクト・ゾーンなのか話し合ってみよう。

✚ **文献・資料案内**

鶴見良行『バナナと日本人——フィリピン農園と食卓のあいだ』岩波新書、1982年
鶴見良行『東南アジアを知る——私の方法』岩波新書、1995年
鶴見良行『鶴見良行著作集10　歩く学問』みすず書房、2001年
村井吉敬『エビと日本人』岩波新書、1988年

付記：本研究は科学研究費基盤C（18K11828）ならびに韓国国際交流財団の助成による研究成果の一部である。

［金　敬黙］

> [コラム4]　私の研究で知りえたことの表現と節制——フィクションとノン・フィクションのあいだ

　ここ数年、かつて以上に「研究倫理」をとりまく問題意識が先鋭化している。捏造、改ざん、あるいは盗用など研究者個々人の倫理的な姿勢だけにとどまる話ではない。人を対象とする研究においても医学や生理学的な分野だけではなく個人情報やプライバシーの保護などの観点から人文学、社会科学においてもルールとその遵守の厳格化が進んでいる。さらに日本では、軍事研究に関する学会や大学の取り決めなども存在する。なによりも「日本学術会議」は2017年3月に以下の文言を冒頭においた「軍事的安全保障研究に関する声明」を出したことは記憶に新しい。

> 　日本学術会議が1949年に創設され、1950年に「戦争を目的とする科学の研究は絶対にこれを行わない」旨の声明を、また1967年には同じ文言を含む「軍事目的のための科学研究を行わない声明」を発した背景には、科学者コミュニティの戦争協力への反省と、再び同様の事態が生じることへの懸念があった。近年、再び学術と軍事が接近しつつある中、われわれは、大学等の研究機関における軍事的安全保障研究、すなわち、軍事的な手段による国家の安全保障に

かかわる研究が、学問の自由及び学術の健全な発展と緊張関係にあることをここに確認し、上記2つの声明を継承する。

　平和研究にたずさわる人びとが特に意識すべき点は、捏造、改ざん、盗用はもちろんながらも調査対象者または協力者の個人情報やプライバシーが特定されることによって、その人たちや周囲の人びとの生命の危険が生じることに対する格別な配慮が必要になるということである。単に、Aさん、Bさんなどと匿名化・記号化するだけでは十分ではない固有の情報が研究内容から特定され、その結果、大きなリスクが発生することに対する自覚が必要となっている。

　本書の執筆者たちは、「情報提供者」や「調査対象者」（informants）などの表現に対する違和感を少なからず抱いている。その理由には、すでに本書の本文で述べているとおり、自らを純粋に研究のための研究を行う「研究者」として捉えているというよりは、各自の分野や現場（フィールド）をより良くする活動の一環として研究や教育の価値を見いだしているからである。

　そうすると、「調査対象者」や「情報提供者」との関係性を構築するプロセスにも気をつかう。調査やインタビューに協力すると、一定金額の商品券やギフト、謝金が与えられることがある。そのような方法で謝意を表す方法もあるかもしれないが、そこには以下のような本質的な問題が内包される。

　ひとつには、お金や商品目当てに、不順な動機で調査やインタビューに協力する人が現れ、結果的には、調査者の意向に迎合するかたちでの情報提供や虚偽陳述がなされるリスクである。たとえば、脱北者の事例（⇨第1部**コラム1**）にみられるように、生活に困った当事者は、研究者やメディアへのインタビューに繰り返し応じ、時には虚偽の陳述を通して研究者やメディア側の仮説や好みに迎合してしまうことがある。また、北朝鮮政府を「悪魔化」する一部の保守的なプロテスタント教会が証言活動を繰り返し行うことにより一定の金額を得て、生活の糧にしている問題も指摘されている。

　もうひとつには、仮に上述のような副作用や問題が生じないとしても、金銭や物品の安易なやり取りは、人と人との対等な関係構築に支障をもたらす可能性が高く、研究者・調査者と当事者・調査対象者とのあいだに深い溝をつくってしまうリスクもある。もちろん、対等な関係はそもそも構築することが不可能であるかもしれない。けれども、金銭や物品がその溝を固定化したり深めたりするのであれば、それはそれで大きな問題ではないだろうか。

　少なくとも私の場合、博士号取得以降は、「いつまでに次の研究成果が掲載されなけらばならない」というプレッシャーからある程度自由になれた気がする。（そ

の良し悪しはさておき）海外の大学や研究機関とは違って、日本の大学は、年に何本の論文を掲載しなければ人事査定で相当不利になるというノルマはいまのところない。もちろん、安定した研究職を得るためには限りなく努力し、成果を公表しなければならない。ここでいいたいことは、海外の学界で特に問題になっている、「名ばかり学会」や「粗悪学術誌・出版社」を通じた意図的・故意の成果発表という、もうひとつの研究倫理違反の問題からは、幸いある程度は守られてきたという点だ。

　話を元に戻そう。私にとっての最大の懸念と悩みのひとつは、ニッチな研究または研究のコアに迫れば迫るほど、匿名化（一般化）されにくい個人や集団との出会いや関係が深まることである。移住者や難民にかかわる問題においては特にそのような傾向が著しい。

　私が研究であれエスノグラフィーやルポルタージュであれ表象を試みることによって、特定される個人や集団があったとしよう。そして、その人や組織が私の表現によって政治的な弾圧や生命の危機に瀕してしまうのであれば、そのような研究や表象はむしろ世に公表されないほうがましではないだろうか。あるいは、研究倫理を意識したあまり、何を言いたいのかわかりにくくなってしまうような難解かつ防御的な学術研究として制約がなされるのであれば、それはそれで問題だ。すなわち、ファクトにこだわることによって、問題を惹き起こしてしまうことに慎重でなければならない。

　このような限界や制約を補うためにもフィクション化やドラマ化の手法が検討されるべきであると考えている。ノン・フィクションや実証的な研究の意義は重々承知であるが、そのような表現手法を用いることに限界があるのであれば、問題意識の拡散や社会化のためには、共感（empathy や compassion）をねらった文芸やアートの領域につなげることで研究や教育が一定の役割を果たすことも可能であると捉えている。読まれてナンボ、観られてナンボ。

　そのためにも、授業の課題や成果の評価手法も試験や小論文形式のレポートにとどまらず、脚本や作品の創作などの表現方法へと拡大される時期にきているのではないかと真剣に考えている。フェイクは論外であるが、ファクトが生み出す暴力もゴメンだ。

［金　敬黙］

平和の担い手としての越境人を育てる
● 在日コリアンの生の軌跡、アイデンティティ形成から考える価値としての越境

第5章

キーワード 社会的カテゴリー 境界 コリア国際学園

越境と平和学

　本章の目的は、越境という言葉について考えることである。それは一般的に、「境界を越えること」という意味で、とりわけ社会のボーダーレス化の文脈のなかで頻繁に用いられてきた。しかし、筆者はこの章で、越境という言葉は「境界を越えること」という辞書どおりの意味を超えて、平和を実現するために志向されるべき価値としてみなせることを示したい。

　この作業を成すため、本章では境界のはざまで生きてきた在日コリアンという存在に焦点をあてる。在日コリアンが日本社会でおかれてきた立場や歴史的に紡いできた思想の系譜のなかには、越境という言葉を積極的なものとして再解釈するためのヒントがある。こうした者たちは、日本社会でどう生きていくべきかという存在論的問いのなかから越境人という概念を生み出し、さらにはこの概念を旗印とした教育プロジェクトをも始動させた。

　共生や和解にならぶ本書のキーワードでもある越境は、しかしそれらと比較したとき、平和との直接的な関係が見えにくい概念でもある。ここで紹介する在日コリアンの事例を通じて、越境と平和との関係性について読者に伝えることが、本章のねらいである。

＊

1　事象・行為としての越境

　まずは越境という言葉について考えてみたい。冒頭で述べたように、この言葉を辞書で引くと「境界を越えること」とでてくる。なんらかの仕切りによって区切られた領域から別の領域に移動をすること、それがこの言葉の本来的にもつ意味だといえる。しかし、言葉は必ずしも辞書どおりの意味で用いられて

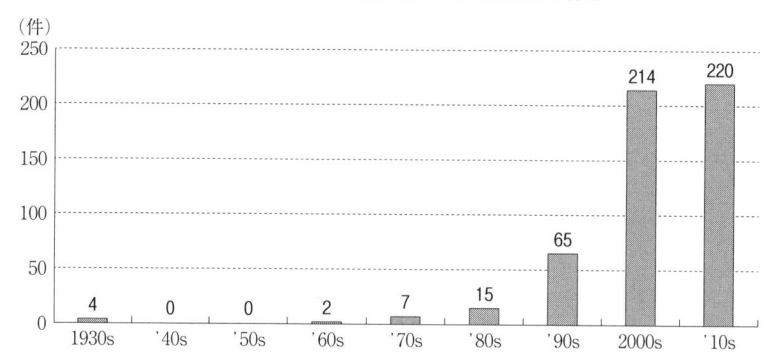

【図1】 タイトルに「越境」を含む出版物の件数

いるとは限らないため、ここではもう少し詳しく越境という語のもつニュアンスを探っていきたい。

1 「越境」の普及と使用領域の多様化

　越境という言葉は日本でいつごろから、どのような領域で使われ始めたのだろうか。このことを確かめるため、国会図書館の蔵書検索機能を用いて、タイトルに「越境」という語を含む本の出版数や図書分類カテゴリーの年代別推移を調べた。第1章でも述べられているように、この語を含む本の出版は1970年代ごろからまばらに始まり、90年代以降加速する（**図1**）。それ以前にもこうした本の出版がなかったわけではないが、グラフの推移をみる限り限定的である。

　次に、越境という言葉がどのような領域で使われてきたのかということにも目を向けてみたい。図書分類カテゴリーごとの割合構成を示した図2をみると、すべての年代を通して「芸術・言語・文学」分野の占める割合が大きいことがわかる（1960年代では100％がこの分野での出版である）。このことから、越境という語は主にこの分野で用いられてきたことがわかる。実際にどのようにこの言葉が用いられてきたかを知るためにいくつか出版タイトルの例を挙げると、『日本の現代アート——越境する文化』、『越境する音楽——文学そして哲学へ』、『アジア映画で〈世界〉をみる——越境する映画、グローバルな文化』

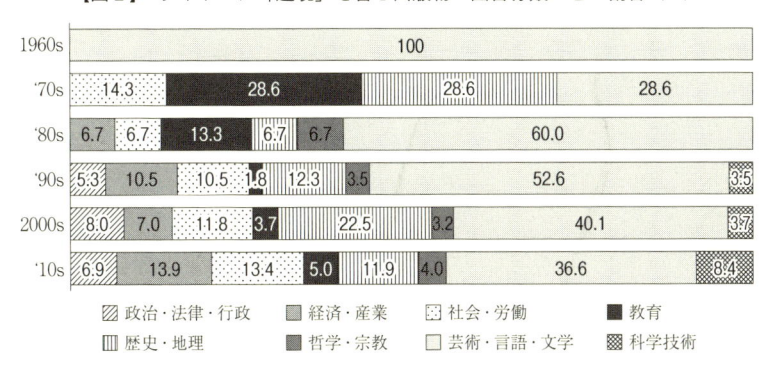

【図2】 タイトルに「越境」を含む出版物の図書分類ごとの割合（%）

凡例：
- 政治・法律・行政
- 経済・産業
- 社会・労働
- 教育
- 歴史・地理
- 哲学・宗教
- 芸術・言語・文学
- 科学技術

といったものが目にとまる。

　また、年代ごとのカテゴリーの推移も同じく**図2**からみていきたい。「教育」分野の割合はピークであった1970年代（28.6％）を境に小さくなる傾向にあり、2010年代にはわずか全体の5.0％を占めるにすぎない。ただし、ピーク時の70年代でも、そもそも当該年代における本の出版数自体が少ない（7件）ため、この分野における書籍の絶対数自体が多いわけではない。出版の例を挙げると、「いわき市越境入学防止対策実施要綱」、『越境する歴史教育──国境を越えて、世代を越えて』といったものがある。

　同じく「歴史・地理」の分野も最も割合が大きいのは70年代であるが、この分野は必ずしも出版の全体構成に占める割合がそれ以降小さくなる傾向にあるわけではなく、2000年代にいたっては全体で2番目に多い割合となっている。この分野での出版は、『越境の古代史』、『越境する「日本史」』、『越境者──海を越えた天安門事件』などがある。

　出版物の絶対数自体が増え始める1980年代以降（**図1**参照）には、「経済・産業」、「哲学・宗教」、「政治・法律・行政」、「科学技術」といった新たな領域における出版が登場し始め、越境という言葉が多様な領域で使用されるようになることがわかる。

　1980年代のこうした多様化以降の動きに限定すると、時代変遷とともに割合が増大する傾向にあるのは、「社会・労働」、「科学技術」である。その他の

「経済・産業」、「哲学・宗教」、「政治・法律・行政」領域では微妙な揺れ動きはあるものの、安定して割合が保たれているといえよう。越境をタイトルに含む出版物の数が増加する大きな流れのなか、これらの分野の割合はかねがね安定的であるかむしろ増大することから、越境という語の使用は、こうした領域で増えていったとみなせる。

それぞれの分野について出版タイトルの例を挙げると、「経済・産業」では、『越境する貨幣』、『NorVision——北海沿岸地域の越境広域経営の展望』、『外食国際化のダイナミズム——新しい「越境のかたち」』など、「哲学・宗教」では『越境する哲学——体系と方法を求めて』、『越境する近代東アジアの民衆宗教——中国・台湾・香港・ベトナム、そして日本』など、「政治・法律・行政」では『越境する近代——覇権、ヘゲモニー、国際関係論』、『越境する司法——ドイツ連邦憲法裁判所の光と影』、『越境犯罪の国際的規制』など、「科学技術」では『物理学は越境する——ゲノムへの道』、『越境する大気汚染——中国のPM2.5ショック』など、「社会・労働」では『越境スタディーズ——人文学・社会科学の視点から』、『国際社会学のパースペクティブ——越境する文化・回帰する文化』、『越境する雇用システムと外国人労働者』などといったものがある。

2 グローバリゼーションと越境

日本で越境という言葉の使用が1980年代以降に、それも多様な領域において使用されるようになった背景には、グローバリゼーションと呼ばれる世界規模での現象があると考えられる。筆者は中学生のころ、社会科の教員に「ヒト、モノ、カネなどの移動が一国内にとどまらず、国境を越えて盛んになる」現象がグローバリゼーションの定義だと習った。事実、私たちが購入する商品は外国から輸入されたものを含むし、観光客や留学生、外国人労働者、難民など、生活のなかで外国から来た人びとを目にする機会は増えたように思う。さらに、こうした商品や人の移動に伴って、文化の移動も起こる。海外からやって来た人が出身国の材料で作られた料理を出すエスニックレストランを開き、そうした食文化が日本でブームとなる例を考えるとわかりやすいだろう。つま

り、80年代以降の日本では、さまざまなものが国境を越えるグローバリゼーションが進行し、そのなかで越境という言葉の使用が、多様な領域において増えたと推察されるということである。

　ちなみに筆者の専門領域は国際社会学であるが、この領域では越境という言葉が頻繁に用いられている。国際社会学の特徴は、単一の国民国家の枠組み内では充分に分析することのできない社会的事象に、複数の国家領域をまたいだトランスナショナルな視角をもってアプローチすることである。日本で国際社会学という学問領域が発展したのは1990年代以降、グローバリゼーションの深化に伴ってのことであるが、社会学という学問領域におけるこのような展開を例にとってみても、なぜ日本で1980年代以降に、多様な領域で越境という言葉が使用されるようになったのかが理解できるだろう。

　重要なことは、ここでは越境という語が、基本的に事象あるいは行為をさすものとして用いられているということだ。貨幣、商品、企業、芸術、技術、言語、思想、学問、法律、はたまた大気や公害などが国境を越えて移動するという事象、そして人間が国境線を越えるという行為、これが、越境という言葉によって想定される内容である。この意味で、ここでの越境は、「事象・行為としての越境」として用いられているとまとめられそうだ。そして、この時に想定される境界とは、国家と国家とのあいだに存在する国境線（border）である。

2　社会的カテゴリーと境界

　ただし、私たちを取り巻く境界はなにも国境だけではない。アメリカのトランプ大統領はメキシコとの国境線に堅牢な壁を建設しようと構想しているが、国境や県境、あるいは図書館の閲覧席を区切るパーティションといった空間的な境界以外にも、人びとはさまざまな境界に囲まれながら社会生活を送っている。それは、必ずしも物質的なものではなく、目に見えない観念的なものである。「心の壁」とでもいえばわかりやすいかもしれない。ここでは、こうした境界について考えてみたい。

1 社会学における「カテゴリー」

　人びとはみな、人種や民族、ジェンダー、セクシュアリティ、年齢、階級や階層、正常／逸脱などといったさまざまなカテゴリー（属性）を背負って社会生活を送っている。わかりにくい場合は、こうした属性によって人と人とが分類される様子を想像するといい。たとえば学校で、「女子」生徒と「男子」生徒を分けて整列させるとき、ここにはジェンダーに基づく境界線がある。同じように、サッカーのW杯で国家代表チームを編成するとき、それは国籍による線引きである。こうした線引きは、無秩序な世界になんらかの基準線を持ち込み、一定の秩序を与える行為でもある。

　カテゴリーは、認知的な次元において、人間が他の人間の正体を判断する際の手がかりとなる。たとえば、筆者は韓国籍をもつ外国人であり、男性であり、20代であり、大学院生である。初対面の人にこう自己紹介をすれば、その人はひとまず、これらのカテゴリーに対して自身がすでにもっている情報やイメージに基づき筆者という人物を認識するであろう。カテゴリーは、人間が膨大な量の情報で成り立つ世界を認識する際、混沌におちいらないよう手助けする役割を担っているといってもいい。

　ちなみに、社会学では、こうしたカテゴリーは人びとが社会的な営みによって構築する虚構（fiction）だという見方が一般的である。日本人とはだれかという問いを考えてみたとき、ある者が日本人カテゴリーに含まれると判断できる根拠は何であろうか。「血」だろうか、戸籍だろうか。それならば、大陸から渡ってきた渡来人を先祖にもつ者、あるいは先祖代々日本列島に住んでいるにもかかわらず無戸籍である者は「日本人」ではないのだろうか。少し前の世界陸上では、身体的特徴から男性か女性か判断できない選手が話題にもなった。人びとがもつなんらかの不確かな文化的、社会的、身体的特徴が、ある属性への帰属を示す指標として恣意的に採用されたり創り上げられたりすることで、カテゴリーは構築されるのである。

2 カテゴリーがもたらす制約と対立

　ただし、いくらカテゴリーがフィクションだとしても、それが現実に力をも

つのは事実である。たとえば、社会には規範というものがある。ここでいう規範とは、ある社会において、そうすべき／あるべきと認識される規則やルールのことだと考えるといい。それは法律などに明文化されている場合もあれば、人びとのなかの暗黙の了解として存在している場合もある。

　社会規範は、カテゴリーと深く関連している。女性は女性らしく、男性は男性らしく、あるいは日本人なら日本人らしく、大人なら大人らしく、「常識」的に振る舞うように要請する目に見えない社会的圧力があるように、規範はカテゴリーごとに異なる行動様式を求める。たとえ同じ社会に住んでいたとしても、人はそれぞれに異なる諸カテゴリーの組み合わせを背負いながら、自分とは異なるカテゴリーに属する他者とはまったく違った経験をして生きている。

　筆者は、男性として、外国人として、特定の社会階層のもとで、特定の地域で、先天性の持病を抱えながら、これまで生きてきた。どのカテゴリーから決定的な影響を受けてきたか濃淡はあるものの、このうちのどれかひとつでも条件が異なっていたら、いまとは異なる人生を送り、異なるアイデンティティをもつ人間になっていただろう。人間がひとりの個人としてこうした力に抗うのは大変なことで、その意味で規範は、人びとの行為に制約を加えるものである（ある人にとってはそれが抑圧としても認識されるだろう）。つまり、カテゴリーがたとえ社会的に構築されたものだとしても、人びとはその内部でなんらかの制約的な力を受けているのである。

　また、異なるカテゴリー同士の関係性に目を向けたとき、その境界線は人びとに対立（conflict）をもたらす分断線ともなりうる。普段の日常生活において、私たちは自分と差異をもつと思われる他人に対して、どのような態度で接しているだろうか。筆者の場合、自分とは異なるカテゴリーに属すると思われる人とのあいだになんの隔たりも感じないといえば嘘になる。そうならないように努めてはいるものの、「あの人は自分とは違って○○だから」という考えにおちいりそうになることもある。なにも筆者だけが例外なのではなく、カテゴリーの差異がもたらす葛藤は、社会のいたるところで観察できる。「外国人とは理解し合えない」、「オトコ（あるいはオンナ）には自分の気持ちはわからない」という言説はよく耳にする。

より大きな視点から考えるとき、それぞれのカテゴリー間の関係性は非対称な権力関係にある。条件によって反転する場合もありうるが、一般的な近代社会において、黄色人種や黒人に対して白人は、女性に対して男性は、同性愛者に対して異性愛者は、労働者に対して資本家は、障がい者に対して健常者は、優位な立場にあるとみなすことができる。後者には前者よりも経済的、政治的、社会的資源が多く配分され、その社会における支配力がもたらされる。先ほど述べた規範は、こうしたカテゴリー間の権力構造を温存する機能も果たしており、家父長制規範は女性が家庭内で男性を支えることを是と説くし、日本の労働規範は私的な自由時間を削ってでも従順かつ勤勉に企業に勤めることを労働者に求める。こうした関係性のなかで、マジョリティによるマイノリティの抑圧が起こるし、マイノリティからのマジョリティへの抵抗が起こる。

　ここで言いたいことは、社会的カテゴリーはその内部にいる構成員に規範という制約的な力を与えうると同時に、他の社会的カテゴリーとの関係性のなかでも何者かを抑圧したり、されたりしているということである。

3　在日コリアンという存在

① 在日コリアンの現状と2つの国民カテゴリー

　あるカテゴリーの枠を決める線引きが恣意的になされるものである以上、必然的にそこからこぼれ落ちる者たちが生じる。ここではそういった存在の一例として、在日コリアンという存在を扱いたい。

　在日コリアンとは一般的に、大日本帝国による植民地支配の影響によって日本に定住することになった朝鮮半島出身者と定義されている（このカテゴリーもまた構築されたものである）。朝鮮の植民地支配が本格的に始まったのは1910年のことであり、これを機に海を渡り日本に定住する朝鮮半島出身者が増えだした。朝鮮半島で生まれ、本国での暮らしを経験したのちに日本に渡った者を在日コリアン1世とすると、現代までに世代継承は進み、2010年代も終わろうとする現在では、すでに4世や5世が誕生している。

　日本社会への定住がこれほど長期化すると、当然在日コリアンの生活様式も

多様化してくる。民族文化が色濃く残った家庭で育った者がいれば、ほとんど日本の一般的な家庭と文化的に変わらない家庭で育った者もいる。同様に、民族学校や民族組織といったエスニック・コミュニティに参与しながら生活を送る者がいれば、まったくそういったコミュニティと縁のない者もいる。ライフスタイルがこうも多様であれば、もちろんアイデンティティも多様化する。これまでの社会学的研究では、在日コリアンの多様化するアイデンティティが類型化されもしてきた（福岡安則『在日韓国・朝鮮人——若い世代のアイデンティティ』中公新書、1993年など）。

　ここで、少々乱暴かもしれないが、在日コリアンは自身をなに人として規定できるのかという問いを考えてみたい。グローバリゼーションという近代の枠組みを揺るがす現象の進行が叫ばれつつも、依然として国民国家は人びとの生を強く規定する大きな枠組みであり続けている。その意味で、ある者がなに人かという問いは、その者の自己アイデンティティに深くかかわる問いである。

　ひとまずは、在日コリアンをとりまくいくつかの国家に沿って確立された、日本人あるいは韓国・朝鮮人といった2つのカテゴリーに沿って考えてみる。

　まず、在日コリアンは日本人であるという命題について考えてみる。民族的出自をたどれば朝鮮半島に行きつくものの、2世以降の世代は基本的に日本で生育しているし、なかには帰化や国際結婚の結果によって日本国籍をもつ者もいる。ある者のアイデンティティは長年住んでいる土地の文化や、記号としての国籍によって規定されると捉えるならば、このような在日コリアンは自身を日本人カテゴリーに落ち着く者として考えるかもしれない。これにて、上述の問いは解決したかのようにも思われる。

　しかし、話はそう単純ではない。なぜなら、出生時から日本に長年定住し、かつ日本の国籍をもっているとしても、ふとした契機に差別を経験し、日本社会のメンバーシップから実質的に排除される事態が生じうるからだ。たとえば、筆者はこれまでの研究活動のなかで、朝鮮半島に出自があることを理由に恋人から別れを告げられたという在日コリアンに何人も遭遇した。これはすなわち、「在日コリアンであるあなたを日本人としては認めませんよ」というメッセージでもある。そうすると、こうした者たちが自身を日本人だとみなす

想定は崩れてしまい、在日コリアンは日本人だという命題は成り立たないように思われる。

　それでは、やはりなんといっても在日コリアンは韓国・朝鮮人なのだと考えるとどうなるだろうか。このような想定はたとえば、朝鮮半島である程度確固たる自己アイデンティティを形成したのちに日本に渡った在日コリアン1世の場合、ある程度しっくりくるように思われる。事実、自身を韓国や朝鮮民主主義人民共和国の在外国民であると位置づけ、日本国内の民族組織の活動を通して祖国の発展に寄与しようとする在日1世は多く存在したし、現在でも存在する。一方で、2世以降の世代が朝鮮半島本国の人間と初めて触れ合ったなら、自身とのあいだに文化的差異を感じずにはいられないだろう。日本生まれの在日コリアンの第1言語は基本的に日本語であり、朝鮮語を話せない者も多いからだ。筆者は韓国に長期留学したことがあるが、初めて飛行機で現地に降り立ったときは率直に、外国に来たという印象を受けた。日本で生育した背景をもつがゆえに、現地で疎外される経験もいくらかはあった。その意味で、在日コリアンが自身を文字どおりの韓国・朝鮮人だとみなすこともまた、簡単には成立しそうにない命題だといえるだろう。

② 「はざま」に生きること

　生まれ育った日本社会にも、そしてルーツのある朝鮮半島にも包摂されない在日コリアンのこのような境遇は、日本人でもなく韓国・朝鮮人でもない、カテゴリーの「はざまに生きる」者といった表現で形容されもしてきた。日本人あるいは韓国・朝鮮人というカテゴリーのいずれにも完璧にフィットせず、どっちつかずなまま、いずれかの枠内に吸収されるかのように思われるのだけども、また吐き出される。そうした過程を反復しながら、結局は所在なくカテゴリーのはざまにある余白に追いやられる状態、それがカテゴリーからこぼれ落ちる者たちの境遇だといえるだろう。

　カテゴリーのはざまに生きることによってどのような事態が生じるだろうか。日本人としても韓国・朝鮮人としても自身を同定できない状態、このような状態が招く帰結は、自身はなに人であるのか、居場所はどこにあるのかとい

う存在論的葛藤である。特定の国家あるいは民族カテゴリーの領域からこぼれ落ちる在日コリアンが、その特殊な境遇ゆえにアイデンティティ・クライシスを経験してきたことは広く知られているところである。国民としての日本人、あるいは国民としての韓国・朝鮮人というそれぞれのカテゴリーからの要請が、ある者にとっては抑圧として経験されてきたからだ。

　また、2つのカテゴリーのあいだでなんらかの対立が生じる際、はざまに位置する者たちはそれらの中間で板挟みに遭う。日本と南北朝鮮のあいだでさまざまな対立が続く現代は、その意味で在日コリアンにとっては厳しい状況でもある。日本人の友人たちが韓国に、あるいは韓国人の友人たちが日本に悪態をつくとき、微妙な立ち位置にいる筆者はひとり気まずい思いをすることがある。また、極端な例かもしれないが、たとえば朝鮮半島の国家と日本が戦争状態におちいったとして、そのどちらかの側につくことを強いられたとき、在日コリアンはどのように振る舞うことができるだろうかということを想像してみる。少なくとも、筆者の場合はとても決めることができない。カテゴリーのはざまに生きるとは、異なる陣営の対立軸上に存在するということでもある。

4　肯定的アイデンティティはいかに構築されるか

[1] 東アジア共同体構想とカテゴリーの意味転換

　はざまに生きる境遇は、帰属の喪失や排除、アイデンティティ・クライシスといった負の要素を招くものでしかないのであろうか。そうではなく、日本人あるいは韓国・朝鮮人としての要素を部分的にしかもたないこと、また、対立関係にある2つの陣営のいずれにも確固たる帰属をもたないことを、正の方向に意味づけることは可能であるように思う。

　事実、在日コリアンはカテゴリーのはざまに生きるという境遇を、むしろプラスに再解釈することで、集団に付与された負の意味づけの転換をはかってきた。このような発想は、在日コリアンも含む一部の知識人によって1990年代ごろから提唱された東アジア共同体構想のなかに、典型的にみることができる（姜尚中『東北アジア共同の家をめざして』平凡社、2001年など）。

東アジア共同体構想とは、ソ連の崩壊によって冷戦構造が変容した東（北）アジアにおいて、EUのような平和的新秩序を構築することを目指す構想である。そこにおいて在日コリアンは、日本と朝鮮半島の双方に根ざした、いわば雑種的なバックグラウンドを最大限に活かすことで、アジア圏における平和構築に貢献する主体になることを期待された。

　こうした希望的なビジョンは在日コリアンのコミュニティにも影響した。筆者は幼少期に民族学校に通ったが、周囲の大人たちはよく、在日コリアンは日本と朝鮮半島の明るい未来のために貢献できる存在なんだということを子どもたちに言って聞かせたものだった。最近、同じように朝鮮学校で育った在日コリアンのスポーツ選手のインタビュー記事を読む機会があったが、そこにもやはり、「日朝の架け橋」として自身を位置づける言葉が語られていた。

　このように、在日コリアンがもつ特殊な境遇と、それがもたらす日本と朝鮮半島の異種混淆性（hybridity）を、忌むべきものではなくむしろ積極的に維持すべきものとする意味転換の試みは、ある時期を境にエスニック・コミュニティ内部に浸透していき、さかんに再生産されてきたように思う。

② 価値としての越境

　日本人でもなく韓国・朝鮮人でもない、しかしある部分では日本人でもあるし韓国・朝鮮人でもあるというように、複数のカテゴリーのあいだで揺れ動いてきたからこそ、こうした者たちが潜在的にもつ素質とは、カテゴリー間の境界線（それはしばしば権力性をはらんだ対立軸でもある）を越境するモビリティでもある。そうした越境性をもつ者は、異なる文脈を架橋し、異なる価値を翻訳し、対立を調停する者としての役割を担う可能性を秘めている。

　重要なことは、ここでの越境が、単なる地理的空間的境界を物理的に越えるという意味ではなくて、それ以上の含意をもつということである。端的にいってそれは、平和を構築するということである。その意味で、「境界を越えること」は価値としてみなすことができる。

　ここでは、在日コリアンが自身の越境性を積極的に解釈してきたこと、そしてその結果としてこの言葉に「価値としての越境」という用法が生まれたとい

うことを確認しておこう。

　越境を価値としてみなす発想の根底には、境界を引くことで特定の領域をつくりだすという行為に対する批判的なまなざしがある。線引きは、あるカテゴリーの成員としての要件を満たす者を領域の内部に包摂する一方で、それに当てはまらない者を外部へと排除するプロセスである。越境を価値としてみなす視点が在日コリアンコミュニティのなかから登場した背景には、境界の線引きプロセスによって排除され、またときにカテゴリー間の対立の渦中に巻き込まれてきた歴史的経験があったといえるだろう。

5　越境人というアイデンティティ

　越境を価値としてみなす発想が結実した結果生み出されたのが、越境人という概念である。この概念はもともと、ひとりの在日コリアンジャーナリストが自身の著書のなかで用いたものであった（姜誠『越境人たち──六月の祭り』集英社、2003年）。曰く越境人とは、単一の国家アイデンティティに依拠するのでなく、自身の雑種性や越境性を個性とみなし、複数の国家領域を縦横無尽に駆け抜けて、国家を超えた公共圏形成に参画する主体のことである。越境人という概念にもまた、先述した東アジア共同体構想の発想が色濃く反映されており、この概念が、はざまに生きる在日コリアンが歴史的に築いてきた思想的系譜のなかから登場したものであることが汲み取れる。

　在日コリアンによって、実際に越境人を育成するための試みも開始された。それが2008年に大阪府茨木市に中高一貫校として設立されたコリア国際学園である。そこでは、なんとなく具体性に欠き、だれかの頭の中にだけある理想論の域を出ない価値としての越境の担い手という存在を、現実に学校教育を通して育成しようとする挑戦が現在も継続されている。

① 国民国家と学校教育

　学校とはそもそも、近代国家の統治者が人びとに国民としての均質性をもたせ、社会を安定的に統合するために生み出した装置である。日本においても、

たとえば教育基本法に目をやれば、それが特定の目的をもつ制度として、国家によってデザインされていることに気づくだろう。その意味で学校とは、国家が想定する国民像（国民カテゴリー）に適合するよう子どもを教育する場所であるともいえる。国語、あるいは国史を扱う科目は象徴的であるが、その他のカリキュラムや年間行事などもまた、国民としてのアイデンティティを養成する目的のもと設計・配置されている。

　このことはなにも日本に限った話ではなく、基本的にどの近代国民国家にも当てはまる。日本国内には、朝鮮学校、韓国学校と、在日コリアンのための民族教育機関が大きく分けて2つあるが、こうした教育機関の主な目的もまた、大韓民国や朝鮮民主主義人民共和国の在外国民を育成することにおかれている。学校では国民の言語・歴史が教えられるし、フォーマルな行事がある際には国歌が斉唱され、国旗が掲揚される。

　学校という装置の主たる機能が国家による国民の育成とそれに基づく国民カテゴリーの構築・維持だとするならば、当然それは排除の論理を内包する。カテゴリーの構築、言い換えれば線引きは、常に包摂と排除のプロセスを含むものだということを再度思い出してもらいたい。このとき排除される者たちというのは、たとえば外国に出自がある者のように、国家が想定する国民に当てはまらないとみなされる子どもたちである。

　均質な鋳型にはまるように子どもを育てる教育というものは、マジョリティによっては自然化されるのだけれども、ある種の差異をもつ者、あるいは主流の論理から逸脱する者からすると、違和感として知覚されることがままある。ここでもまた、在日コリアンというカテゴリーからこぼれ落ちる者たちの状況を例に考えてみたい。

　在日コリアンの子どもが日本で学校に通うことになったとき、どのような選択肢があるだろうか。ひとつに、公立や私立を含めた、広い意味での日本の公教育機関に通う選択肢がある。そうすると、日本のナショナルな教育のなかで、主流社会の一員としての知識や教養を学ぶことができるが、当然、ルーツのある朝鮮の言葉や歴史、文化などを学ぶことは難しくなる。仮に本人が、民族的ルーツのある国の言葉や文化を学びたいと希望している場合、学校教育を

通じてそれを実現することはかなわない。在日コリアンが日本に定住するにいたった直接的契機である植民地支配の歴史についても、当然、日本で採用される教科書を用いて、日本の立場から教えられることになる。また、出自を理由に周囲から他者化されることがあるかもしれない。外国にルーツをもつ子どもが出自をからかわれたり、いじめを経験したりする例は少なくない。

2つ目の選択肢として、日本国内にある独自の民族学校に通学するというものがある。先述したように、国内には、在日コリアンのための民族学校が大きく2つ、朝鮮学校と韓国学校に分かれて展開されている。朝鮮学校は、朝鮮民主主義人民共和国国家を支持する在日本朝鮮人総聯合会という日本国内の民族組織を、韓国学校は、大韓民国を支持する在日本大韓民国民団という民族組織を、それぞれ運営母体にもつ。1948年に朝鮮半島内部に引かれた南北の分断線が、そのまま在日コリアンの民族教育をも二分したと理解すればいいだろう。

朝鮮学校や民族学校に在日コリアンの子どもを送れば、自分と同じ境遇をもつ同胞との連帯のなかで、在日コリアンに特有の教育ニーズをある程度満たすことができるだろう。ただし、このような民族学校を運営する民族組織が南北いずれかの本国政府とかかわりをもち、在外国民の育成を教育の目的として掲げる以上、そこでの教育もまた、南北朝鮮それぞれのナショナリズムによって規定性を受けざるをえない。それはたとえば、在日コリアンと日本、あるいは在日コリアンとフィリピンなどといったミックス・ルーツの子どもたちにとっては、抑圧の構造ともなりうるものである。このように、国家の論理を反映したナショナルな教育が行われているという意味では、こうした民族学校もまた、日本の公教育とコインの表と裏の関係にあるといえるだろう。

② コリア国際学園の試行錯誤

こうした状況下、在日コリアンへのオルタナティブな教育を提供することを期待され、コリア国際学園は創設された。背景には、ナショナリズムの排他的な側面への批判的なまなざしを共有した在日コリアンの知識人や活動家、実業家による尽力があった。このような認識はいうまでもなく、国家の論理に翻弄され、カテゴリーのはざまにおかれてきた在日コリアンの歴史的背景を基盤に

したものであった。

　それが在日コリアンの新たな民族教育の試みとして開始された以上、当然コリア国際学園の教育理念には独自性がある。ひとつにそれは、この学校がいかなる国家とも距離をおいた教育を目指していることである。その意味で、コリア国際学園は南北朝鮮や日本といった、単一の国家の論理に閉じた学校ではない。創設や運営の主体が在日コリアンであるものの、学校の門戸は国籍や民族を超えてあらゆる者に開かれている。これが従来の日本国内における一般的な教育機関とこの学校とを隔てる大きな特徴のひとつだといっていいだろう。

　コリア国際学園が育成しようとする人物像が国家の望む国民カテゴリーにぴったりと納まるものでないとするならば、それはいったいどのようなものであるだろうか。これがこの学校の2つ目の独自性につながる点でもある。先述したように、コリア国際学園は越境人の育成を目指した学校である。そこで養われるアイデンティティは、日本国民でも、韓国・朝鮮の在外国民でもなく、境界をまたぐ越境人としてのアイデンティティである。

　創設から十年、学校では越境人を育成するための教育実践が続けられている。たとえば、言語教育カリキュラムはそのうちのひとつである。コリア国際学園には、いわゆる「国語」という名前の授業科目が存在しない。日本の学校の場合、「国語」という名前を冠した教科は存在するし、そこで教えられる言語はいうまでもなく日本語である。同様に、朝鮮学校と韓国学校でも「国語（국어）」という授業があり、そこでは朝鮮語・韓国語が教えられる。一方、コリア国際学園で朝鮮半島の言語を扱う授業は「コリア語」と呼ばれており、その名称に国家の言語（national language）というニュアンスは含まれない。「朝鮮語」でも「韓国語」でもなく、「コリア語」という名称を採用した背景には、南北朝鮮の分断線の「越境」を目指す姿勢があるという。このように、言語科目の呼び方ひとつとっても、国民化教育を主眼としない教育理念に基づいた工夫がみられる。

　越境人の育成のための実践は、歴史教育のなかにもみられる。コリア国際学園の歴史カリキュラムでは、在日コリアン史、日本史、朝鮮史を扱う授業が、それぞれ独立して存在する。このとき注目すべきは、各授業で用いられる教科

書が、それぞれの当事者の立場から書かれたものであるということである。授業を担当する教員も、在日コリアン、日本人、本国生まれの韓国人といった顔ぶれで構成される。学生は、こうした授業を同時並行的に受けることを通じ、歴史をまなざす複眼的なパースペクティブを獲得することを期待される。この意味で、コリア国際学園の歴史教育の目的は、特定の国家や集団の立場にのみ依拠した「正しい」歴史を教える教育とは区別されたものであるといっていいだろう。

　また、コリア国際学園では、学生が異なる社会規範やカテゴリー的他者に触れる機会も提供される。そうした機会提供の役割は、たとえば、「リベラルアーツ（教養）」という科目や、教員が企画する海外研修プログラムによってだけでなく、多様なバックグラウンドをもつ学校構成員の日常的な相互作用それ自体によっても担われてきた。このような機会はすなわち、生徒たちが「常識」を疑う視点や、差異をもつ者との共存の仕方について、養う機会にもなっている。

③ 学校はだれのものか

　ここまで、コリア国際学園の具体的な教育実践をいくつか紹介したことで、読者に同学園の歩みが順調に進んでいるような印象を与えるかもしれない。だが、越境人教育の実現には困難な側面があることも確かである。これまでも述べてきたように、コリア国際学園は、学生や教職員などすべての関係者を含めて、多様なバックグラウンドをもつ者たちによって構成されている。そこには、朝鮮学校コミュニティや韓国学校コミュニティに参加してきた在日コリアン、そうした伝統的なエスニック・コミュニティにかかわってこなかった在日コリアン、比較的最近日本に渡った韓国本土出身者、日本人、その他のアジア地域や欧米出身者などが含まれる。ここまで述べれば察しがつくだろうが、同学園が直面し続ける課題とはつまり、異なる社会的カテゴリーを背負い生きてきた者との協働を求められたときに、人びとが直面せざるをえない、きわめて現実的な困難である。それは、越境人教育という理想の裏側にある、人間関係のより生々しい部分に目を向けさせる。

今後、コリア国際学園が日本社会において越境人の育成を担っていく場所になりうるかどうかは、学園の運営にたずさわり、実際に学生を教える者たちが、カテゴリー間に存在する対立やその内部での抑圧を克服し、価値としての越境を体現できるかどうか、そしてそれを生徒に模範として示せるかどうかにかかっている。こうした者たちは子どもたちに越境人教育を施す一方で、自身が越境人になるための訓練を積んできたわけではないのだ。

　越境人という理念の現実化を阻むものは、社会的カテゴリーを越境することに伴う困難だけではない。それは、日本の教育制度の枠組みのなかで、各種学校としてのいわゆる「外国人学校」をいかに経営していくという現実的な課題によってもまた阻まれている。十年あまりの歴史しかもたない新たな学校に、いかに人を引き寄せ生徒数を確保していくか、それによって財政基盤を確保していくかという眼前の現実的な課題に追われるなかで、越境人の理念は後景に退いているように思われる。

　複数の言語を駆使し、異なる文化や価値の架橋者として臨機応変に振る舞うことができるという越境人の特徴は、とりわけ競争原理で満たされた資本主義グローバリズムのなかで、その概念が本来もっていたニュアンスとは違う方向に進むおそれがある。事実、生徒に日本語、コリア語、英語のトリリンガル教育を施すコリア国際学園の教育を、グローバルエリート育成のための教育だと誤解する見方は多い。卒業生のなかには国内外の有名大学に進学する者もいるが、こうした「優れた」進学実績は、先に述べたような外国人学校の経営という現実的な課題の前で、生徒募集の広報のために過度に強調されることになる。しかしこのとき、価値としての越境の担い手であった越境人は、単なるホモ・エコノミクスとしての「高度グローバル人材」に矮小化されるのである。

　越境人に託されたミッションとは、価値としての越境の担い手となり、平和的秩序の建設に積極的に貢献することであったはずだ。そうした存在は硬直的なエリートとしてあるのではなく、階級・階層の境界をも越境する者としてあるべきであり、平和の構築という目標とセットであることを、越境人教育を実践する当事者も含め、忘れてはならないだろう。

　理念と経営の両立の困難という課題に直面する現状において、いま一度、越

境人という理念に立ち返る必要があることを指摘する声は、学園内外から挙がっている。こうした者たちは、コリア国際学園が越境人の育成という哲学のもと立ち上げられた経緯を振り返るとき、公共空間としての学校が市場論理から自由になれず、質的進化よりも量的拡大が優先される現状に、本質的な矛盾を見いだすのである。

　以上のように、コリア国際学園の取り組みはまだまだ端緒についたばかりであり、その試みが実際に越境人という平和的主体の育成に成功しているかどうかは、もう少し長い目で見守り続ける必要がある。しかし、価値としての越境というものを現実化しようという試みが、単なる理想論ではなく、現実の制度としてスタートしたことの意義は、依然として大きいといえるだろう。

6　おわりに

　本章では、在日コリアンというエスニック集団の現代に連なる歴史的経験に焦点をあわせることで、越境という概念の捉えなおしをはかってきた。ここでは主に、カテゴリーのはざまに生きてきた在日コリアンが歴史的に積み重ねてきた思想の系譜のなかに、越境を平和の構築をもたらす価値としてみなす視点を見いだせること、そして、そうした価値としての越境は越境人という概念に結晶化し、コリア国際学園という教育実践のなかで実現を待っていることを論じてきた。

　越境人というアイデンティティは在日コリアンの占有物ではない。社会的カテゴリーはこの世界に存在するあらゆる者が背負っているものであり、その意味ですべての者が境界に取り囲まれながら生きている。それは常にカテゴリーの内部、あるいは他のカテゴリーとのあいだで抑圧と被抑圧の関係性をはらみ、私たちの生を規定している。ある者がたまたまそうした関係性を意識せずにすむ特権的な位置におかれているとしても、越境の必要性を黙殺することはできない。社会は常に差異で溢れており、それが共に依存し合うことによって成立していることを考えれば、支配的カテゴリーの領域に閉じこもり、何者かの抑圧の上に一方的に利益を享受することは容認できないだろう。

今後、日常のなかでなんらかの境界に直面した際、どのように振る舞うことができるだろうか。他者との境界上に自らレンガを積み上げ対立の壁をより強固にしていくのか、あるいはそうした境界を乗り越え、調停のために異なる領域を行き来する意志をもち続けるのか。越境を自らのアイデンティティの一部とすること、それが平和の構築に向けた一歩であることを述べ、本章を締めくくりたい。

ディスカッション

① 　社会的カテゴリーのはざまにおかれた存在として、本章で例示された在日コリアン以外に、どのような人びとを想定できるだろうか。日常生活でそうした人びとに葛藤や困難が経験されるとしたら、それはどのようなものだろうか。また、そうした葛藤や困難は何によってもたらされているだろうか。

② 　越境人とはどのような人物だろうか。私たちの身近にいる／いた、どのような人を越境人だと呼びうるか。越境人であるための条件となる知識や教養、性向、考え方とはどのようなものだろうか。

③ 　越境人の育成は、どのように実現できるだろうか。言い換えれば、人はどのようにして越境人になることができるだろうか。本章では越境人を育てる方法のひとつとしてコリア国際学園が紹介されたが、たとえば学校制度で越境人の育成を目指す場合、その理念をどのような授業カリキュラムや校則として具体化させればいいだろうか。また、学校制度のほかに、越境人を育てるための実践や仕組みとしてどのようなものが考えられるだろうか。

✦ 文献・資料案内

福岡安則『在日韓国・朝鮮人──若い世代のアイデンティティ』中公新書、1993年

姜　誠『越境人たち──六月の祭り』集英社、2003年

姜尚中『東北アジア共同の家をめざして』平凡社、2001年

脇阪紀行『混迷する東アジア時代の越境人教育──コリア国際学園の軌跡』かもがわ出版、2015年

和田春樹『東北アジア共同の家──新地域主義宣言』平凡社、2003年

　　　　　　　　　　　　　　　　　　　　　　　　　　　　　　　　　　　[鄭　康烈]

私の学校遍歴──朝鮮学校、日本の公立学校、コリア国際学園

小学校卒業まで、地元にある小中一貫の朝鮮学校に通った。民族の言葉や文化を習い、在日コリアンとしての主体的なアイデンティティを育んでほしいという両親の願いがあったからだ。そこで過ごした時間は長いとはいえず、いまでは記憶も薄らいでいるが、中等部のヌナ（女子生徒の先輩を朝鮮語でそう呼んだ）たちが着ていた真っ黒なチマチョゴリの制服、老朽化して塗装の剥げた校舎の壁や階段の手すり、通学路沿いを流れる川の景色はいまでもはっきり憶えていて、自分にとっての原風景にもなっている。

そんなエスニック・コミュニティは、常に連帯の空気に包まれていた。行事があるたび大勢の保護者がかけつけ学校がお祭り騒ぎになること、運動場にブルーシートを敷いて大人も子どもも一緒になって七輪を囲み、わいわいと焼き肉をつついたことも、なつかしい思い出だ。教員は同胞の生徒への民族教育に情熱をもっていたし、卒業生もよく学校を訪れた。日本社会のエスニック・マイノリティとして、それぞれがお互いに支え合いながら学校を守っていこうという意識が、広く共有されていたのだろう。

一方で、教育に国家の論理が目立つことは否定できなかった。筆者が小学生だった当時、朝鮮民主主義人民共和国の指導者たちの肖像画が黒板の上に並んでいたし、生徒たちは 4 年生から「少年団」と呼ばれる組織に入ることが義務づけられていた（家の中を探せば、少年団の赤いネクタイをつけ、ぎこちなく敬礼のポーズをとっている幼いころの写真が見つかるかもしれない）。

また、先輩－後輩関係はわりと厳格で、目上の人への礼節をわきまえるよう教育がなされた。いわゆる「スクールカースト」も、比較的シビアだったように思う。外部からの差別や偏見にさらされ続けていること、そんななか民族教育を守っていくためには、団結や強さが求められること──ひょっとしたら、学内の雰囲気が少し体育会的で規律的にならざるをえない背景には、そんな事情も関係していたのかもしれない。日本の学校に転校していく子どもたちへの目線にも、複雑なものがあった。

中学校は日本の公立学校へと進学した。それまで朝鮮学校コミュニティのなかでしか生きてこなかった自分にとっては、初めての環境でもあった。入学式でいざ君が代を斉唱する段になったとき、歌っていいものかと戸惑ったことを憶えている。入学早々、問題児だと目をつけられるのも嫌だったので、口をもごもごさせて誤魔化した。

中学時代では初めて日本人の友人もでき、その 3 年間はかけがえのない時間で

あったものの、自分が異質だと感じる出来事は何度かあった。あるとき、授業が終わったあと、担当教員から教室横の授業準備室に呼び出された。その教員は自分の顔をみるなり気まずそうに、「先生、授業中に北朝鮮のこと悪くいっちゃったけど、気にしないでね」と言った。在日コリアンである自分の出自を配慮してのことだったと思う。「大丈夫です」とだけ答えて、気にしなかった。

　ただ、なぜ校舎の隅っこの暗く狭い部屋に、授業が終わったあとにこそこそと呼び出されなければならなかったのかというもやもやは残った。教員は、朝鮮半島にルーツがある生徒がクラス内にいることを忘れたまま授業を行ったし、そうした自分の「うっかり」を人目につかないよう弁解した。

　いま思い返せば、自分は持て余されていたのだと思う。そこでの教育では、人種・民族的に差異をもつ者の存在は念頭におかれていなかったし、そうした差異は表立って扱われるべきものではなかったのだ。同じ学年にはほかにも、ベトナム、フィリピン、中国系の親をもつ友だちが４人いたが、学校のなかでの彼らもまた、驚くほど「日本人」だった。けっきょく、卒業式の君が代も、もごもごと歌い切った。

　高校はコリア国際学園という学校に通った。それは南北朝鮮半島国家のどちらのナショナリズムとも距離をおいた教育を目指す学校だった。学校には、その理念に惹かれていろんな人たち——それこそ国籍や世代、社会的な肩書を問わず、多様なバックグラウンドをもった人たち——が多く出入りした。ちょうど開かれた校門から校舎の中にまで風が吹き抜けるように、そこは開かれた学校だった。

　この学校について書こうとしたとき、国民国家や人種・民族などを理由にストレスを感じた記憶を探そうと思ってもなかなか見つからない。そうしたカテゴリーに伴う大きなストーリーや抑圧に悩まされる必要が、少なくとも自分の場合、なかったからかもしれない。その意味で、その空間においては、自分は個人として存在できていたのだと思う。自分にとって、そこはとても居やすい学校だった。

　同じ学年にはひとり、日本人の友人がいた。コリア国際学園がいくら開かれた学校であるといっても、当時のクラスの構成をみればやはりコリア系の学生が多かった。卒業して年月が経ついま、彼にとってあの学校で過ごした３年間はどのようなものだったのかということが気にかかる。自分が中学生のころにしたような、だれもが共有できるはずもない経験を、彼はしていなければいいなと思う。社会的カテゴリーにつきまとうさまざまな対立と抑圧から、教育の場が自由であってほしいと思う。

［鄭　康烈］

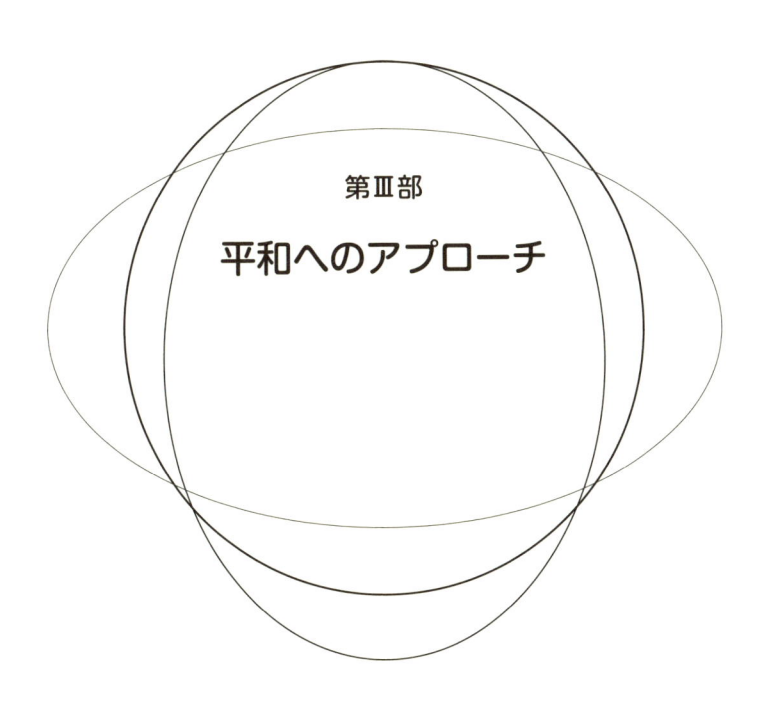

第Ⅲ部

平和へのアプローチ

歴史認識と和解

第6章

● 中国人サバイバーの戦争の記憶を聴く

キーワード　戦時性暴力　中国人戦後補償　「慰安婦」問題　忘却の政治性
　　　　　　記憶と和解

時間を越境するアクション

　前章で論じられた「価値としての越境」を学びにおいて実践するアクションを考えるとき、空間座標で「歩く」行為（⇨第7章参照）が思い浮かぶとすれば、時間座標では「聴く」という行為に思いいたる。いうまでもなく戦後の平和教育の文脈でも、アジア太平洋戦争体験者の語りを聞くことが重視され、戦争の時代を生きた人の痛みを触媒にして、現在の「平和」の内実を問いなおす機会が提供されてきた。ただ、そうした教育を受けた世代のひとりとして感じるのは、あくまでお膳立てされた出会いのなかで（語り手の熱意や善意にもかかわらず）、「戦争は二度と繰り返してはいけないと思いました」という形骸化した感想が、聞き手にとって思考停止の免罪符となる場合もあった、ということだ。「平和」とされる私たちの現在は、遠くの、または近くのだれかを、どんなかたちで犠牲にしながら成り立っているのか？　公の場で語られる戦争体験談の向こうに、いまだ語られ得ない経験があり、また沈黙のなかで今も生きる——あるいは沈黙とともにすでに死んだ——人びともいるのではないか？こうした問いによって「戦争／平和」「過去／現在」の境界を越えてみる視点と姿勢を、少なくとも私は長いあいだ体得することができなかった。聞けども聴けず、だったわけだ。

　さらに、アジア太平洋戦争をめぐってとりわけアジアの被害者の声に耳を傾ける難しさは、日本国内の政治的反目や、日韓関係において典型的にみられる外交的緊張・国民感情の対立と結びついてきた。「歴史認識と和解」がこれまでしばしば議論され、市民運動や学問の分野でさまざまな模索もなされてきたが、近年の日本社会ではむしろ問題自体への嫌悪感や忌避感が目立つ。歴史認識、と口にした瞬間、ナショナル・ボーダーが立ちはだかってくるような感覚さえあるほどだ。改めて立ち戻るべきは、とりもなおさず当事者の声なのではないか？　だが、彼らの声を国境や時間の壁を越えて「聴く」とは、一体どう

いうことだろう？　しかも、いまやアジア太平洋戦争の当事者の多くが他界し、その肉声に触れることが物理的に不可能になっているというのに？　本章のもとになった私自身の「聴く」試み——制度上はアメリカの大学院に提出する文化人類学の博士論文研究——は、1990年代半ばから十年以上にわたり日本の法廷で争われた中国人戦争被害者による補償裁判の検証である。そのなかから本章では、日本軍の部隊によって監禁・レイプされた山西省の村の女性たちの事例を、グローバル社会の関心事となった「慰安婦」問題と関連づけつつ語りなおす。半世紀の沈黙を踏み越えた彼女たちの記憶の旅路をたどりなおすことよって、それについて語る私自身、読者とともに時空の越境者になれればと願う。ともすれば試験対策として歴史を勉強した結果、歴史とは、私たちの「いま」と切り離され客体化された知識だと捉えてしまいがちだが、私はこの章を、語る私が（願わくは）聴いてくれるあなたとともに過去へと旅する主体的行為＝アクションとして差し出したい。他章と足並みを乱しつつ「です・ます」調を以下で採用するのは、文体の身振りを通じてその希望を強調したかったからである。

＊

1　越境の旅を追体験する

　私は大学在学中からアジアプレス・インターナショナル（⇨第3章・**コラム3**）を通してジャーナリズムにたずさわり、のちにアメリカ西海岸の大学院で文化人類学を学びました。それ自体多様な実践である文化人類学についてここで詳しく説明することはできませんが、アメリカの大学で教養課程の学部生たちを対象とした入門編ではしばしば、「他者の立場に立つ」——英語の慣用句で「だれかの靴の中に自分を置いてみる」と言っていました——ことがいかにして可能か、という問いを強調していました。そこで鍵のひとつとなるのがエスノグラフィー（民族誌）という記述の方法（⇨**コラム2**）ですが、本章で私は、文化人類学者のクリフォード・ギアツがいうところの「分厚い描写（thick description）」を心がけます。読者にとってよりなじみがあるかもしれないジャーナリズムの言葉を用いるなら、状況の細部を書き込んだドキュメンタリー・タッチで、と言い換えてもいいかもしれません。抽象的な問題化の網で

はすくいきれない具体的な経験の位相をていねいに追うことにより、できるだけ当事者たちの目線で、あるいは先ほどの英語の表現でいえば、彼らの靴の中に入って、状況を捉えていきたいからです。このような描写を通じて本節では、日本が中国を侵略するなかで起きた性暴力の被害者たち——彼女たちの人生は「被害」を受けた事実やその時点のみに集約されるわけでなく、彼女たちが「被害」を生き抜いたこと、またその後も背負った傷を生き抜く闘いを続けたことに目を向け、「サバイバー」（生還者、生き抜く人）という呼び方を踏襲することにします——にとって、東京の裁判所にたどり着くまでがいかなる意味で「越境」の旅だったのか、を検証します。

① 「話すことは何もない」をどう聴くか

　1996年7月15日の昼下がり——この時大学1年生だった私は、東京にいながらまったく知りませんでしたが——成田空港に到着した北京発の飛行機から、中国・山西省盂県のサバイバー、李秀明（リー・シウメイ）さんと　劉面喚（リウ・ミェンフアン）さんが降り立ちました。アジア太平洋戦争中に彼女たちの暮らす黄土高原の村一帯が日本軍の支配下におかれた際、当時十代だった2人は、他の数多くの女性たちとともに、日本兵によって駐屯地の一角に数週間監禁され、輪姦されました。この日2人が来日したのは、日本政府に対し謝罪と補償を求めて起こした民事裁判の原告として、東京地方裁判所で行われる予定の証人尋問に出廷するためでした。

　李さんと劉さんは長旅の疲れをみせつつも、空港備えつけの車椅子ではなく、自分の足——1949年に中華人民共和国が成立する以前、特に農村女性に対して広く行われていた纏足（てんそく）の習慣によって小さく縮こめられた足が、彼女たちが長年使ってきた「自分の足」でした——で歩いて到着ゲートに現れました。この時出迎えた日本の弁護士や支援者たちは、ほっと胸をなでおろしたといいます。というのも、当時の中国政府はいわゆる「改革・開放」政策を推し進めていましたが、それでも中国人の海外渡航はいまからは考えられないほど限られたものでした。なによりも、2人のような戦争被害者が日本政府に対して賠償を求める民間の動き（⇨2節1項参照）に対して、中国共産党政権は当初は警戒の姿勢をみせていました。この時期までには黙認の方針に転じていたとはい

え、李さんと劉さんが日本へ無事に渡航できる保証はありませんでした。晴れて来日が実現したこの日、日本軍による性暴力の実相を、中国人サバイバーの肉声を通じて日本社会に伝えることができる、と支援者たちは意気込んでいたでしょう。

　さっそく、日本の弁護士たちが準備した空港の VIP ルームで、数台のテレビカメラが 2 人を取り囲みました。テレビ撮影用のライトが当てられ、スチールカメラのフラッシュも大きな音を立てて次々と光ります。ところが、支援者たちの意気込みをよそに、当の李さんと劉さんの表情は、終始こわばったままでした。しかも、弁護士によるひと通りの説明を受けて記者たちの質問が始まると、2 人はあろうことか「話すことは何もない」と答えたきり、不機嫌そうに黙り込んでしまったといいます。

　この調子では法廷での証言はどうなってしまうのか——証人尋問を担当することになっていた弁護士たちは不安になったことでしょう。高齢で体も強くない 2 人は初めての経験づくめの長旅で疲れていたのだ、と考えることにして、なんとか希望をつないだようです。たしかに、李さんと劉さんの住む村は、広大な黄土高原の中で鉄道からも幹線道路からも遠く離れた谷間に位置しており、当時（中国の交通網の急速な発展により、今日ではまったく状況は違っていますが）、一番近い鉄道の駅に行くためにさえ、車で半日、季節や天候によっては丸一日以上かけて舗装されていない道路を走らなければなりませんでした。そこから北京までの寝台列車に乗り、さらに北京から生まれて初めて飛行機に乗って、成田空港へ着いたわけです。村から町へ、町から首都へ、そして国外へ。都市の若者がひょいっとバックパックを背負って海外の別の都市に出かけるのとはわけがちがう、もっと重い「越境」の連続がそこにはあり、それゆえの身心の疲労は並大抵のものではなかったでしょう。

　しかしそれにしても、「話すことは何もない」とは、不可解な拒絶のコメントです。彼女たちは「話すこと」があるから、つまり、聞いてほしいことがあるから、裁判の原告となったのであり、はるばる日本まで旅をしてきたのではないのでしょうか？

　この時 2 人に同行してきた北京在住の中国人弁護士がのちに述懐したところ

によると、実は、李さんと劉さんは旅の途中、日本政府にとって不愉快な告発をする自分たちは「日本人に殺されるのではないか？」と不安を募らせ、極度の緊張状態にあったといいます。2人が最後に「日本人」の姿（裁判準備のために省都で面会した日本人弁護士たちを除いて）を見たのは、半世紀以上前の1944年8月、近隣の村に拠点をおいていた日本軍の一部隊が、対米戦況の悪化に伴う再配備により撤退していった時でした。それ以来、彼女たちのなかで「日本人」との関係は、半世紀前の「戦争状態」のまま止まっていたともいえるでしょう。記者会見での敵対的な態度は、その観点からも説明できるかもしれません。すなわち、この時の来日は、2人にとって、国外への空間的越境の旅であるばかりでなく、半世紀前で止まったままの時間の壁を越える旅でもあり、きわめて負荷の高いものだったといえます。

しかし、ここではもう少し、上述の「戦争状態」の（戦闘とは異なる形態での）継続ということと、「話すことは何もない」という言葉との結びつきを、別の角度から考えてみたいと思います。次の項では、村で流れていった半世紀の時間に焦点をあてますが、そこでみえてくるのは、人が自らの痛みや喪失について「話す」ためには、それを「話せる」状況、言い換えれば、「聞いてもらえる」空間が不可欠である、ということです。そのような空間を得られず、自らが受けた理不尽な仕打ちについて沈黙させられること自体、ひとつの暴力であり、目に見える暴行は止んでいたとしても、そこに真の平和はありません。

② 沈黙の半世紀

李さんと劉さんが暮らしてきた村がある山西省盂県からは、1990年代半ば以降、李さんと劉さんのケースと同様の被害を訴えた民事訴訟がほかにも2件、提訴されています。3件をあわせた原告の数は16名にのぼりますが、かつて日本の占領下におかれたことのある中国の領土のなかで、長期監禁とレイプによりいわゆる「戦時性奴隷（wartime sexual slaves）」とされた被害を訴えた裁判の原告がこれほど数多く出てきた地域は、ほかにありません。（遠く離れた海南島からも類似の訴訟が起こされており、その原告は8名です）。

この盂県の村々からこれだけの数の被害者が名乗り出たということは、かつ

てこの地に駐留した日本軍の部隊が他地域と比べとりわけ残虐非道だったのでしょうか？　ここではそういった歴史的探究よりも、もっと最近、すなわち20世紀も終わりになってからの被害の掘り起こしの事情に着目します。というのも、この地域には、張双兵さんという小学校教師がいて、被害者の声を媒介する決定的な役割を果たしたと考えられるのです。以下、張さんが法廷で行った証言や、彼が盂県や周辺地域で百人近くのサバイバーから聞き書きしてまとめた書物をもとに、その経緯をたどっていきます。

　ことの起こりは、1982年晩秋の偶然の出会いにさかのぼります。この年、別の村からＫ村の小学校に赴任してきたばかりだった張さんは、生徒たちと出かけた校外学習の帰り、畑でよろよろと収穫作業を行う女性の姿を目にします。そのころ、村ではかつての集団生産体制に代わる農家ごとの請負制が導入されたところでしたが、周囲の畑の収穫が終わっているのに、体の悪いこの高齢女性の畑だけがほぼ手つかずのままでした。見かねた張さんが生徒たちと一緒に収穫作業を終えてしまうと、彼女は感激した様子で、何度もお礼を述べたそうです。侯冬娥と名乗るこの女性が、後日、わざわざ小学校までお礼を言いに訪れたことから、２人の交流が始まります。

　小学校教師をしながら文学を志していた張さんは、次のような村の噂を聞いていました。いわく、かつて「山西省一の美人」を意味するあだ名で呼ばれていた侯冬娥は、抗日戦争中 ——中国では、いわゆる日中戦争（1937-45年）をこう呼びます—— 近隣のＳ村に駐屯し一帯を支配していた日本軍部隊の軍人たちによって長期間にわたり監禁・レイプされたと。彼はぜひその体験を聞き書きして小説の題材にしたいと、ある日、侯さんの家を訪ねます。

　彼女の家の敷地に一歩足を踏み入れるなり、張さんは生活の困窮ぶりを見てとります。家の中には、オンドルの上にボロボロの布団、木の切り株を使って作った腰かけがひとつ。見回したところ、それが家財道具のすべてのようでした。当時61歳だった侯さんは、70歳の夫、76歳の夫の兄と３人で暮らしていました。戦争中に患った梅毒の影響で鼻が溶けてしまった夫も、その兄も、どちらも体が弱り、介護を必要としていました。

　切り株の椅子に腰かけて話し始めたものの、強引なことの苦手な張さんはな

かなか本題に入ることができません。さんざん関係のない世間話をした後、やっとのことでインタビューの依頼を伝えますが、侯さんは即座に断ります。「話したって、意味はない。笑いものになるだけ」。そう言って、さっさと話題を変えてしまいました。あきらめきれない張さんは1週間後も再訪してもう一度インタビューの趣旨を伝えますが、彼女は苦しそうに笑い、「あなたがいい人で、私を笑い話のネタにしたり、陰口を言ったりしないのはわかっている。それでも話せない」と、きっぱりと拒絶するばかりでした。

ここに反映されていたのは、日本軍によって強姦された女性たちが、戦争終結後もおかれ続けた苦境です。被害者であったにもかかわらず、侯さんは長年、村での誹謗中傷に苦しめられていました。後に自ら語ったところによれば、彼女は抗日戦争中、地下党員として共産党ゲリラを助ける婦人部隊の一員でしたが、1949年の新中国成立後の政治的混乱のなかで「敵と寝た女」の烙印を押され、党籍を剥奪されてしまいます。戦争中に日本兵に監禁・レイプされたために、戦後に政治的弱者の立場におかれることになったわけです。

こうして政治的な力を剥奪された以上、ひとりの女性が当時の農村で生き延びる方法は、伝統的な村の婚姻経済のなかに組み込まれることしかありませんでした。しかし、ここでも過去が妨げとなります。というのも、（文化人類学的な用語を用いて説明すると）伝統的な家父長制の婚姻経済において、女性の身体が「家」と「家」のあいだをやりとりされる「象徴的な価値（symbolic value）」として機能させられるとすれば、侯さんがかつて日本兵に性奴隷とされたことによって、いわば彼女の身体の「価値」は著しく低いものとして扱われることになったからです。当初、戦地に行って不在だった彼女の夫は、日本軍の敗走後に勃発した中国の内戦（1946‐49年）の後に戻ってくると、彼女が「汚れている」と言って、家から追い出してしまいました。その後、彼女は仕方なく別の村に移って再婚し、養子を迎えます。（侯さん自身の説明によれば、レイプの結果宿した日本兵の子どもを流産した後、彼女の体は生殖機能を失っていたそうです。）しかし2人目の夫と死別するとまた家を追われ、手をかけて育てた養子もとりあげられてしまいます。後にK村で3人目の夫と不本意な結婚をし、その末路が、張さんの目撃した貧窮でした。言い換えれば、戦中の監禁・レイプに

よって物理的に痛めつけられ弱った侯さんの身体は、さらに戦後、村人たちのあいだで囁かれる「陰口」や「笑い話」によって、またそうした村の言説と一体となって実践される伝統的な婚姻制度の抑圧性のなかで、「象徴上の価値」を剥奪され、そのことによって彼女の生活を抜き差しならない困窮へと追い込んでいったのです。

こうした経緯はずっと後になって彼女が張さんに語ったことです（⇨2節1項）。しかし、この時の拒絶の様子から張さんは事情の深刻さを汲み取り、自分は簡単に考えすぎていた、と悟ります。彼は小説執筆のためのインタビューをあきらめ、二度と同じ依頼を持ち出すことはありませんでした。

2　越境の旅──「村の恥」から「人権侵害」へ

前節でみたように、山西省盂県の黄土高原の村々で、日本軍による性暴力の被害者は長いあいだ声をあげることのできない状況におかれていました。それが一転、1990年代半ばにこの地から日本の裁判所に向け民事訴訟が起こされるにいたったのはなぜだったのでしょうか？　本節では、その背景に、被害の意味を「恥」や「汚れ」から「人権侵害」へと転換する結果をもたらした、言説空間の再編成があったことに着目します。歴史認識の問題、というと、「日中」（あるいは「日韓」など）の対立や和解というように、ナショナルな枠組みだけに目がいきがちですが、より狭いローカルな枠組み、より広いグローバルな枠組みを考慮に入れ、ローカル／ナショナル／グローバル言説空間の結節点のありよう、その接続や隠れた断裂などを時間軸のなかでていねいにみていく必要があると私は考えています。それは、ある語り方で語られるようになった歴史が「だれにとっての『歴史』なのか」に自覚的であるために欠かせない作業です。

① 中国のナショナル言説空間における転換点──「被害賠償」

日本軍による監禁・レイプのサバイバーであった侯さんが小学校教師の張さんに対し、「話したって、意味はない」と答えたきり頑なに口を閉ざしてから

およそ十年、張さんが折に触れて彼女の農作業や家事、役所での手続きなどを助ける関係が続きました。転機が訪れたのは1992年のことでした。

この前年、法学専門紙に掲載されたある論考が中国国内で話題になっていました。「国際法の新概念：被害賠償」と題されたこの短い論考は、北京の大学院修士課程で法学を学んでいた 童増（トン・ツァン） によって書かれたもので、従来型の国家間の「戦争賠償」と区別して、彼が「被害賠償」と呼ぶ概念、すなわち、「侵略によって基本的な権利を侵害された被害者個人に対する補償」について論じていました。論考は一見、抽象的な概念の話のようでありながら、言外では、1972年の日中共同声明で中国政府が日本政府に対する賠償請求権を放棄して以来、公式見解において「解決済み」とされてきた両国間の戦後処理のあり方に一石を投じるものでした。記事は瞬（またた）く間に一般紙や地方紙にも広く紹介されていき、結果、中国各地に散らばる日本軍の暴力——虐殺、強制労働、無差別爆撃など——の被害者たちから、のべ1万通以上の手紙が筆者の童のもとに届いたと伝えられています。1972年の日本との国交回復以来、中国政府の公式見解のもとにおさえこまれてきた対日被害感情が、パンドラの箱を開けるかのように解き放たれたのです。

1992年の初夏、時の人となっていた童増による別の論考が、山西省盂県の村にいた張さんの目にもとまります。小学校の職員室で購読している地方紙を読むのが日課だった張さんは、記事を見た瞬間、まわりの時間が止まったようになり、思わず涙が溢れたといいます。あの気の毒な侯冬娥にようやく積年の怨みを晴らす機会が訪れた、そう考えた張さんは、勢い込んで彼女の家に駆けつけました。ところが、彼女は彼の言葉を信じません。

侯：（1972年の国交回復で）日本は敵でなくなったのでしょう？　あのニュースを聞いた時、どれほど辛く、悔しかったか。それ以前でさえ、私の受けた酷い仕打ちの仇を討とうと言ってくれる人はだれもいなかったのに、今さら（国交回復後の対日「平和友好」方針のもとで）そんなことができるはずがない。

張：国交があるからこそ、要求を伝えられるのではありませんか？　友好関係にあっても、なされなければならない清算があるはずです。

このようなやりとりが交わされ、数度に及ぶ訪問ののち、侯さんはようやく、自分の経験を語って張さんに書き取らせることに同意します。もっとも、半世紀にわたって封印し続けた記憶を言葉にすることは容易でなく、聞き取りの最初の一日は、彼女がただ泣き続け、張さんがノートを開きペンを握った姿勢で固まったまま、一文字も書かれることなく日没が訪れたといいます。

　後日、改めて語られた侯さんの半生は、日本軍の拠点があったＳ村に拉致され、監禁・レイプされていた期間はもちろん、それ以降もずっと、苦しみに次ぐ苦しみの連続でした。昼夜なく強姦・輪姦され、1か月後に瀕死の状態となっているところを仲間の共産党員に救出され、夫の両親が待つ家に戻ってみると、生まれたばかりで母乳を必要としていた娘は栄養失調ですでに亡くなっていたこと。その後、再び監禁されてしまい、義父母や親戚たちが必死で身代金をかき集めて、3か月後にようやく解放されたこと。義父母は間もなく心労のためか相次いで亡くなり、物が欠乏するなかで彼女がやっとの思いで準備した棺用の木材まで、日本兵がゲリラとの戦闘で戦死した同僚の遺体を入れるといって没収していったこと。仕方なく家の扉を外して義父母の亡骸を乗せ、葬儀を行ったこと。そうまでして「嫁」の務めを果たそうとしたのに、内戦の後に村に戻ってきた夫は前述のように「汚らわしい」と彼女を罵り、代わりに若い妻を迎えたこと。この後の経緯は、すでに簡述したとおりですが、張さんが書きとった記録からは、侵略／レイプによって痛めつけられ、人生全体をズタズタにされてしまったひとりのサバイバーの姿が浮かび上がってきます。

　侯冬娥が法に訴えるため被害について語った、と聞いて、周辺の村々に散らばる他のサバイバーたちも、沈黙を破り始めました。そのなかには、かつて侯さんと同じ時期に、Ｓ村の強姦所に拉致・監禁された女性たちもいました。この強姦所は崖の洞穴を利用した伝統的な住居・窰洞を村人から接収したもので、日本軍が労働力や物資（そして「女たち」）の調達のために地域住民たちにつくらせた「平和維持会」の事務所とされていました。多くが十代だった彼女たちは、やや年長だった侯さんと「義姉妹」の契りを結び、オンドルの上に裸で横たわりながら——頻繁に輪姦されるので服を着ている意味がありませんでした——毛布や食糧を分けあい、互いに介抱しあったといいます。普段閉じ込

められていたこの輪姦部屋から、順番に背後の丘の上に建てられた砲台に呼び
つけられ、そこに個室をもつ「隊長」に長時間苦しめられることもありまし
た。時には出血の止まらない「妹」のために、侯さんが志願して代わりに砲台
に上がることもあったようです。こうした痛みに満ちた記憶が、半世紀の封印
を解かれ、張さんのペンによって次々と書き留められていきました。

　サバイバー・侯さんの最初の告白から20年以上経った2013年の春、私は張さ
んの協力を得て、当時まだ存命だった当事者の何名か——ほとんどが寝たきり
か、重い病気になっていましたが——を村々に訪ねました。訪問の合間、私は
張さんと谷間の小道を歩きつつ、1990年代から被害の発掘を進めてきた彼の努
力について、次のような感想を述べました。あなたが谷から谷へと自転車をこ
いで女性たちを訪ね、地道に聞き取り調査を重ねたからこその歴史的発見でし
たね、と。すると、彼は謙虚な、また悲しそうな様子で首を振り、声をひそめ
て「（自分が『発見』したのではなく）基本的に、みんな知っていたんですよ」と
応じました。その低い声がいまも私の耳の奥に残っています。

　盂県の村々では日本軍による監禁・レイプの被害を「基本的に、みんな知っ
て」いましたが、それは半世紀のあいだ「陰口」のネタになることはあって
も、公の「歴史」の一部として語られることはありませんでした。ここには性
暴力被害一般につきまとうスティグマ（社会的烙印）の問題に加え、毛沢東時
代の中国では、抗日戦争を語る上で、「被害者」としての個人ではなく、戦争
の「勝者」としての中華民族および労働者農民階級の語りが優先されたという
事情も関係していたと私は考えています。冷戦終結後の地政学的変化のなか
で、そのような世界観が立ちいかなくなっていた中国に登場した前出の「被害
賠償」についての論文は、その筆者自身も予想していなかった大反響を呼ぶこ
とになりました。この議論そのものは、当の論文筆者がのちに戦争被害者の問
題から離れ、尖閣諸島（中国では釣魚島と呼ばれます）をめぐる領土問題の活動
家として先鋭化していったことからうかがえるように、中国人のナショナリズ
ム感情と強く結びついた言説であったことは疑いえません。しかし、それは村
の小学校教師の張さんにとって、それまでナショナルな枠組みのなかで徹底的
に周縁化されてきた盂県の村のサバイバーたちを、沈黙と恥辱から救い出して

くれるものと思われたのです。

② 日本の弁護士たち──社会改革の手段としての「人権裁判闘争」の系譜

　1990年代初頭、件{くだん}の論文の「侵略の被害者個人に対する賠償」という考え
に触発され動き出した村の小学校教師・張さんでしたが、サバイバーの侯さん
を説得したあとの道のりは容易ではありませんでした。このころ民主化の進ん
でいた韓国では、いわゆる「慰安婦」問題が女性市民運動の NGO によるキャ
ンペーンを通じて政治化されていきましたが、対照的に、結社の自由がない中
国では、戦争被害者たちの動きが大規模な運動に結実することはありませんで
した。張さんは論文筆者・童増の勧めに従い、侯さんの証言を「申立書」とし
て北京の日本大使館に送りましたが、応答はありませんでした。彼女は日本政
府の返事を待ったまま、1994年4月に74歳で亡くなりました。

　しかしその死から間もなく、事態は動き出します。偶然の重なりによって、
童増のもとに集っていた中国人被害者たちと、日本の弁護士グループがつな
がったのです。日本の裁判所での提訴に向けて調査を進めた弁護士たちは、
1995年に「中国人戦争被害賠償請求事件弁護団」を結成し、また、裁判・渡航
費用やそのほかの面で原告を支援するために、日本の市民による「中国人戦争
被害者の要求を支える会」も発足しました。こうした連携のもと、南京虐殺、
七三一事件、都市無差別爆撃、強制連行などについての賠償請求訴訟が日本各
地の裁判所で起こされていきました。山西省盂県からは、侯さんに続いて証言
していた女性たちのうち、李秀明さんと劉面喚さん（本章冒頭で成田空港に現れ
た2人です）をはじめとする4人が、1995年8月、日本政府に謝罪と損害賠償
を求める民事訴訟を起こしました。翌年2月には同地域からさらに2人のサバ
イバーが同じ弁護団を通して提訴しています。「村の恥をさらすな」と反対す
る地元幹部もいるなかで、原告女性たちはそれを押し切って決断したといいま
す。

　この間の詳しい経緯は同弁護団編『砂上の障壁──中国人戦後補償裁判10年
の軌跡』（日本評論社、2005年）に譲るとして、ここで注目したいのは、この一
連の訴訟を担当した日本人弁護士たちが、自分たちの取り組みをどのように位

置づけていたか、ということです。弁護団の中核を担っていた弁護士たちの言葉をたどっていくと、問題意識においてもまた実践のかたちにおいても、彼らの一部が1960年代からかかわってきた日本国内のさまざまな人権・社会問題をめぐる「裁判闘争」——炭坑労働者やトンネル建設作業員らの労働健康被害をめぐる塵肺訴訟や、歴史学者・家永三郎が教科書検定の違憲性などを争ったいわゆる家永教科書裁判など——の延長上に、この新しい挑戦を捉えていたことがうかがえます。このような戦後日本における「裁判闘争」の系譜はおしなべて、裁判に勝つこと以上に、裁判を通じて日本社会の意識や制度を変革することを目指していた点で、単なる訴訟における勝利を目指す「法廷闘争」ではなかったと私は理解しています。そこには、裁判という長期継続的な取り組みを通じて、さまざまな社会的矛盾や人権侵害の所在を明らかにして社会に問う、という実践の蓄積がありました。言い換えれば、弁護士と市民支援者が連携し、法廷の場で真実を明らかにすると同時に、世論にはたらきかけるためのいわばある種のメディアとして訴訟の過程そのものを活用することによって、立法などの社会改革につなげていこうとするアクションの伝統です。(一方、日本における一連のいわゆる「戦後補償裁判」の経緯や背景を理解するためには、内海愛子・大沼保昭・田中宏・加藤陽子『戦後責任——アジアのまなざしに応えて』(岩波書店、2014年) 参照のこと。)

　したがって「中国人戦争被害賠償請求事件弁護団」の弁護士たちにとって、一連の裁判は、原告への謝罪と補償を勝ちとる手段であると同時に、戦後日本という国のかたち、社会のかたちを問いなおす方法でもありました。戦後に「平和憲法」をもつ民主主義国家になったとされる日本は、軍国主義時代の日本と、どこまで真に決別できているのか？　同弁護団においてこうした問題意識は、戦後のさまざまな「人権裁判闘争」に参加してきたベテラン弁護士たちだけでなく、若手弁護士のあいだにも浸透していたようです。司法修習を終えてすぐ弁護団に加わったある弁護士は（私がフィールドワークで出会った時にはもう若手でなく中堅弁護士になっていましたが）、「私たちの取り組みが『反日だ』とレッテルを貼られることがあるが、これこそむしろ本当の意味で『愛国』的活動であると思っている」という趣旨のことを語っていました。中国人戦争被害

者による複数の裁判が長期にわたって続くなか、十年を優に超え、報酬の見返りもなしに弁護活動に従事してきたのは、日本をより良い国にするためだ、という自負があったかと思います。記録によれば、彼は実際の法廷弁論のなかでも、「冗談でも大げさでも全くなく、私はこの訴訟を遂行するために弁護士になりました。（中略）私は、過ちを正しく認め正しく謝罪することのできる国家に、そのような誇りのある国家に日本という国がなってもらいたいと強く考え、弁護士になることを決意しました」と述べています。

③ 「慰安婦」問題のグローバル言説空間

　1995年に日本で結成された「中国人戦争被害賠償請求事件弁護団」を通じて、山西省盂県の女性計6名が日本政府を相手取って2件の民事訴訟を起こしたことは前節で述べました。提訴にあたり、弁護士たちはこれら2件の訴訟をメディアなどに紹介する際、「中国人元『慰安婦』損害賠償請求訴訟」と呼びました。（同地域から別の支援者グループを通じて起こされたもう1件の訴訟には、「慰安婦」の呼称は入っていません。⇨文献・資料案内欄の石田・内田編著参照）本項はこの呼称についての補足考察を通して、「日中」よりも広いグローバルな言説空間のなかに、日本の裁判所に提起された当該訴訟を位置づけます。

　「慰安婦」研究の第一人者である歴史学者・吉見義明は一般にも広く読まれた著書のなかで、「慰安婦」とは「日本軍の管理下におかれ、無権利状態のまま一定期間拘束され、将兵に性的奉仕をさせられた女性たち」（『従軍慰安婦』岩波新書、1995年、11頁から引用）と述べています。とすれば、山西省盂県S村の洞穴住居に数週間から数か月にわたって監禁され、「『軍用性奴隷』とまでいうほかない境遇に追い込まれた」（同上）原告たちは、元「慰安婦」としての定義を備えているように思えます。しかし、日本や植民地朝鮮の女性たちが収容されていた軍の「慰安所」は大隊以上の部隊に付属して設置され、S村から遠く離れた街にありました。原告たちにとって、「慰安婦」の呼称はなじみの薄いものだったのです。そればかりか、彼女たちの多くはこの呼称を嫌いました。日本兵たちを慰め安らかにするという「慰安」の語が、戦後の村社会で彼女たちを苦しめ続けた「敵と寝た裏切り者」のイメージと重なったからです。

ちなみに、村の小学校教師の張さんによれば、村人たちは被害者を総称して「砲台に引っ張って行かれた女たち」、ないしはより簡略に「砲台の女たち」と呼んでいました。砲台は、Ｓ村に駐留した日本軍部隊が村人を動員して丘の上に建設し、退却の際にダイナマイトで爆破していったもので、日本軍による支配（とその終焉）の象徴であったと推測されます。それゆえこのローカルな呼称はわかりやすく、また一見して害のないものに思われますが、注意したいのは、彼女たちが実際に監禁されていたのは、いまは遺構だけになった丘の上の砲台ではなく、Ｓ村で戦後もずっと民家として使われ続けた窰洞だったということです。戦争当時、そこには駐屯部隊が地元民につくらせた協力組織「平和維持会」の事務所（⇨本節１項）がおかれ、動員された村人が見張り番をつとめていました。とすれば、その実際の監禁現場から目をそらせる効果のある「砲台の女たち」の呼称は、女性たちの苦しみに対する地元社会の共犯性——もちろん、海の向こうから侵略してきた軍隊によって強いられた共犯性であることは、改めて、また絶えず、確認しなくてはなりませんが——についての「集団的記憶喪失（collective amnesia）」を促進する機能を果たしてきたと指摘できます。本書の第１章で述べられたように、忘却は人間が健全に生きていくために不可欠な脳のしくみです。ただ、ある事柄が社会において忘れられていくとき、忘れることがだれ（どのグループ）にとってどう都合がよいのか、だれ（どのグループ）にとってそうではないのか、という忘却の政治性については、歴史や記憶の問題と平和学を結びつける際、注意して考えていく必要があります。冷戦終結以降、世界各地の紛争・対立後の社会で実践されてきた「移行期の正義（transitional justice）」の取り組みは、かつての支配者と被支配者、また支配者のもとで敵対させられたグループ間で、憎悪を乗り越えて未来を築くための不可欠な第一歩として、過去の人権侵害を法的プロセスのもとで明らかにし、真実を痛みとともに記憶することを強調してきました。言い換えれば、被害者と加害者の和解は、忘却の強要ではなく、記憶の共有の上に初めて成り立つ、と考えられているのです。

　話をもとに戻すと、弁護団は、原告の多くが嫌った元「慰安婦」という呼称をあえて採用しました。占領地で主に都市部において展開された「慰安所」

も、原告たちが監禁されたS村の洞穴住居も、どちらも本質において「強姦所」であった、という見立てに基づいてのことです。これは提訴当時の情勢をふまえた戦略的な呼称選択でもありました。というのも1990年代前半にはすでに、韓国人、フィリピン人、在日韓国人の元「慰安婦」たちによって、日本政府に謝罪と補償を要求する訴訟が日本の裁判所に相次ぎ起こされ、国内外の関心を集めていました（のちに台湾人元「慰安婦」も提訴）。また、1993年8月にはいわゆる河野談話も発表され、「慰安婦」問題が急速に政治化されつつありました。そのなかで弁護士たちは、同じ問題系の一角として盃県の被害状況を認知させることが、世論や政策決定者にはたらきかける上で得策と判断したわけです。

1990年代半ばのこの時期、「慰安婦」の呼称は、すさまじい婉曲語であるこの語そのものの暴力性に対する衝撃ともあいまって、国際的に急速に認知されていきました。韓国のNGO等によるはたらきかけで国連機関による調査が実現したこと、アジア各国で関連NGOが熱心に活動したことに加え、ちょうど、このころ勃発した旧ユーゴスラビア紛争において、女性たちが監禁・集団レイプによって性奴隷とされた事例が世界の注目を集めていました。「戦争にレイプはつきもの」「殺されなかっただけまし」といった、20世紀の戦争の根底にあった物言いと決別し、「戦時平時を問わず、レイプはひとりの人間の人格を破壊するかもしれない重い犯罪行為である」という規範を確立しようという機運が高まったのです。さらに「慰安婦」問題には、とりわけアジア系アメリカ人の諸団体がエスニックな観点からも強い関心を寄せました。こうした要素が絡み合って、「慰安婦」問題は20世紀を代表する重大な人権侵害案件のひとつであるとする国際的な認識が急速かつ不可逆に浸透していった――裏腹に近年の日本社会では、それを日韓のナショナルな対立の問題としてしか捉えない傾向が強くなっているようにみえますが――ことは、私たちの生きている時代のグローバル言説空間の趨勢として、ふまえておく必要があります。

3　裁判がのこしたもの

　ようやく、私の話も長い回り道を経て、本章冒頭で山西省盂県のサバイバー・李さんと劉さんが出廷に向けて成田空港に降り立った時点に戻ってきました。アジア太平洋戦争の終結から半世紀後の世界に、突如彼女たちが「中国人元『慰安婦』」として出現した背景として重要なのは、情報や人の往来の拡大という物理的変化の側面もさることながら、前節まででみてきたように、長らくローカル社会で「女としての汚れ」とされてきたものが、時間的空間的越境を通じて、グローバル社会における「人権侵害問題」として位置づけられたという、意味づけの転換の側面が非常に重要です。そのような転換の土壌は、冷戦終結後の地政学的再編やジェンダー意識の変化によって初めて整えられました。訴えに対してしばしば示された「今更？」という拒否反応は、こうした状況への理解を決定的に欠いています。すでに述べたことの繰り返しになりますが、戦争やレイプ、ひいては暴力全般のサバイバーが謝罪や補償を求めることはもちろん、自らの記憶を語る場をもつこと自体、けっして当たり前ではありません。むしろ本章でみてきた事例は、上記マクロレベルの変化に加えて、ミクロレベルでも村の教師・張さんの存在や日本の弁護士グループとの出会いなど、奇跡的な偶然が重なりあって日本の法廷に持ち込まれたケースと考えられます。（なお、日本軍「慰安所」制度の問題化について、戦争とジェンダーをめぐる「パラダイム転換」の観点から論じた上野千鶴子『ナショナリズムとジェンダー』（青土社、1998年）も参照のこと。）

　さて、成田空港の記者会見で「話すことは何もない」とそっけなく答えてから4日後の1996年7月19日、李さんと劉さんは東京地裁での証人尋問に臨みました。満員の傍聴席を背に、2人はそれぞれ、「思い出すと非常につらい」経験（劉さん自身の言葉、引用は支援団体の速記録から）を語りました。李さんは当初、担当弁護士の質問に対して、事前に打ち合わせた内容を淡々と答えているかに見えたそうですが、尋問の途中でそれが一変します。監禁当時十代半ばだった李さんは、暴行を受けて瀕死の状態となっていたところを見張り番の村

人の機転で救出されますが、家に戻ってみると彼女の母は、それより前に多額の身代金を払っても娘を取り戻せなかったことに絶望し、すでに自死していました。この経緯を説明するくだりにさしかかると、李さんは激しく泣き始め、「お母さん！　お母さん！」という彼女の叫び声が静まり返った法廷に響き渡ったといいます。法廷は一時休廷となり、その間に気を取り直した李さんはどうにか証人尋問をやり遂げました。原告たちにとって、辛い経験を思い出すこと自体が激しい苦痛を伴う——このことを痛感した弁護団は後に、医師の協力を得て PTSD（心的外傷後ストレス障害）の観点からも被害の実相を立証していこうとします。

　ただし、遅れてきたエスノグラファーである私は、十年以上続いた裁判のどの場面にも居合わせていません。私が博士論文執筆のためのリサーチを始めた時、当該訴訟はすでに終了していました。2013年に盂県の村を訪ねた時には、李さんは病の床にあって多くを語らず、また劉さんとはお墓参りのかたちで対面するほかありませんでした。当事者の言動を直接見聞きすることができないという制限を、かえってその制限の意味そのものと向き合う契機と捉え、だれかの記憶がその人の去った後も残るとはどういうことか、また、私は書くことでそうした記憶に生命を吹き込むことができるのか、悩みながら研究に取り組んできました。これまでの日本の平和教育が、戦争の記憶の語り手の存在にどこかで頼ったものであったとしたら、これからもっと意識が向けられなければならないのは、記憶を受けとる側の聴く力^{キャパシティ}をどうやって広げるか、ということだと思います。過去の戦争や人権侵害をめぐって、残された記憶の痕跡のなかにだれかの叫びを——その人が自分と異なる国籍や生い立ちをもった人であっても——聴きとることのできる力を、私（たち）はどうやって身につけるか。本章で一端を紹介してきた研究は、私自身の「聴く訓練」でもあったかもしれません。裁判で語られたこと、語られ得たことは、当事者たちの苦しみの断片でしかありません。その断片を拾い集めて耳を澄ますために、彼女たちの声が法廷にたどり着くまでに越えてきた時間・空間・意味体系のボーダーをひとつずつ確認していくことが、私にとって必要な知的準備作業でした。

なお、本章で取り上げてきたケースについての裁判所の結論をここで簡述しておきます。盂県のサバイバー計6名が「中国人戦争被害賠償請求事件弁護団」のもとで起こした2件の「中国人元『慰安婦』損害賠償請求訴訟」は、それぞれ東京地方裁判所・高等裁判所での敗訴（請求棄却）を経て、2007年4月27日、最高裁判所に上告棄却され幕を閉じました。最高裁の判断は以下のようなものでした。1972年日中交正常化の際の「日中共同声明」——国家間の賠償請求権を放棄していますが、1965年の「日韓請求権協定」と違って国民の請求権には言及していません——は、平和条約の実質をもつことから、日本が独立国として国際社会に復帰した1951年の「サンフランシスコ平和条約」の枠組みのもとでの合意と考えられる、よって日中間でも、サ条約に定められたように、（国家だけでなく）国民の請求権も相互放棄されたと考えられる、と。戦争のもたらした損害に対する個人から国家への賠償請求に対し、国家間の枠組みによる処理で退け、その根拠として、国際社会（この場合、冷戦当時のいわゆる「西側」諸国を構成単位とする社会）の合意を引き合いに出したわけです。

　盂県の村の原告たちは、弁護団から事前に当該訴訟で勝つことの難しさについて説明を受けていたとはいえ、当然のことながら日本の裁判所が出した結論に亡くなるまで納得していなかったといいます。被害の事実があったことは認めるが、法的観点から謝罪と補償は認めない、という日本の裁判所の方針は、彼女たちが沈黙を破るにあたって期待を寄せた「法」や「正義」のイメージから大きくかけ離れていました。また日本政府からの謝罪も補償もなかった以上、村社会が彼女たちに対する長年の見方を大きく改めることもありませんでした。

4　おわりに——どういう世界に生きていたいか

　この間の経緯を振り返るとき、半世紀という時間の壁や、沈黙を強いる村社会の言説空間の壁を越えてきた中国山西省・盂県のサバイバーたちの声は、最終的に日本の裁判所における法律論の壁にぶつかった、とみえるかもしれません。しかし、もともと弁護団の戦略において訴訟プロセスを通じた世論へのは

たらきかけこそが鍵と考えられていたことにかんがみれば、最後に立ちはだかったのは日本社会の世論の壁だったと考えるべきでしょう。最高裁による裁定から今日まで十年以上が経過するなか、立法措置や政治解決などの進展をみることなく原告たちは亡くなっていきました。それでよし、というのが（無関心による同意も含め）世論の総意だったと考えざるをえません。一方で、20世紀終わりの日本の市民社会がそれなりに機能したからこそ、中国人サバイバーたちによる提訴や来日が実現し、（李さんや劉さんが心配したように「殺される」こともなく）結果として、彼女たちの証言や、支援者たちによる検証作業の成果が残されているともいえます。私たちがいま、奇跡的に彼女たちのことを知りえているのも、その蓄積があるからです。村で長く「陰口」として消費され、公の歴史から抹消されていた彼女たちの経験を、ようやく「人権侵害」として問題化するところまできた私たちの世界はしかし、この問題をこのまま忘れ、それでよし、とするのでしょうか？

　私（あなた）が生まれる前に起きた出来事に対して、私（あなた）には1ミリの罪も責任もありません。しかし、私たちがいま生きている世界が過去の戦争やさまざまな人権侵害にどう落とし前をつけるのかは、私たちがどういう世界に生きていたいか、というヴィジョンと直結します。まず、本章で取り上げた事例は、中国政府の匙加減ひとつで、将来の政治外交対立の火種となりうる状態のまま積み残されていることに注意する必要があります。歴史認識をめぐって抽象的なシンボルとしての死者を担ぎ出したナショナリズムは、当事者が謝罪や補償を受けることのできる具体的な存在として生きていた場合よりも、いっそう苛烈で和解し難いものとなる可能性があります。しかし、そのような国同士の対立の問題以前に、そもそも、戦争中に兵士たちによって物資レベルの存在にまで貶められた女性たち——使い物にならなくなるまで繰り返し輪姦され、身体とその後の人生をボロボロにされた女性たち——の声に、どう応答するのか？　それはこの世界を、私（あなた）自身や私（あなた）の大事な人たちが尊厳をもって扱われる場所にできるかどうか、言い換えれば、真に平和な世界を創れるかどうか、ということと同義です。未来は過去の延長上にではなく、現在が過去と切り結ぶ関係性の上に成り立ちます。そして、過去の出来事

は変えられませんが、過去の出来事と私たちの関係性を変えることは、いつでも、いまからでも、できます。当事者の声を「聴く」ことは、その第一歩です。

ディスカッション

① あなたは、いわゆる「『慰安婦』問題」と呼ばれる問題系について、これまでどんなことを知り、どんな感想をもっていましたか？ それはどのような情報源に基づく知識・感想でしたか？ また本章を読んで、問題に対するあなたの認識がどのように変わった（変わらなかった）か、それはなぜか、意見を交換してください。

② 日本の植民地であった韓国や台湾から「慰安婦」として動員された女性たちの事例と、本章で取り上げた現地で監禁・輪姦された中国人女性たちの事例を比べた時、女性たちの経験には（戦後の状況も含め）どのような共通点・相違点がありますか？ また、そうした共通点・相違点に気づくことであなたはどのようなことを新たに考えましたか？ 共通点・相違点の検討にあたっては、文中および下の「文献・資料案内」に挙げた文献・ドキュメンタリーを参考にしてください。

③ 本章には、盂県の村々で女性たちを監禁・輪姦した部隊の兵士たちの視点は登場しませんが、彼らもまた戦争という構造のもとで抑圧されていたと考えることはできるでしょうか？ 文献・資料案内中の大森『歴史の事実と向き合って』で日本人の元兵士が当該訴訟で証言台に立った様子を紹介している箇所を読み、検討してみてください。

④ 本章で紹介した中国山西省盂県のサバイバーたちは、過去の辛い経験について「聞いてもらえる」空間を長いあいだ奪われていました。このように、（戦時・平時を問わず）過去に行われた人権侵害について、被害者ないし周囲の人々が声をあげるまでに時間がかかった事例を挙げてください。その事例について、なぜ問題化されるまでに時間がかかったのか、「聞いてもらえる」状況は何をきっかけにどのようにしてつくられたのか、現状で被害救済は十分に行われているのか、などに着目してリサーチを行うと仮定して、調査プランを立ててください。集めるべき資料や、必要となる現地調査・インタビューなど、できるだけ具体的に挙げてください。

✦ 文献・資料案内

石田米子・内田知行編著『黄土の村の性暴力——大娘（ダーニャン）たちの戦争は終わらない』創土社、2004年

大森典子『歴史の事実と向き合って——中国人「慰安婦」被害者とともに』新日本出版社、2008年

VAWW-NET Japan 編『女性国際戦犯法廷の全記録』緑風出版、2002年

Soh, C. Sarah, *The Comfort Women: Sexual Violence and Postcolonial Memory in Korea and Japan*（University of Chicago Press, 2007）

班忠義監督、ドキュメンタリー映画「ガイサンシー（蓋山西）とその姉妹たち」2007年、配給元：シグロ

付記：本章のもととなった博士論文研究にあたり、中国、日本、アメリカでインタビューや資料提供の依頼に応じてくださったすべての方々――ここでは一人ひとりお名前を挙げることがかないませんが――に感謝いたします。なお、本章で示した見解や説明の全責任が筆者に帰することは言うまでもありません。

［森本　麻衣子］

第7章 平和を創る主体の育成

● 埼玉県蕨駅周辺での「フィールドを歩く」行為を通して

キーワード　フィールドワーク　スタディツアー　主体性　歩く

「導かれた経験」ではなく、経験を創る主体形成とその方法を探る

　グローバル化によって訪れることのできる「フィールド」の範囲は広がりをみせている。一方で、グローバル化と表裏一体の関係にある近代化により、「歩く」機会はむしろ減っている。交通手段や交通情報などの利便性が上がり、すぐに行き先を確認でき、乗り物を使って直接訪問することができるようになっている。フィールドに訪れる前から一定の情報を得ることができるようにもなっている。

　そうした状況と関連して、伝統的な教育の「型」の影響も加わってか、スタディツアーやフィールドワークなどといった分野でも、その内容や方法がプログラムとして「パッケージ化」されて提供され、経験が「導かれる」ことが多くなっていないか。「旅」の要素が薄れてきていないか。

　海外を含むさまざまな地域を歩くチャンスが多くの人に開かれてきた時代、また、記録できる媒体や手段も増え、だれもが入手可能になってきた社会だからこそ、他のフィールドを訪れ、歩き、多くの出会いを経験する機会や主体的な行為を手放してしまわないために、あえて「フィールドを歩く」こと、そして歩くなかで学ぶことの意味を確認したい。そして、個々の主体的な行為としてその方法を身につけていく意義を考えたい。歩くという行為でしか感じることのできない、また、見えてこないものを、さらには、一人ひとりが自分の個性に合わせてしかできない経験を体現するためにも「フィールドを歩く」行為に着目する。

　そこで筆者がかかわる国際 NGO のユースチームのメンバーとともに自主企画で行った埼玉県 蕨 駅周辺地域でのフィールドワーク事例を通し、「フィールドを歩く」こととそこでの学びのありようを考えてみる。そして、「フィールド」という場で「歩く」という行為を、「平和を創る」主体の育成につながる方法として捉えなおしてみたい。

＊

1 蕨地域をフィールドとして歩いてみる

① 事前知識、事前設定なしでフィールドに出向く

「○月○日に行います。集合場所と地域は前日の夕方に連絡します。」

　これはあるフィールドワーク企画の際、約1か月ほど前に参加者に宛てたメッセージである。歩くフィールドとなる地域も、また、具体的な目的や対象も事前には語らない。参加者は私がかかわる国際協力 NGO で国内事業を中心に進める大学生世代のユースチームとして活動していたメンバーたちである。

　参加したメンバーは、それ以前にも活動の一環として子どもの権利や教育に関する国内外の課題についての学習会を定期的に重ねていた。私がファシリテーターとなってワークショップを行う場合もあれば、ユースチームのメンバーが発題と進行を行う場合もあった。そのような学習会を重ねていきながら、チームビルディングも進み、同 NGO がテーマとしている子どもの権利にかかわらず、社会課題や「学ぶ」という行為自体への興味関心がメンバー間で醸成されていたといってよい。そうしたなかで行われたフィールドワーク企画である。

「明日は埼玉県の蕨駅に△時△分に集合でお願いします。なお、事前に説明した通り、その地域についての検索などはせずに事前知識をいれずに集合してください。」

　これがフィールドワーク企画の前日の夕方に入れたメッセージである。メンバーはそれまでも、学習会や打ち合わせの場所を、サブ企画的に、山手線沿線の各駅でランダムに設定し、会のたびにその駅と周辺地域を訪れ「まち歩き」をしながら飛び入りで喫茶店などを見つけて会をひらく、ということをやってきた。そのような経験から、地域を歩くことで得られる出会いや学びについて"おもしろさ"を実感し興味をもっていた。そこで「地域を歩く」ということをテーマに企画を立てようということがこの蕨企画の背景にあった。したがって、テーマや目的、具体的な場所を設定せずとも知らない土地に、とにかく

行ってみたら何かが生まれる、ということが動機になっていたということはメンバーの発言からもうかがえた。交通アクセスが可能な圏内に住んでいるからこそできる設定ではあるが、いずれにせよ、このようなかたちで、とにかく集まり、歩いてみる、ということだけをテーマにして企画を実施した。

② 「歩く」ことを目的に、「歩く」ことを方法として

当日集まった参加者には、まずはコーディネーター役の私は不在の状態でおもむくままに「まち歩き」をしてみるということをお願いした。駅を降り立った参加者は初めて蕨の地域を訪れた人ばかりである。どの方向に、どこに行くかも決まっていない。そこで、駅前に設置された地図や建物が並ぶ景観などを参考にしながらも、なかば直感と感覚も駆使しながら歩いてみる。2時間ほど歩いてみたり、お店に入ってみたりしたところに私も合流。まだ歩いていない方角へと歩き、時には公園やカフェで休みを入れつつ「散歩」をした。

私の合流から3時間ほど経って、改めて座れるお店に入り、その場でディスカッションを開始。地域について歩いてみて感じたこと、考えたこと、気づいたこと、気になったことなどを思い思いに出し合ってもらった。まち歩きの途中で交わした地域についての会話も思い出しながら共有してもらった。

地域をフィールドワークで歩くといっても、事前知識もいれず、どこをどのように何のために歩くのかも設定せず、歩く。「歩く」ことを目的に地域をフィールドワークし、「歩く」ことを方法としてその地域について感じ、知り、考える。それを他の参加者とのディスカッションを通して、自分の感じたこと、知ったこと、考えたことなどを言葉にし、また、他の参加者の言葉を受け取りながら地域について、そして、地域課題について考えていくことを試みた。

③ はたらきかけと「ゆるい」枠組み

事前知識もいれず、どこをどのように何のために歩くのかも設定せず、参加者にただ歩くことを促すといっても、企画側のコーディネーターとしての、なんらかの教育的アプローチのはたらきかけと意図はもっている。

まず地域を選んだ意図がある。前述の蕨駅とその周辺地域へのフィールドワーク企画でいうと、現在、世界的な課題となっている難民問題について、身近な地域にもその当事者の人たちが暮らし、同じ社会のなかで生きていることを知ること、そして、より身近な地域から難民問題を考えることなどへのきっかけをつくってもらいたいという意図があった。そこで、クルド難民（ここでは難民認定を受けてはいない者であっても、政治的背景とともに日本までやってくるプロセスを読み解いた際にみえてくる実態から判断し、難民と表記する）が多く生活する地域として蕨を取り上げた。蕨駅を中心としたその地域は、クルディスタン地域にちなんで"ワラビスタン"と称され、主に埼玉県の蕨市と川口市にまたがる地域に日本国内に在留するクルド人の大部分が暮らしている。この地域に住むクルド難民はトルコ出身者が多いが、それぞれがもつ背景や現状は多様である。

　次に、事前知識を伝えず具体的な事前設定を決めない方法をとった理由が主に３つある。ひとつには、クルド難民にまつわる問題や蕨地域の状況について、企画のコーディネーターが教え、参加者が教えてもらうといった「教える―教えられる」の関係構造をつくり、はじめからその関係のなかで参加者が学ぶかたちを避けることにある。むしろ参加者が自分たちで気づいたり、考えたりしてほしいという意図である。もうひとつは、難民問題に限らず、学びや議論の課題を事前にこちらが設定するのではなく、フィールドで参加者のまなざしや情動から課題を浮かび上がらせるためである。これは研究課題を現場で生成する「エスノグラフィー」の方法などとコンセプトは類似しているといえる。さらには、どこをどう歩くのかを決めないことにより、偶発的ではあるが自分たちで選択・判断し行動した上で人や物事に出会い、経験をするという自主的・自発的なプロセスを保障することにある。これら３つは、従来の教育学的アプローチでみうけられたような、学びのプロセスをはたらきかけ手としての「こちら」が「事前」に設定することにより「こちら」の目的に応じて予定調和をみこした実践の枠組みをつくってしまったり、学びのプロセスを主導・誘導してしまう従来のアプローチの「型」からの脱構築を試みる意図があった。

　一方で、場面によってはフィールドワークでの学びを充実させるためにファ

シリテーターのような役割も重要となる。参加者がフィールドを歩きながら印象に残ったことや疑問に残ったことなどをあえて言語化し、お互いに共有することで学びあいを発展させることができるようにするためである。おのずと参加者同士でできている部分はその流れにまかせつつ見守り、もし地域を歩いて感じたことや考えたことが言語化された学びにまでなっていない場合には、こちらから問いかけを行ったり、そのための時間や場を設けたりと意図的なはたらきかけを行うこともある。

また、参加者だけではステレオタイプにおちいってしまいそうな時には、それをくずすはたらきかけを行うことや、さらにはフィールドを歩くにあたってのリスクや倫理への注意喚起も重要な役目となる。

このように、今回の企画にもはたらきかけという行為と意図はある。そもそもフィールドワーク企画をもうけて参加を呼びかけること自体もはたらきかけであり、また、事前の説明や設定をなしにするという「かたち」をこちらが決めているといえる。しかし、前述のように、フィールドワークの実践枠組みをつくり込みすぎず、内容をきっちり決めすぎず、「ゆるく」設定している。むしろその「ゆるさ」こそが意図ともいえる。その「ゆるい」枠組みのなかで、導かれて歩くのではなく、一人ひとりが行為と判断の主体として歩くからこそ、歩くことによる主体的な学びが生まれるといえる。詳細は4節で後述するが、そこに本章の趣旨を考えるヒントがあるように思う。

2　平和を創造する主体とその育成

① 平和を創造する主体

ここでは「平和を創る主体」を人間一人ひとりとして捉えること、さらには、そうした主体性を取り戻し、発展させていくことを考えることが重要であるという立場をとる。平和とその構築について議論し行動する主体は平和学とそれに関係する専門性を兼ね備えた特定の集団、たとえば、国際機関の職員や専門家、政治家などだけをさすわけではない。たしかに特定の場面で、専門性を兼ね備えた人間の活躍が求められることもある。また、そうした専門家の

「専売特許」のようなかたちで、平和を創ることがそういった特定の集団の役目だけであるように提示されることもある。しかし、そのような場合、選挙の投票などによる参加の機会はありつつも、一般の市民は平和についての基本的な議論と行動をそういった専門家たちにゆだねてしまう姿勢をもちかねない状況がつくられてしまう。

むしろ、一般市民を含め、地球に暮らす私たち一人ひとりがいかに平和を創る主体としてその尊厳と可能性を自覚し、発現できるのかを考えていくことが重要である。それは、「平和を創る」という大きなテーマを掲げた際に、その平和はだれのために創るのか、どこで創るのか、という問いへの答えとつながっている。平和はある一定のグループのためだけにもたらされるものであってはならず、この地球に生を受けている一人ひとりのために創造されるべきものである。また、その一人ひとりが平和を享受するために、どこか遠い場所で創られるものではなく、その一人ひとりが生活している「今・ここ」の場で創られることが目指されるべきであると考えるからである。

そして、平和の創造に向けて一人ひとりが主体になることで、「平和」のビジョンや「平和を創る」ためのプロセスのあり方も、専門家「任せ」の時に議論され取り組まれていたものとは異なるあり方が模索され、描かれることにもつながっていくだろう。また、私たち一人ひとりを平和創造のための主体として捉えなおすことは、専門家「任せ」になっているときには受動的であり客体的であった自身の主体性を見直し、平和創造の当事者として自分自身の存在を捉えなおすこと、また、そのために現在の社会のなかでの自分の位置づけ方／位置づけられ方がどうなっているのかといった社会構造と自分との関係を問いなおすことにもつながるものだと考える。

しかし、現実に考えると、平和とは一人ひとりのために創られるべきものでもあり、その一人ひとりが平和創造の主体となることが重要であるということにはおそらく多くの人が賛同しそうな気がしつつも、実際にそれが為しえているのかと問われれば疑問をもってしまうこともあるだろう。そこで、改めて「平和を創る」主体とその形成について、人間一人ひとりから、また、行為・行動の実行可能性から考えることに基盤をおくことを意識し、その可能性の一

端を探っていきたいと思う。

② 平和を創る主体性とその育成のための教育

　一人ひとりが平和を創る主体であるという認識が成り立つ場合、その主体性を育成することが課題として挙げられる。では、どのようにすればそのような主体性が育成されるのか。その主体性の育成について社会で最も大きな役割を求められるもののひとつが、「教育」である。

　平和のための教育は、文字どおりの「平和教育」に加え、関連して「人権教育」などの目標やテーマにも掲げられる。また、「戦争は人の心の中で生まれるものであるから、人の心の中に平和のとりでを築かなければならない」とその憲章の前文で謳い、また、「平和の文化」の創造を目指すとしたユネスコ（UNESCO: United Nations Educational, Scientific and Cultural Organization）を中心に進められてきた「国際理解教育」、「持続可能な開発のための教育（ESD: Education for Sustainable Development)」、近年では地球市民教育／グローバル・シティズンシップ教育などでもその目標やテーマなどに掲げられている。また、従来の学校教育の教科教育の枠組みのなかでも、たとえば英語科や社会科など、それぞれの教科を通して平和について考えること、学習者が平和を創る主体へと成長することを願い、実践レベルでそのような取り組みが行われている場合もある。

　そうしたさまざまな教育の取り組みのなかで、学習者が平和について学ぶ機会をもち、さらには、その学びをより深いものにしていくためのひとつの方法としてスタディツアーやフィールドワークを通したアプローチがとられる（スタディツアーやフィールドワークについては3節で述べる）。

　スタディツアーやフィールドワークの取り組みは教育観や学習観、教育方法の転換の要請とも結びつき後押しされてきたといえる。学校を中心とした教育現場において、教室の中で教師が前に立ち、教科書に書いてある、つまりはだれかが構成した固定の知識を一方的に教え、それを覚えることが学びである、という従来の典型的な授業実践と教育観・学習観に対し、そうした従来の見方への批判的な問いなおしの立場から、学習者を中心とした教育観・学習観に着

目する流れがある。このような学習者中心の観点は、これまでも戦前、戦後と歴史的に繰り返し着目されており、そのたびに知識を基盤とした教育への揺れ戻しを経験しながら、近年では「アクティブ・ラーニング」という語などをもって改めて動的な関係性を通した学習者中心の教育が強調されるようになっている。そのような教育観・学習観とそれに伴う方法論の転換の重要性を念頭において、教室の中でおとなしく座って学ぶのではなく、"アクティブ"な学びを求め、教室の外へと学びの場を求めていく流れがスタディツアーやフィールドワークへとつながっていくともいえる。

　さらには、平和のための教育という観点からも、平和についての課題を教室で教科書などの教材を手にしながら文字を読んで学び考えることだけでは想像力がはたらきにくく、実感が伴わないことから映像などの視聴覚教材の活用が模索されてきたが、さらなる臨場感をもった学び、また、現場にかかわる人の"生の声"を聴くことなどが求められ、スタディツアーやフィールドワークへとつながっていくこととなる。学校教育が伝統的に行ってきた「修学旅行」などにもそのような教育方法についての考えが見受けられるが、上記のような流れなどにより、再び／新たにスタディツアーやフィールドワークが台頭している。

3　スタディツアー、フィールドワークの傾向とその問いなおし

① スタディツアーのプログラム

　プログラム化された旅行であれ、自由気ままな旅であれ、本来、自分の普段の生活圏を越えて別の場所に行き、新たな土地、異なる文化、見知らぬ他者との出会いを経験することは、それ自体が学びであるといえる。そのなかでもより学びを色濃くしようという意図でスタディツアーの機会が求められ、また、提供されている。

　スタディツアーは先述のように学校教育の現場でも増加しているといえる。先述のとおり従来のように修学旅行として実行される場合もあるであろうし、また、高等教育の演習・ゼミの授業で実地調査・フィールドワークとしてその

名を用いて実施される場合もあるであろう。近年では教育現場に国際化とその
ためのプログラムの構築がさまざまな理由で求められていることもあり、海外
へのスタディツアーを実施する中等・高等教育の現場が増えている。

　また、国際協力 NGO などによる現地訪問のための企画の影響なども大き
く、各フィールドへ訪れる際に観光地を巡るようなマス・ツーリズムとは異な
るオルタナティブなツアーのあり方、特に現地の社会的課題にかかわることを
学んだり、その解決のための実践に体験的に参加したりするなどの機会が求め
られるようになった。それに伴い、観光産業のあり方の変化、ツアーのスタイ
ルの変化によってもその需要が高まっている。

　もちろんスタディツアーは行く先の場所、日数、季節、予算、交通手段、な
によりも参加者の顔触れや人数などによってその内実はどれをとっても同じも
のなどありえない。スタディツアーのその目的、内容、方法と参加者によって
それぞれが異なるのである。先ほど挙げた条件を同じにして、つまり、同じ参
加者で同じ条件で翌年もスタディツアーを行ったとしても、参加者の経験や学
びも、また、現地の様子もその都度変化しているのだから同じ結果にはなりえ
ない。そこに"おもしろさ"があるともいえる。

　しかしながら、スタディツアーの「大枠」をみたときに、もちろんすべてで
はないが、ある共通の「型」のようなものが浮かび上がってくるといえる。

　たとえば、国際交流のスタディツアーをみてみる。2つまたはそれ以上の国
の出身者が集まり、どちらかの国、または第3の国や地域をスタディツアーで
学びながら回るというものが多い。そのようなツアーでは、背景を異にする参
加者が共に訪問地を訪れ、その現場に関することを学んでいく。そして、現場
で見聞きしたことについて、それぞれどのように感じ、考えたのかについて
ディスカッションの機会をもち、お互いの意見の違いを認識し、またその違い
から新たに学びを深めていく。そのような経験を共にすることで背景が異なる
参加者同士の理解と共感、関係性を深めていこうというものである。このよう
な「型」の場合、参加者が共に訪問する地域のなかにある複数の現場を回りな
がらその地域と他者への理解を深めるため、訪れる現場とスケジュールをあら
かじめコーディネートする役割の人間が存在し、そのコーディネートに従っ

て、たとえばバスを使いながら参加者が移動をして回る。

　別の例として、海外の孤児院でボランティア体験を行うスタディツアーをみてみる。ある開発途上国にある孤児院に行き、たとえば1週間ほど滞在をし、ボランティアスタッフとして孤児院の働き手となって手伝いをしながら、孤児院の子どもの育ちや学びの支援にかかわり、貧困や孤児の課題についても知り考える機会を得る。体験的にその場で体を動かしながら経験をつむ貴重な機会を得ていく。一方で、孤児院が忙しかったり、本来現場では専門的な知識や技能が求められていたりすることから、現場に支障をきたさないために、ボランティアの内容が形式的に決められていたり、事前に設定されたスケジュールに沿ってボランティア"ワーク"を進めていく。

　ここでは2つの「型」の例を挙げたが、ひとつ目の例では異なる背景の参加者による交流プログラムだけでなく、ある大学の演習／ゼミの授業で海外の開発現場を回るスタディツアーを教員がコーディネートし、その学生が参加者となる場合でも同じようにいえるだろう。また、2つ目の「型」でも海外の孤児院のボランティア体験のスタディツアーだけでなく、環境問題の改善のための植林プログラムへ参加体験するスタディツアーでも同じようなことがいえる。そして、国内のスタディツアーをみても同じように「パッケージ化」されているものもあるだろう。

2 スタディツアーの「型」の問いなおし

　ここで、スタディツアーを通した主体性の獲得と主体的な学びの深化を目指し、「問題は場所なのか」という問いを立ててみたい。これは、教室内の学びからフィールドでの学びという場所としての問題の捉え方について問いを立て、その転換を迫り、問題を場所やその内容ではなくその学びを描いているのはだれなのかということを構造的に捉えることを求めていくものである。

　たしかにスタディツアーによって、教室を飛び出し、現場としてのフィールドを訪れ、そこでしか直接見聞きできない物事に触れる。場所が変わり、スタディツアーの参加者は質の異なる学びを経験するであろう。そのこと自体、とても価値あるものであるといえる。しかしながら、参加者のその現場に訪れる

際の主体としての意識、現場での人や物事との主体としての出会い方、直接出
会った人や見聞きした物事に対して向き合う時の主体としての姿勢、それらの
経験に意味づけをし、新たな価値として生成していくための学びの主体として
のあり方は、どのようなものになっているのか。

　スタディツアーを通して現場を訪れ、課題に出会う際、その現場の選び方、
そこへの訪れ方、課題の内容の取り上げ方はだれがどのように決めているので
あろうか。コーディネーターの意図が強く組み込まれていないか。それだけに
なっていないか。

　そのプロセスに参加者の主体性が包含され、活かされ、さらにはその育成が
行われているのだろうか。場所や内容を変えることも重要だが、スタディツ
アーの設計と実施のプロセスにおいて参加者の主体性がどのように位置づけら
れているのかを問わなければ、参加者はコーディネーターが決めたプロセスに
従って現場を訪れ、コーディネーターが設定した課題を学ぶ、つまり、直接的
にではなくとも、フィールドでコーディネーターが伝えたい（教えたい）こと
に出会い、参加者はそれを学ぶという関係性が固定化されてしまう可能性があ
る。それは、学校教育の伝統的な教育観である、教師が教え、学習者はそれを
覚える、という構造的な関係性と結局は変わらず、青空教室のように、学習者
は屋外に出はするが、教えられるだけの存在として客体化されてしまうように
なる可能性を含んでいることを批判的に考える必要がある。

　さらに、そのようなコーディネーターの役割の人間がプログラムを決め、参
加者はそれに従って「パッケージ化された体験」を経験するようなスタディツ
アーの場合、フィールドで出会う課題も決められているものに偏重しがちであ
り、固定化したものとして向き合う姿勢を促されてしまう。本来、参加者に
とってフィールドには平和について考え学ぶことのできる課題が多様に存在
し、また、それぞれの課題への向き合い方も多角的にあるはずなのにである。
そして、そのようなスタディツアーでの経験は予定調和的になりやすい。そう
なると、学習者は平和について考える課題に対し常に受身の姿勢から向き合う
ことをスタートさせなくてはいけなくなってしまう。

4 蕨フィールドワークの事例から浮かび上がる学び

1 協働で地域と課題の認識をつくる

　事前知識・事前設定なしで始まった蕨フィールドワーク企画。クルド難民が多く暮らす地域であることはいわず、まち歩きを数時間行った末、地域のお店に入り、地域について感じたこと、考えたこと、気づいたこと、気になったことなどを思い思いに出し合ってもらった。

　まずは、他の参加者に伝えるために、参加者各々が自分の一日歩いた経験から、印象に残ったものや疑問となったものを思い起こし、言葉にしていく。その言葉を聞いている他の参加者は、その内容をもとに経験を呼び起こしたり、自分の頭の中を整理したりし、学びを活性化させる。

　ひと通り共有が終わると、参加者から出たコメントを通していくつか明らかになることがある。参加者同士で共通して気になることもあれば、興味関心をもつ視点がそれぞれの参加者のあいだで異なることもあることから、多様な気づきや発見についてのコメントも出される。

　参加者から共通して出てきた地域への印象については、たとえば、駅前周辺にかなり広い範囲で駐輪場が作られており膨大な数の自転車があることや、駅前のスーパーマーケットに食料品の買い物客が絶えず行き交う様子などから、住宅街であるという認識がつくられていく。また、アジアを中心に、多くの海外文化をルーツとしたお店があり、多様な人たちがいることも浮かび上がってくる。参加者それぞれの興味関心や個々の着眼点を超えた共通の気づきがその地域の特徴として浮かび上がり、協働で認識がつくられていく。

　一方、それぞれ異なる着眼点から出された地域の気づきは、お互いに、他者のまなざしを借りながら自分ひとりでは気づかなかった地域の様子に気づく学びとなる。同時に、自分とは異なる地域の様子に気づき、眼をとめた他者のまなざしについて考えるきっかけになる。それは 翻 って、自分が地域を歩き、着目するものの特徴を、言い換えれば、自分がもっているまなざしや興味関心の特徴を改めて考えるきっかけにもなる。歩きながら得た感覚、考え、疑問を

交わし、他者のまなざしを借りながら地域についての認識を深め、さらには自分の地域の「見方」「歩き方」を広げていくきっかけになっていく。

そして、地域において気になる課題、さらに学ぶべき、議論すべき課題とその認識を浮かび上がらせていくのである。

② 課題と地域の認識をつなげる

蕨地域のまち歩きでの気づきの共有とディスカッションの後、今度はコーディネーター的な役割を担っていた私から、蕨地域を選択した理由を説明し、情報として"ワラビスタン"にかかわる新聞記事や資料の共有を行った（さらに時間がある場合は、このインプットのステップも、こちらから提供するのではなく、参加者の気づきや疑問を軸に進めることが望ましいと考える）。

参加者の反応には大きく4つのものがあった。ひとつは、難民について世界で大変な状況になっているということはなんとなく聞いたことがあっても、自分自身がそこに関心を向けていなかったり、きちんと考えてみたりしたことがなかったこと。2つ目は難民にかかわる課題が日本の身近なところにあることへの認識がなかったこと。3つ目は今回、具体的にクルド難民という存在についての認識をもち、また、クルド難民の固有の課題に対して知る機会となったこと。4つ目は「難民」という抽象的な概念としてひとまとまりで認識していたなかにも、難民によって、さまざまなルーツをもち、異なる背景によって多様な状況におかれていることにまで意識がいたっていなかったこと、であった。

この4点はコーディネーター側からのはたらきかけとして情報をインプットされたことによる学びであるといえるが、「フィールドを歩く」ことにより、たとえば、次のような学びの質の深まりにつながったのではないかと思う。

第1に、「（他）人ごと」でもなく、かといって「自分ごと」までには変わらなくとも、そのフィールドとなる地域にいるからこそ「（いまいる）"ここ"のこと」、また、半日をかけて歩いていた今日という「"いま"のこと」などにかかわることとなる。自分たちが過ごして"いま"いるまさに"この場"の地域とかかわりのあるクルド難民の人びととのことだけに、参加者にとってはそのままニュースを聞き流すような感覚にはなりにくくなる。そして、フィールドを

歩きながら出会った地域の姿・景色などを思い起こしながら、インプットで得た知識とつなげる思索が自然と始まっていたといってよい。それは、インプットで得た知識が自分の経験とつながり再構成される、具体の伴った知識となる可能性がある。

第2に、フィールドを歩くことで、五感を使った経験となる。商店街を通りぬけるときの人混みの様子や物音、飲食店からの匂い。夕方にかけて街灯が灯き始める夕暮れの景色と夜の駅前のネオン。日中に入ったときと夕方の仕事帰りの客でにぎわうスーパーマーケットの様子の違い。身体を通し、五感を使って得る経験とインプットによる知識がつながり、五感の伴った知識となる可能性がある。

参加者自らがフィールドで浮かび上がらせた課題に加え、このように、インプットによる知識の意味を深めることにもなる。

③「地」から「図」へと認識をつくる

事前知識・事前設定なしでフィールドを歩きながら協働で地域の認識をつくっていくこと、そして、そのなかで課題に出会っていくことは、課題と地域の関係を捉えるプロセスにとって重要な示唆を含んでいると考える。

心理学などで使われる概念に「図」と「地」というものがある。物事を知覚する際、あるもの（図）が視野全体から浮かび上がって知覚され、それ以外が背景（地）となること（なっていること）をさす。全体の風景からあるものに注目し、図として浮かび上がらせて知覚する際、それ以外は地として背景に退く。また、ある曲のあるメロディを意識して聴くことでそれは図となり、伴奏は地として背景に退いて知覚される。

ここではフィールドとしての地域を「地」、そこで学ぶ課題を「図」として考えてみる。もし先にこちらでフィールドワークで着目する課題を決めて提示すれば、「図」を先に示すことになり、自然とそれ以外は「地」として背景になりやすくなる。そうなれば、たとえば今回の場合、フィールドを訪れた際にクルド難民にかかわるものにばかり眼を向けようとしてしまい、地域のそれ以外が背景として退いていく可能性がある。もちろん、課題をあらかじめ設定

し、フィールドでそれを深めるために歩くことも重要なアプローチである。課題を学ぶ方法としてフィールドワークを捉えている多くの場合、まずは学ぶ対象や課題について意識づけをし、そこから地域に入る事例が多いのではないだろうか。しかし、それだけでいいというわけでもない。

つまり、国内のクルド難民について学び、その状況を見にいくためにフィールドワークに出れば、蕨というフィールドとの出会いは「クルド人が多く住む蕨の地域」という捉え方になりやすいと考える。課題から入って地域を見ることも重要、あるいは有効であるかもしれないが、課題からしか地域を見ない、見えないという可能性にもつながりえる。そうではなく、今回のように事前の知識なしでまずは地域の認識をつくりながら課題を知り考えることをステップとして加えれば、地域を図（課題）の背景として退けるのではなく、地域そのものを五感を通し、また、具体を伴うものとして立体的に認識し、その上で、その地域にかかわる課題として認識プロセスをつくることにつながる。要するに、「クルド人が多く住む蕨の地域」として参加者が蕨の地域と出会うのではなく、「蕨の地域と出会い、そこに住む多くのクルドの人たち」として出会うのである。それは、"ワラビスタン"として特徴づけられはするが、しかし、本来さらに多様で豊かで広い様相をもつ地域という存在、つまり、地域の全体性（の一部）に参加者それぞれの視点をもって出会うことでもある。

フィールドを歩くことから、まずは地域と出会い、地域を感じる。そして協働的に地域の認識をつくる。その上で地域にかかわる課題、今回でいうとクルド難民もかかわる課題について知り、共に考える。それは対象や課題を地域の「全体性の一部」として地域との関係性をふまえ、認識することにつながる。これは地域の課題をホリスティック（包括的）に読み解き、課題解決を考えていくことにもつながると考える。

また、このような「図」から入らないプロセスは、参加者が課題としての対象を求めて歩くのではなく、歩くことを通して課題を浮かび上がらせる機会を保障する。それは、フィールドで別の興味関心に基づく課題を浮かび上がらせるきっかけにもなる。そして、異なる課題を通して地域を見直すことが、地域への認識をさらに深めることや、クルド難民のフィールドでの暮らしや課題を

読み解く新たな視座につながるかもしれない。

④ 実践枠組みの「ゆるさ」を活かす

蕨フィールドワークでは、先述のとおり、何のために何について、またどのように学ぶのか、ということは明確に提示せず、その目的、内容、方法の枠組みは「ゆるい」ものとして存在しているだけである。組織や制度など多くの場面で「隙間」や「アソビ」が大切だといわれるが、ここでの「ゆるさ」とはそれらにつながるもの、それらを生み出すためのものでもあると考えることができる。

蕨駅を中心とした地域という「ゆるい」地域の枠組み、歩いて1日を過ごすという「ゆるい」設定があるだけで、参加者は蕨駅に降り立った際、どこへどのように行くかについての指示もなく、その場で得られる情報や感覚を用いながら話し合って判断をせざるをえない。知らない土地で気ままな散歩をするように、"とりあえず"歩き出すこととなる。その実践の枠組みの「ゆるさ」によって、次のような「怪我の功名」ならぬ「ゆるさの巧妙」が生まれると考える。

ひとつに、どこをどう歩くかは、そのフィールドを歩く主体である参加者にゆだねられ、また、何に出会うのかも非予定調和的であり、偶発的になる。そうでありながら、2つに、参加者が歩くという行為を通して経験することは現実に起こる事実となる。3つに、その日その場にしか起こりえない再現不可能性を含んだ固有の物語をもつ経験となる。ある人はそれを"当てにならない"とか"信用できない"と揶揄するかもしれないが、この固有の経験に伴う学びの力強さは、印象強い出来事がいつまでも記憶に残るなど、多くの人に経験があるとおりである。4つに、それらから生成される学びや問いは、フィールドにおいて生成されたものであり、かつ、その学びの主体のまなざしを通してつむがれたものとなり、現場性と主観性を帯びた主体的なものとなる。

「ゆるい」枠組みがあるからこそ、参加者はフィールドを自らの行為として歩く機会をもち、また、そこで学びを経験するのである。また、枠組みが「ゆるい」からこそ、あらかじめ決められた課題を教えられるのではなく出会った

ことから学ぶ主体者、課題を自ら生成する主体者となりえるのである。

　さらに、「ゆるい」からこそ、そのなかで参加者は「ゆらぐ」ことが可能になる。時に、自分の知らなかったこととの出会いにより、衝撃を受けたり、また、自分の見方や考え方をフィールドでの出会いや他の参加者とのあいだでゆさぶられる可能性がある。それらは自信をなくしてしまう可能性もある一方、「ゆるい」枠組みのなかでこそ、ゆらぐことが可能になるため、それらは自分の主体性を豊かに発展させるための「ゆらぎ」と捉えることができるのではないだろうか。

　歩くことを通してフィールドを読み解き、学びを生み出していくその主体性をより発揮するためにも、「パッケージ化された経験」「導かれた経験」を提供するのではなく、フィールドワークの企画を「ゆるく」しておくことが大切だと参加者から学ばせてもらった。

　この企画の参加者が本章冒頭にあるような NGO のユースチームとしての経験をもっていたことは有効にはたらいていると考えられるが、このような協働で「地」から「図」を描く「ゆるい」枠組みは、他の参加者を想定した場面でも意義あるものとなるのではないだろうか。

5　「フィールドを歩く」意味を考える

① 「フィールドを歩く」

　フィールド（field）といってもその語義は多様である。フィールドワークなど研究調査で用いられ対象とされるフィールドという語をみても、その示す意味は実にさまざまで、自然豊かな原野や森林から農村、「田舎」と称されるような地域、伝統的な特色の残る町、近代化が先進的に進む都市など多岐にわたる。なおかつ、そのフィールドがさす場のイメージもその場の日常的な暮らしの様子や路地の風景に焦点があてられることもあれば、祭りのように「事が為される」様子が注目されている場合もある。

　「フィールドを歩く」でいうフィールドは「現場」という意味で使っている。現場もまた多義的な言葉であるが、物事が実際に起こった場所、起こって

いる場所であり、同時に、そこにかかわる人間が何かを為した場所、為している場所であるといえ、さらには、過去や現在のことだけでなく、「次」をつむぐために未来志向的に行為が行われている場であるともいえる。また、日常的な暮らしの営みであるかもしれないし、その日常を転換するような出来事を起こしていることかもしれない。いずれにせよ、自然界のありようから何かを学ぶために設定されるような環境などのフィールドとは異なり、人が居て、何かを為している場としてフィールドという言葉を捉えている。

　次に、「歩く」という行為を考えてみる。歩くという行為は多くの人間にとって生きる上で日常的なことであり、きわめて「当然」のことである。そして、能動的な行為である。「歩く」とは自ら身体を動かす主体的な行為であり、歩いている人は行為する主体である。このような人間がもつ"素朴"な行為としての「歩く」とその主体性は、当たり前のこととして受けとめられるかもしれないが、時として非平和的な状況では矮小化されたり、否定されたり、操作されたりしてきた。このような多くの人間のもつ行為から平和を創ることを考えるとともに、平和を創ることへの主体性を形成したり、奪われてしまった主体性を取り戻したりすることを考えていくことには意味がある。人間の日々の生活にある行為から出発し、平和を創る試みを描くからこそ、その平和が人間一人ひとりにとって「自分ごと」になるのではないだろうか。

　また、歩くという行為の特徴に「はやさ」があろう。そこに「気ままさ」が入り込む可能性もある。行く先を決めたり方向転換したりするのも、何かを気に留めていったん立ちどまるのも、また、ひと休みするのも、その主体にゆだねられる。同じ場所にいるだけではわからないこと、車などで一気に通りすぎてしまっては気にもとめないようなことなどでも、歩くことを通し、その移動のはやさや判断の気ままさのなかで出会えることがあるのではないだろうか。そして、そのはやさや気ままさは、頭の中でさまざまなことに考えをめぐらせたり、考えを整理したり、問いを立ち上がらせる隙間をつくったりするだろう。

　「フィールドを歩く」とは、物事を為す人とその行為が存在するフィールドという場で、上のような特徴を含む歩くという行為を通し、歩く主体がフィー

ルドの人・行為・物事に出会い、問い、考え、対話し、学んでいくことである。そして、そのプロセスでその主体性を発展させ、他の人・行為・物事との関係を再構成していく営みであるといえる。

② 「フィールドを歩く」意味

スタディツアーやフィールドワークとの関連でいえば、それらのなかにもすでに「フィールドを歩く」という概念や行為が内包されていたり、また、重要なものとして示されていたりする。一方で、その場合でも、そのスタディツアーを成り立たせるための構成要素のひとつにすぎず、時に軽視または無視されていることもある。たとえば、スタディツアーもフィールドワークも現場で（から）学ぶ、旅で（を通して）学ぶということには変わりないが、時にその内実は車で移動して学ぶべきポイントを見たり話を聴き、また移動する、といったプログラムであったりする。それ自体を批判するわけではなく、そういったフィールドに出向くことが必ずしもフィールドを歩くことと重なるわけではない事例も混在するため、あえてそれを明確にするために「フィールドを歩く」と表現することで歩く行為の方法論的な意義を実践のなかで意識的に明示していくことにつなげる必要があると考えた。

また、フィールドワークはあいまいな定義をもちながらも一方では研究における専門的な手法としての位置づけがやはり強くあること、スタディツアーについても多くの場合が「旅」に出て非日常的な状況をつくることなどの性質をもっていることから、専門的また非日常的な状況を通してのみしかプロセスをつくれないのではないかという疑問や誤解を超えるために、あえてフィールドワークでもスタディツアーでもない言葉として「フィールドを歩く」と表現した。それは、平和を創る主体とその形成を考えた際に、「歩く」という行為のもつ能動性・日常性・普遍性が、一人ひとりの行為者としての主体性を浮かび上がらせ、「自分ごと」のプロセス、また、「今・ここ」のことにひきつけるための意図が、専門性や非日常性の語義を含む言葉に回収されることを避けたいとの思いもあったからである。ただし、「フィールドを歩く」際に、研究手法としてのフィールドワークが積み重ねてきた専門的な知見やスタディツアーが

深めてきた実践知を活用していくことは重要である。

③ 「フィールドを歩く」経験を活かす

　フィールドワークやスタディツアーの参加者という立場にとどまらず、「フィールドを歩く」ことを通して知り考えることで主体的な学習者となり、その学びをさらに活かしていくことが重要となる。「フィールドを歩く」すべての人がそのフィールドの専門家や実践者、生活者となるわけではない。一方、フィールドを歩くことによって生まれる学びは、そこでの経験の楽しさだけにとどめてはもったいない。そもそも自身の日常や親密圏を越えて別のフィールドへ訪れることは学びをもたらす。旅をすること、未知の地域を訪れること、他者や異文化に触れる多くのことで学びが起こる。そのおもしろさの実感は次のフィールド訪問や新たな学びへ向かう原動力になる。それだけでなく、他者や他文化との出会いは、自分自身の文化や地域を改めて振り返ったり問いなおしたりする契機となる。しかし、そこにとどめず、たとえば、次のような視点での問いかけと考察の場を実践的に創り出すことが学習者の主体性を発展させ、平和の文化の創造へつながる一助となると考える。

　第1に、自身のフィールドにおける「まなざし」や自分の価値観を振り返ることである。たとえば、蕨フィールドワークでは「ゆるい」企画の枠組みでフィールドを歩き、「図」としての課題をあらかじめ提示し地域を「地」として背景にしてしまうのではなく、フィールドとしての地域を歩くことを通して参加者の印象や気づきから「地」をつくり、課題を浮かび上がらせていく。そこにクルド難民の課題をインプットし、こちらからも「図」としての課題を共有した。はじめは地域についての印象や気づきを個々の参加者が言葉にしていくため、出てくる意見は共通する部分もあるが、参加者によって異なる。自分と他者の印象や気づきをつなぎ、①他者と自分の印象や気づきはどう違うのか、②なぜ他者と異なる印象や気づきをもったのか（その日その場のどのようなことが影響したのかということから、もともともっていた自分の興味関心や見方・考え方がどのようにはたらいたのかということまで）、③他者と異なる印象や気づきをもつにいたった理由のなかでも、もともとの自分の興味関心や見方・考え方が

影響している場合、それらはどのようにしてつくられたのか、自分のどのような価値観やこれまでの経験が影響を与えているのかと考えていく。自分が地域を歩きながら眼につくもの、気になったものを捉えるまなざしと、そのまなざしを形成するにいたった背景などを他者とつながることを通して振り返っていくのである。それは自身のステレオタイプを問いなおすことなどにもつながってゆく可能性がある。

　第2に、自身の「日常」とフィールドをつなげて考え、自身の「日常」への捉え方やイメージをくずし、多角的にしていくことである。海外スタディツアーなどでは普段訪れることの少ない場所にその機会を利用して訪れたり、一方、都市でのフィールドワークなどではその地域に暮らす人びとや場所を訪ねて歩くこともある。訪れるフィールドは自身の「日常」とは異なる非日常的な場かもしれないが、そのフィールドの当事者にとっては「日常」であり、他者の「日常」を訪れているともいえる。フィールドワークでの学び、つまり、フィールドワークという機会を用いて他者の「日常」の現場を歩き、参加者とのディスカッションやフィールドの他者との出会い、自身のまなざしを捉えなおすことを通した学びを、自身の「日常」とつなぎ、自身の「日常」への見方を問いなおしていくきっかけとしていくことが重要であると考える。フィールドを歩くことで、自身の「日常」を振り返ってみる視点と方法を養い、再構成していく機会とするのである。

　たとえば、今回の蕨フィールドワークでは、参加者から次のような意見があった。①蕨駅周辺は海外にルーツのありそうな人たちが多くいる町で多文化だと思った。しかし、クルド難民のことを知り、「海外の人」とひとまとまりでみていた自分に気づいた。②たしかに自分の住んでいる町でも、駅周辺の風景のなかで海外にルーツをもつ人たちをひとまとまりにみてしまっていたかもしれない。③「外国人」として同一視していたわけではなかったが、「いろいろな外国人」と結局漠然とひとまとまりで捉えていたかもしれない。④もっと個々で考え、みていきたいと思った。⑤また、難民問題のように何か課題を抱えていないのかと改めて疑問に思った。

　他のフィールドを訪れて歩くことで得ることのできる学びを自分の日常に持

ち帰り、改めて読み解きなおしてみると、それまでとは異なる「日常」への見方ができるかもしれない。そして、新たな気づきが生まれるかもしれない。そうして歩いた自身の日常のフィールドは、新たに自分が学ぶ現場、新たな出会いをもたらす現場となる。言い方を変えれば、主体的に、自分の「日常」を「フィールドにする」行為へとつながっていく可能性がある。

6　おわりに

平和とは静止して生み出されるものではなく、動的に創り出していくものである。それは、人間の行為をもって為される。「平和を創る」ためには能動的な主体として人間一人ひとりを捉えなおし、それぞれが行為を通してかかわることを想定していかねばならない。フィールドワークやスタディツアーという言葉は時に動詞的な意味合いを含みながらも名詞的な意味合いをもつ。そこで、ここでは「フィールドを歩く」という動詞表現で行為としての意味合いに重点をおいて明確にしている。

また、平和は結果ではなく、それを求め築きつづけるプロセスであるという。ならば、その平和へのプロセスを創ることで、平和を創る主体となる。その際の方法とは、一過性で終わるものではなく、継続してできるものでなくてはならないし、また、ひと握りの人間しかできないものではなく、だれもが身近にできることから考える必要がある。

「フィールドを歩く」ことが直接、世界の平和を生み出すかどうかということではなく、人間一人ひとりが、フィールドにおいて物事を為している人とその行為や、共にフィールドを歩く他者と、対話し、協働して学びを創る主体性を育む。その出会いや気づき、考えるプロセスを大事にし、それを共にする仲間をつくる。その行為と連帯こそが一人ひとりの人間にとって平和の礎になるのではないだろうか。

① 初めて訪れる地域で、カメラのシャッターを切りたくなる対象にはどのようなものがあるか。なぜ自分はそのような対象にレンズを向けたくなるのかを考えてみよう。

② 自分が暮らしている地域、学校や職場のある地域を歩く際、目線を変えてみたり（たとえば建物の２階以上に目を向けながら歩いてみるなど）、速度を落としてゆっくりと歩いてみたり、普段と違うルート（たとえば裏路地など）を通ってみたりしてみよう。その時の気づきを他の人と共有してみよう。

③ 自分が暮らしていたりかかわりのある地域について、観光ガイドブックや行政のホームページなどでどのように表象されているのか、またなぜそのように表象しているのかを考えてみよう。自分であったらその地域のどのようなところに着目して提示すべきだと思うのか。可能であれば一度歩いてみて、また歩いた経験を思い起こして考えてみよう。

✿ 文献・資料案内

市原芳夫『スタディ・ツアーのすすめ』岩波書店、2004年

小田博志『エスノグラフィー入門──〈現場〉を質的研究する』春秋社、2010年

近森高明・工藤保則編『無印都市の社会学──どこにでもある日常空間をフィールドワークする』法律文化社、2013年

鶴見良行『アジアの歩きかた』筑摩書房、1998年

子島進・藤原孝章編『大学における海外体験学習への挑戦』ナカニシヤ出版、2017年

付記：本研究における平和構築のためのフィールドワークとスタディツアーの方法論としての研究については科学研究費基盤C（18K11828）ならびに韓国国際交流財団の助成による研究成果の一部である。また、本研究の難民問題とそのための学習に関する研究については科学研究費基盤C（17K04701）の助成による研究成果の一部である。ご協力いただいた皆さまに深謝申し上げます。

［南雲　勇多］

第8章 映像平和学への挑戦
● カレン難民の越境と共生を考える

キーワード　参与観察　ドキュメンタリー映画　第三国定住　カレン難民

難民との平和的共生へ向けて——映像制作と上映を通して

　　近年、大学等の教育機関において、映像を用いた平和教育に関心がよせられるようになってきている。難民支援団体と大学との共催による上映会を通した実践的な平和構築の取り組みなども行われ始めた。

　　映像は、戦争や難民の現状をリアルに伝え、社会的背景を理解する上で多くの情報をもたらす。しかし、難民に関するドキュメンタリー映像の多くは、啓蒙的な学校教育やマスメディアがつくり出すイデオロギーや物語のなかに、押しこめられるかたちで、構成されてきた部分が大きい。

　　そこでは、難民の日常生活を通時的（長期的）に観察し映像に収めることはあまりなく、国を追われて行き場をなくした人びとが、粗末なテントの中でただ救いが差し伸べられるのを待ち続けるという、典型的な難民像が強調され映し出されてきた傾向がある。そのようなイメージが創り上げられてきたことで、難民は私たちの日常から切り離された「他者」として存在しつづけてきた。

　　そこで、私は、これまで多くを占めていた共時的（一定時期）な聞き取り調査手法ではなく通時的に、あるひとりのカレン難民のライフコース（年齢によって区分された生涯の道程）に応じた日常生活とコミュニティ形成を9年間にわたる観察手法により、ドキュメンタリー映画『OUR LIFE』を制作した。難民の日常を内側の視点から描くことで、ステレオタイプ化されてきた難民の描かれ方とは別の解釈を生み出すことを試みた。また、作品を単に上映するだけでなくトークイベントを開催し、難民をめぐる「新たな議論の場」の形成に取り組んだ。

　　本章では、本作品の制作プロセスを紹介することで、難民の越境をめぐるリアルな現実について読者に問うことを試みると同時に、上映トークによる難民の平和的共生へのアプローチ方法論について考えてみたい。

＊

1 カレン難民の越境をめぐる関係性を撮る
──『OUR LIFE』の制作に伴う考察

　人種、宗教、国籍、政治的意見を理由に迫害を受け（あるいは、迫害をされる おそれがあり）、国を追われ逃れた難民は、2018年時点で2590万人いる。難民以 外にも、国境を越えることができずに移動しながら逃れている国内避難民を加 えると、難民・避難民の総数は7000万人を超える（UNHCR, 2019, *Global Trends: Forced Displacement in 2018.* Rep., UNHCR, Geneva. ウェブサイト参照）。

　日本ではあまり知られていないが、タイ・ビルマ（ミャンマー）国境に位置 する難民キャンプには、約10万人の難民（うち約８万人がカレン人）が暮らし、 国内避難民も、40万人いるといわれている（The Border Consortium（TBC）, 2018, *Refugee Camp Populations: September 2018.* The Border Consortium. ウェブサイト参 照、以下［TBC 2018]）。

　日本は、第三国定住による難民の受け入れを2010年度から開始した。第三国 定住とは、祖国に帰ることも、避難先の国に定住することもできない難民を、 新たに第三国が受け入れて永住する権利を認める制度である。

　これまでに、タイの難民キャンプやマレーシアに滞在する難民を174人受け 入れてきた（外務省「第三国定住事業の概要」2019。ウェブサイト参照）。しかし、 難民がどのような日常を送っているか、その実態を知る機会は、きわめて少な い。

　本節ではまず、『OUR LIFE』の内容を紹介し、カレン難民の難民キャンプ と第三国定住地の日常生活とコミュニティ形成について考えてみよう。そし て、ドキュメンタリー映画制作者としての立場から、映像制作における〈リア リティ〉が生成されるプロセスと撮影者の視点の変化を自己再帰的知見から追 うことにする。つまり、調査者のフィールドへの介入を反省的に考察し、調査 対象者と「どこで、いつ、どのように」かかわりながら、どのような視点から 制作したのかを、自ら分析しながら考察する。

① 撮影地（メーラ難民キャンプ）の背景と概要

　タイ側国境地帯には、2018年末時点で、9か所の難民キャンプが設置されている。撮影地のタイ北西部に位置するメーラ難民キャンプは、そのうち、約4万

【地図1】　タイ・ビルマ（ミャンマー）国境の難民キャンプ

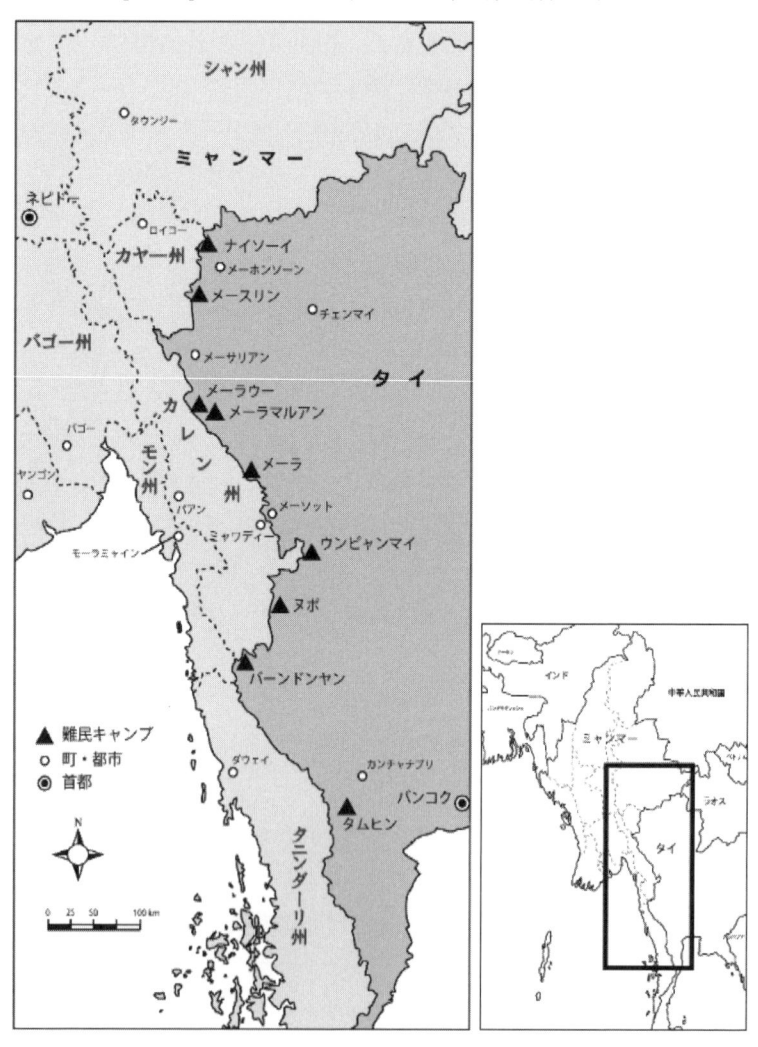

出所：TBC［The Border Consortium］のHP上地図をもとに筆者作成

人が暮らしている最大規模のキャンプである。カレン人が約8割、その他、カチン、モン、ビルマ（ミャンマー。以下、ビルマ）人などが住んでいる［TBC 2018］。ビルマでは、1950年代から、マジョリティのビルマ人主体の中央政権とカレン民族同盟（Karen National Union、以下、KNU）の武装組織カレン民族解放戦線（Karen National Liberation Army、以下、KNLA）の内戦が本格化し、1984年以降、多くの人々が難民として国境を越え、隣国タイへ逃れてきた。

現在、UNHCR（国連難民高等弁務官事務所）や13の国際NGOが活動し、食料（米、大豆、魚醤、砂糖、唐辛子、食用油など）や物資の配布、住宅資材の提供および、学校教育（幼稚園から高校）や職業訓練、診療所、図書館の運営などを担っている。宗教は、キリスト教、上座部仏教、アニミズムと多宗教であり、20か所の教会と4か所の寺院と6か所のムスリム系モスクがある。

② 『OUR LIFE』の内容（2017年版）

主人公のカレン難民のダラツゥ（14歳）は、7人兄弟姉妹の末っ子として、メーラ難民キャンプで生まれ育った。閉ざされた厳しい環境のなかでの生活だが、兵士になる夢を抱きながら、家族や友人たちと日々を穏やかに過ごしている。カレンを迫害するビルマ軍と戦うためである。

しかし、第三国定住制度の導入や市場経済の流入により人とモノ、情報が一気に入りこんできた。兄や学校の友人たちが次々に第三国定住地のアメリカへと旅立つなか、自分の将来を悩み始める。

2011年3月、ビルマでは、民政移管が行われ、難民キャンプをとりまく政治経済状況も大きく変化し始めた。アメリカ政府は、第三国定住の集団募集を2013年で終了し、タイ政府は、難民キャンプを2020年までに閉鎖する方針を打ち出した。第三国定住か帰還か、選択を強いられたダラツゥは決断を迫られていた。

難民キャンプで、母国を知らない若い世代の難民たちは、どのように日常生活を営み、人びととの関係性を築いているのか。また、第三国定住後、自身と定住地社会とのあいだで、自らのアイデンティティが揺れ動くなかでどのような関係性を形成しているのか。本作品では、難民キャンプで生まれ育った少年

とその家族の生きる姿を通して、難民の生のありようを9年間にわたり描いた。

③ 難民との出会いから『OUR LIFE』制作開始まで

　私が、タイ・ビルマ国境で、カレン難民の取材を始めたのは、2001年のことだった。タイ北西部に位置するメーサリアンという町を拠点に、難民キャンプの支援活動を行っていた国際NGOスタッフに同行し、取材を進めていった。

　ドキュメンタリー映画制作の際、私は長期にわたって撮影対象者と共に生活を送りながら、撮影を進める「参与観察」という手法を取り入れている（⇨コラム2参照）。撮影対象者がどのように社会関係を築きながら生活しているのか、自分もその関係性の一部になることで、形成過程の複雑な側面がみえてくる。

　この映像制作手法は、私が1998年から参加しているアジアプレス・インターナショナル（以下、API）で制作されてきた映像から学んできたものである（⇨第3章参照）。

　APIの作品は、チベット問題やパレスチナ問題など社会派ドキュメンタリー作品がその多くを占めていたが、マスメディアなどで制作されてきた「被害―加害」という二項対立的で告発型なドキュメンタリーとは異なっていた。長期にわたって取材対象者と共に暮らしながら、彼らの生の姿を描くことを通して、問題の本質を問うものだった。

　それまで抱いていたドキュメンタリーに対する価値観を崩された私は、APIの作品との出会いをきっかけに、ドキュメンタリー映画制作の道を歩み始めた。

　しかし、風土も文化も違う異国の地で、撮影対象者と生活を共に送りながら日常を描くことは、簡単なことではなかった。メーサリアンの町から難民キャンプまでの山道は険しく、往復4時間に及んだ。難民キャンプに滞在できる時間も限られていたため、難民と一定の深度をもった関係性を築くことが難しかった。難民の日常生活をどのような切り口で描いたらよいのかもわからず、撮影は行き詰った。

　難民キャンプ内での撮影に限界を感じた私は、いったん、難民取材を離れ、

2000年から北タイの村で進めていた HIV 陽性者のドキュメンタリー映画制作に集中した。それから 8 年間、HIV 陽性者と共に暮らしながら「生のありよう」を考えるようになった。

「人間とは何か」、「生きるとは何か」、ドキュメンタリー映画を通して問うべきものは HIV 陽性者にも難民にも共通するものではないか。

北タイでの撮影が一区切りした2008年、私は再び難民キャンプへと向かった。タイ村周辺の難民キャンプは、生活インフラが少しずつ整い始め、村と難民キャンプを結ぶ道路の整備も進んだ。そして、難民キャンプへの物的流通が始まると同時に、部外者の立入規制も緩み始めていた。

私は、タイ・ビルマ国境に位置する 9 つの難民キャンプのなかでも、市場経済化の影響を受け変貌が最も著しいメーラ難民キャンプを選び、取材を再開した。難民が難民キャンプの変容と、どのようにかかわりあいながら生きているのか、社会変動との相互関係を知りたかった。

メーラ難民キャンプは、タイ中西部のメーソットから車で40分ほど北上した場所に位置する。道路が舗装されアクセスが便利になり、取材時間も確保できた。しかし、難民キャンプでの宿泊は禁止され、撮影場所も限定されていた。

そこで、難民キャンプ事情に詳しい難民キャンプに暮らすカレン人の NGO スタッフにコーディネートを依頼し、撮影可能な学校や図書館に足を運ぶ子どもたちへのインタビュー取材から開始した。そして、聞き取り調査中に、私は難民キャンプで生まれ育ったダラッゥという14歳の少年に出会った。

以下は、インタビュー時のダラッゥの語りとタイトルにもなった学校の友人たちと歌っていた『OUR LIFE』の歌の歌詞である。語りには、歌に込められた思いが述べられている。

【語り1】 前の難民キャンプにいた時、DKBA（Democratic Karen Buddhist Army：民主カレン仏教徒軍。ビルマ国軍と協力関係をもつ）に大砲を撃たれたよ。だから、僕たちはこの難民キャンプに逃げてきた。ビルマ国軍に伝えたいことがあるよ。もう、戦争はたくさんだ。お互い、戦いはもうやめようよ。一緒に仲良く暮らしていきたいんだ。僕が兵士になったら、ビルマ軍を 1 つにするよ。そして、平和と愛のある国をつくるんだ。兵士になったら、ビルマ人と仲良くするよ。

でもビルマ人は、僕らのことが嫌いなんだ。カレン人たちも、1つにまとまらなくちゃ……。

『OUR LIFE』（僕らの人生）の歌詞
どうして、僕らの人生は、苦しいことばかりなの？
貧しいし、問題だらけ。辛いことばかりだよ。
でも、楽しいことも、たまにあるんだ。
でも時にはあまりに苦しくて、やめたくなるんだ。
世の中には、色んな人がいる。
僕のことを、愛してくれる人がいる。でも僕のことを憎む人もいる。
この世では、他の人の批判やケナシから逃れられないよ。

　この歌を歌うダラツゥの声、表情、そして全身から、戦争への「憎しみ」が溢れ出ていた。難民キャンプで、ダラツゥはどういう思いを抱きながら、どのような日常生活を営んでいるのだろう。少年から青年へと、成長期をむかえる難民の日常生活を映し出し、ダラツゥを「難民」というラベルをはずした「人」として描くことで、難民の「生のありよう」が、みえてくるのでないか。こうして、ダラツゥを主人公としたドキュメンタリー映画制作が始まった。

　参与観察によるドキュメンタリー映画制作は、主人公との「出会い」が、決定的なものとなる。長期にわたって生活を共にしながら、撮影を継続するには、主人公と親密な関係性を形成する必要がある。

　ドキュメンタリー映画のリアリティは、単なる記録を超えて、撮影者と撮影対象者が時空間を共有しながら、関係性を形成し撮影された映像をとおして構築されるものである。言葉では直接語られないものや目に見えないものを、いかに表現するかが問われる。

　では、次項から具体的な『OUR LIFE』の制作をめぐる私とダラツゥとの関係性を含む社会関係の構築過程をみていこう。

④ 難民キャンプの日常を撮る——ダラツゥ14〜19歳（2008 - 13年）

　撮影は、ダラツゥとその家族の難民キャンプにおける日常生活に焦点をあてて進めていった。紛争発生当初から十数年経ち、難民の多くが定住化していくなかで、難民にも、食事をし、学校に通い、結婚し、子どもを育てるという日

常がある。

　高床式のダラツゥ家には、もともと、別の難民キャンプに住む KNU 兵士の長男以外の家族 8 人が同居していたが、2005年に第三国定住制度が導入されると、まずは2007年に二男と四男が、アメリカへと渡った。

　2000年代末に入ると、アメリカへ第三国定住した兄たちからの仕送りが始まり、TV や携帯電話などの生活電化用品を購入できるようになった。ダラツゥも日本の若者とおなじように MP 3 プレーヤーなどに興味を抱くようになった。

　難民キャンプには、ミッション系の大学もあり、外国人宣教師などが、頻繁に出入りしていた。難民キャンプの教会では、さまざまなイベントが開催され、西洋の音楽など、欧米文化が入ってきた。こうした外部者の出入りから、ダラツゥは西洋的なものにより関心を示すようになった。

　撮影開始当初は、週末になると、母親や兄に連れられ寺院の伝統文化行事に参加していたダラツゥだが、中学に入学するころには友人と大学のイベントや教会へ通い、ギターの練習に励むようになっていた。

　また、海外からの人の往来もダラツゥの日常生活に影響していった。ビデオカメラの機材などを日本から難民キャンプに持ち込んでいた私の存在自体も、ダラツゥの日常に影響を与える一要因となっていた。ダラツゥは動画に興味をもち始め、デジタルカメラを購入し撮影を始めた。そして、海外の情報にも興味をもち始め、外の世界に目が向き始めていった。

　ドキュメンタリー映画制作過程においては、撮影者がフィールドに入ることが、撮影対象者の生活空間や関係性に深甚な影響を与えずにはおけないものであり、その捉え方、またその過程への撮影者の関与が、映像に大きく影響を及ぼす。

　ドキュメンタリー映像のリアリティは、ビデオカメラを媒体として撮影者と撮影対象者の関係性によって生成される。対象者との関係が変われば、撮影者の視点もそれに合わせて変化する。つまりリアリティは、不変なものではなく、その都度、更新されるものである。

　関係性の変容は撮影者の視点にも影響する。撮影を進めるなかで、漠然と難民の日常生活を撮っていた私の視点は、越境する人、モノ、情報の動きがダラ

ツゥの日常生活へ与える影響へと変化した。

　しかし、撮影を重ねても、難民キャンプの日常に流れる時空間を捉えることができずにいた。同じタイ国内でも、難民キャンプには、北タイの村とはまったく違った時間が流れていた。

　難民キャンプの日常とは一体何か。食事の一部を提供され、学校に通い、結婚し、子どもを産み、育てる、という彼ら／彼女らの暮らしは、一見すると私たちの日常風景と変わらない。しかし、配給制度のもと、閉ざされた空間のなかで、難民は、仕事をすることも土を耕し自分の食べるものを作ることも許されない。

　移動の自由と仕事を奪うこと、それはつまり、彼らから日常を奪っているのと同じことではないか。しかし、日常の時空間を捉える切り口を見つけられないのは、私に歴史や政治的背景の理解が欠けていたことにも原因があった。

　映像制作を実践するなかで、人びとの日常を描くことの難しさと、生活を共にしながら観察するというフィールドワークから得られることの多さとその手法を体験的に学んだ私は、2011年、東南アジア地域において、先駆的なフィールドベースの総合的学術研究が行われてきた、京都大学大学院の博士後期課程に編入学した。そして、歴史や政治的背景を捉えながら、自ら立っている社会を体系化された理論に還元せず、現実を批判的に捉えるための学術的なフィールド調査手法や社会分析手法を学び始めた。

　2012年に入ると、ビルマの民主化の動きが加速し、少数民族との和平交渉が一気に進んだ。難民キャンプで活動していた国際NGOの多くは、徐々に活動場所をビルマ国内へと移し、難民キャンプの活動規模を縮小していった。

　同時に、アメリカが第三国定住の集団募集を、2013年で終了するという情報が、難民キャンプにも入ってきた。年内に申請しないと、アメリカへ第三国定住ができなくなり、ビルマ国内へ帰還の可能性が高まる。

　難民キャンプをめぐる情勢の変化は、難民キャンプで暮らす難民たち自身がだれよりも敏感に感じ始めていた。撮影当初は、頑なに難民キャンプ内に留まろうとしていたダラツゥだが、2013年10月、アメリカ行きを決断し申請に踏み切った。

ダラツゥがキャンプを離れアメリカへ第三国定住することで、彼の世界が広がり、そして私自身が、映像（実践）と文章（理論）を往還しながら、難民の生活世界の考察を始めたことで、私の視点（映画の主題）は、ダラツゥの日常生活が、第三国定住後にどのように変化、あるいは維持するのかへと移っていった。

⑤ 第三国定住地における難民のコミュニティ形成を撮る──ダラツゥ20〜23歳（2014‐17年）

　ダラツゥが向かったのは、兄（四男）夫妻が住む、アメリカ中西部に位置するインディアナ州だった。産業都市の州都インディアナポリスは、比較的賃金が高い仕事が見つけやすいといわれていたことが、その地を選んだ主な理由であった。

　難民は、アメリカへ到着後、社会保険などの公的手続きや、部屋の斡旋、語学教育など、生活基盤を整えるための支援を受ける。しかし、支援期間は３か月間のみで、仕事環境が整った後は、自立して生活を送らなければならない。

　以下は、アメリカに到着当時のことを回顧するダラツゥの語りである。

> 【語り2】　アメリカへ着いた時、とても苦労したよ。（中略）アメリカでは時間もないし、親しい友達もいない。皆それぞれの生活で大変だから。教会では友達を作る機会があるんだ。親しい友達も何人かいるよ。でも、彼らも仕事で忙しい。お母さんとお父さん、そして友達に会いたい。故郷に帰りたい。アメリカでは幸せに暮らせない。でも、ここには争いがないから怖いものはない。ビルマは怖いけど、ここは大丈夫。働けば、ちゃんと食べていける。でも、働けない人はどうやって生きていけばいいの……。

　2016年９月、ダラツゥは、より良い生活環境を求めて２年半住んだインディアナポリスを離れ、兄（五男）レーダが住むサウスダコタ州アバディーンへ、移住した。

　アバディーンは、アメリカ中西部に位置する人口約４万人の町である。現在、約500人のカレン人が住んでいる。教会を中心に、100人程のカレン難民コ

ミュニティが形成されている。インディアナポリスのコミュニティと比べると、規模は小さいが、難民同士の関係性は親密である。

難民が移住する理由はさまざまであるが、ダラッゥのように、同郷者のコミュニティを求めて移動するケースは少なくない。第三国定住した難民のほとんどがスマートフォンを持ち、Facebook や Line などで、情報を交わし合いながら、コミュニティを形成している。

しかし、アバディーンでのダラッゥの仕事は、ガラス繊維工場での単純肉体労働だった。午後 5 時から午前 3 時までガラス繊維の粉じんが舞う工場の中で、ゴーグルとマスクをつけながら立ちっぱなしの繰り返しの作業が続く。帰宅するのは、午前 4 時ごろである。

こうしたハードな労働を担う労働者のほとんどが、移民(主として経済的に安定した生活を求め国境を越えた人たち)や難民たちである。アメリカにおける難民の労働環境は、難民が想像していた以上に厳しいものであった。それでも難民は、思いどおりにいかない人生に翻弄されているだけではなかった。故郷から難民キャンプ、そして第三国への定住を強いられながらも、より良い生活基盤を求め、SNS などを利用し、自ら情報を得ながらコミュニティを形成し、同郷者同士間での互助的生活を送っていた。

『OUR LIFE』の撮影初期の難民キャンプにおける撮影においては、日常生活の観察もままならず、コーディネーターを介した聞き取り調査による取材から始まった。しかし、アメリカにおける撮影では、撮影対象者と日常における直接的コミュニケーションの機会が増えることで、関係性が親密になり、日常生活を撮ることが可能となった。そして、ダラッゥが独り立ちし、自ら同郷者や難民コミュニティと接点をもち始めたことで、インディアナポリスでは撮れずにいたカレン難民のコミュニティの構築過程を撮ることが可能となった。

また、難民をめぐるメディア環境の変化も、『OUR LIFE』の制作に、大きな影響を及ぼした。インターネットの普及は、難民自らが SNS で情報発信することを可能とした。

そして、難民が、スマートフォンで自ら捉えた日常の映像を私が観ることが可能となったことで、私がまだ踏み込めていない彼ら／彼女らの日常をより深

く理解することへつながった。さらに、彼ら／彼女らの映像を、私が撮った映像とつなぎあわせることで、映像に複数の視点を含ませることが可能となった。

　こうして、『OUR LIFE』の制作は、ダラツゥとの協働作業へと入っていった。そして、本作のラストシーンには、ダラツゥ自身が渡米前に撮影した両親の故郷であるカレン州の映像をインサートすることで、「難民にとって故郷とは何か」という問いを提示した。

　以上、本節では、『OUR LIFE』の制作を事例に、ダラツゥのライフコースに応じた難民キャンプから第三国へ越境する難民の姿をドキュメンタリー映像として作品化する過程を記述してきた。

　本作品の制作にあたっては、文章と映像を往還しながら、難民の越境をめぐる時空間の変動のなかで、ダラツゥというひとりの個の生きざまを観察した。そして、難民をめぐる社会情勢やメディア環境がめまぐるしく変化し、さまざまな偶発的な要因が難民の日常生活にも変化を与えていった。そうした変化を、ダラツゥ少年はどのように向き合いながら生活を送っているのか、彼の生活世界を描いた。

　本節で考察してきたように、撮影における関係性の形成は、作品構成に大いに影響する。撮影という実践的なかかわりを通して、人間関係が密になると、日常生活の観察が可能となり、撮影対象者の生きざまを多様な角度から捉えることが可能になる。ドキュメンタリー映画のリアリティはこのように、撮影対象者との関係性によって形成されていく。

　しかし、はたして、作品を「観る者」は、その映像を通して、ダラツゥの「世界＝時空間」を共有できるだろうか。映像の中のダラツゥの人生に、自分自身の日常とのつながりを見いだし、自分の人生を投影させながら、難民問題をめぐる新たな視点を生み出すことができるだろうか。

　次節では、上映トークを通した空間（場）の形成過程を考察しながら、映像上映による難民との共生への可能性について、考えてみたい。

2　上映を通した難民との共生への可能性

アバディーンでの撮影を終え、帰国した私は、これまで撮り続けてきた約170時間の映像を70分程の作品に粗編集し、非常勤講師として担当している大学の講義内や高校生向けの集中講義などで上映を開始した。

上映後には、「難民（ダラッゥ）にとって将来が開ける場所はどこか（難民受け入れ国のタイか、第三国定住先か、帰還先のビルマ国内か）」、というテーマでグループごとにディスカッションを行った。

2011年からの映像（実践）と文章（理論）の往還は、フィールドワークにおける撮影のみならず、編集における視点にも影響を与えた。それまで、感覚的に映像をつないでいた手法に、論理性が加わることで、一貫性がなかった映像のつながり（映画の構成）が再構築された。

映像は、特定のコードをもちえず、多様な解釈を生み出す一方、イメージが強すぎると、また別の固定観念を生み出してしまうことを避けられないという特質をもつ。上映を通して、「観る者」がもつ固定観念を崩しながら、さまざまな視点を生み出せるような作品にすることを試みた。そのために、映像を通して制作者の「世界観」を提示し制作者の主張を「観る者」へ、ある程度伝えつつ、その主張をさらに、覆していけるような作品制作を試みた。そのため、主張を強調するためのテロップやナレーションで説明を加えることは、避けた。

ドキュメンタリー映画監督の佐藤真は、著書（佐藤真『日常という名の鏡――ドキュメンタリー映画の界隈』凱風社、1997年）で、次のように語っている。

> 正しいことを声高に主張すればするほど、観る人は押しつけがましく思うものだ。結局、活動家どうしが自分たちの活動の意義を確認するだけの表現になってしまう。（中略）文化は少なくとも、どうしても功利的で、独善的になる運動の倫理から独立してなければならない。

それは、イギリスや（ナチス）ドイツなどで制作された大衆啓蒙映画や教育映画にみられる、大儀のためのプロパガンダ映画への批判であり、（正義の名の下の）啓蒙的な映像をつくる者への教訓でもある。

　結論が先にみえるメッセージ性の高い啓蒙映画は、インパクトはあっても、新たな発見や価値観の創出など、期待できない。

　新しい価値を生み出すための多様な視点を生み出すには、どのような手法があるだろうか。上映スタイルを工夫することで、固定観念を崩していくことは、できないだろうか。

　そこで、日本に長く暮らしている滞日難民を含めたディスカッションを通し、撮影対象となる難民の人びとが、他者が捉える難民の社会文化のイメージをどのように捉えるか、という視点を取り込むことで、多様な視点を含ませることを試みた。

　具体的には、滞日ビルマ人が多く住む高田馬場のビルマ料理レストランで、難民交流活動をしている大学学生サークル主体による上映トークイベントを開催し、学生、研究者、大学教員、ジャーナリスト、そして、NGO関係者と滞日難民によるディスカッションを行った。

　参加者全員がトークに参加し、ディスカッションを深められるように、参加者は30名ほどにおさえた。そして、上映前にあらかじめ、レストランの経営者である滞日ビルマ難民C氏と、難民キャンプで支援活動をしている国際NGOに所属し、難民キャンプやビルマ国内で支援活動を継続している日本人スタッフN氏に、トークへの参加を依頼した。

　上映会イベント開催のプロセスそのものを通して、学生たちが、主体的に難民問題を考えられるように、上映会の企画書やチラシ作成などをはじめ、C氏へのトーク依頼や会場のセッティングおよびイベントの司会進行などは、学生たちの自主性に任せ、当日私は、トークゲストの一員として上映会に参加した。

　映画上映のスタイルも、学生たちから意見をもらい、普段の授業で行っている映画全体を流すスタイルではなく、映画の前半部分と後半部分に分け、難民キャンプから第三国定住地へ場面がうつるあいだに、インターバルをとり、映画制作の背景や内容解説を加えた。また、NGOスタッフによる難民キャンプ

の教育状況の説明も加え、質疑応答の時間をもうけた。こうすることで、難民キャンプの理解を深めることにつながった。

後半の第三国定住に関する映像の上映後には、C氏のほかに当日参加の滞日カレン難民にも登壇してもらい、当事者からみた映画に関するコメントや彼らのこれまでの経験を語ってもらった。

前半のセッションでは、NGOスタッフへ、難民の高校卒業後の進路や教育で使用されている言語・教材に関する質問や、帰還に関する動きの現状に関する質問などが出た。後半のセッションでは、映画の内容に関する質問のほかにも、学生たちから、C氏への具体的な質問が続いた。

「なぜ移住先に日本を選んだのか」という学生からの質問に、C氏は、「選択」の自由はなかったと答えた。そして、ダラツッと同じように、来日当初は、言葉が理解できなかったため、職場や日常生活において、意思伝達ができず、言語コミュニケーションの問題にぶつかりながら、孤独感とストレスを抱えながら生きてきた自らの経験を語った。

ストレスをやわらげるために、同郷者たちとコミュニティを形成し、故郷の料理を囲んでカラオケを歌ったり詩を作ったりしながら、ビルマ人としてのアイデンティティを保ち続けてきたという。

ディスカッションの後半では、学生から難民との共生のために、日本人として何ができるのか、どのような支援が求められているのか、という具体的な質問へと入っていった。

学生の質問に、C氏は、滞日難民の精神的なケアとサポート、そして、難民たちの「心がやすらぐ場」の創出への課題の解決が求められていることを提示した。また、自分の意見をしっかりもち、価値観の違いをおそれずに、問題の議論を続けることの重要性を示唆した。

このように、映画を上映するだけでなく、上映の合間にディスカッションを行うことで、お互いの視点の相違に気づくことへとつながった。

さらに、上映後、難民の手料理を囲みながら対話を行うことで、「食」を通した相互行為による新たな関係性を生み出すことへとつながった。上映会場で、見知らぬ他人と映像を観賞し、食を共にする時空間は、個室で鑑賞するの

とはまったく異なったものである。

　難民の故郷の味を知ることで、彼ら／彼女らの故郷での日常を想像しながら、経験の一部を共有することが可能となる。また、同じような材料を使って調理しても、調味料や食材の使い方次第で、まったく違った料理がうまれることや、器や箸の使い方の違いを認識する。そうした食をめぐる作法や価値観の相違を意識することも、異文化理解へとつながっていく。さらに、彼ら／彼女らの故郷（故地）と移動先のコミュニティとのつながり（連続性）の考察へとつながる。

　自分とは異なる価値観を知ることで、自分の固定観念に気づくことができ、新たなリアリティがうまれる（⇨第7章参照）。

　難民の暮らす街で上映会を開き、難民と受け入れ国の人びととの「顔のみえる」出会いと食を通した対話の場を設けることは、単なる映像の補完的説明に収まらず、学生たちが自分自身の日常を別の視点で捉えることにもつながった。

　このような上映を通した相互行為が、難民たちとの共生、そして難民の「心がやすらぐ場」の創出へとつながるのではないだろうか。

3　映像制作と上映を通した難民との平和的共生への条件

　本章では、平和学における映像活用の有効性を示唆した一方で、課題も提示してきた。映像は、時間の流れのなかに浮かび上がる情緒、音、空気など文章だけでは伝えられないイメージ効果をもつ媒体である。しかし、そのイメージが強すぎる場合、現実を固定化させてしまう一面をもっている。

　難民の日常生活の営みに焦点をあてた参与観察による映像制作および、上映における対話を通した難民との共生への試みの目的は、そうした現実の固定化からの解放にある。そうすることによって、地域における支援のあり方、その背景となっている社会的問題に、政治とは別の視点から光をあてることが可能となる。それが、つまり、新たな視点（世界の捉え方＝価値観）と空間を創り出すことになる。

難民問題は、一刻も早く解決されなければならない。しかし、安易な難民理解は、難民の偏ったイメージの形成につながりかねない。冒頭で触れたように、これまで、学校教育や支援機関などで使用されてきた難民に関する映像は、「同情や共感」を強いる啓蒙的な類似作品が多くを占めていた。たとえば、最近の作品だと『ヒューマン・フロー　大地漂流』（ドイツ、2017年）という作品がある。世界各地の難民キャンプを歩きまわり、ドローンを駆使しながら難民の悲惨さを映しだした映像には訴えるものがあり、支援を得るためや難民への無関心と闘うための効果は確かにある。しかし、難民の悲惨さや絶望感を強調し描くことは、かえって難民を自分とは遠い存在にしてしまう可能性がある。

　「難民」の日常生活を観察すると、一様には語れない複雑な背景（経験）と難民の「生の現実」が見えてくる。難民にも、一人ひとり、それぞれの生がある。

　大切なことは、まずは、「撮る者」が長期的なフィールド調査を通し、「撮られる者」と関係性を構築し、「他者」である撮影対象者と自分自身のあいだに折り合いをつけ、自らの固定観念や世界観（イデオロギー）を批判的に見つめなおしていくことであろう。

　難民の日常生活を内側から描き、関係性の流動的で複雑な側面を明らかにすることにより、「観る者」が自らの現実を相対化し、「同情や共感」を超え、「他者」としての難民が、自らの日常の世界を構成する者として存在するようになる。そのことで、平和的共生が具体的に可能となる。

　難民の日常というフィールドは、けっして私たちの日常と、切り離された遠い場所にあるわけではない。まずは、自分の日常における「当たり前」を、見つめなおすことから始めてみよう。

ディスカッション

① 　難民との平和的共生において、大切なことは何だろうか。
② 　もしあなたが難民（ダラツゥ少年）だとしたら、第三国定住の制度によって移住したアメリカと、もともといたタイの難民キャンプ、そして、帰還先のビルマと、それ

ぞれの場所に行った時に直面する問題やジレンマは何だろうか。
③　難民の日常を映像で見つめることがなぜ必要なのだろうか。

✽ 文献・資料案内

久保忠行『難民の人類学——タイ・ビルマ国境のカレンニー難民の移動と定住』清水
　　弘文堂書房、2014年
佐藤真『日常という名の鏡——ドキュメンタリー映画の界隈』凱風社、1997年
佐藤真『ドキュメンタリー映画の地平——世界を批判的に受けとめるために（上・
　　下）』凱風社、2001年
吉田敏浩『森の回廊——ビルマ辺境民族開放区の1300日』日本放送出版協会、1995年

付記：本章の調査は、科学研究費補助金・基盤研究Ｃ（17K02011）、研究活動スタート支援
　　（15H06294）、京都大学東南アジア地域研究研究所共同利用・共同研究拠点「東南ア
　　ジア研究の国際共同研究拠点」（IPCR）研究費、トヨタ財団、難民研究フォーラム
　　の助成費で可能となった。調査に協力いただいた皆さまに記して深謝の意を表した
　　い。

［直井　里予］

平 和 の た め の 私 の 役 割

安田菜津紀 × **金 敬黙**

1987年生まれ。上智大学卒。16歳の時、「国境なき子どもたち」友情のレポーターとしてカンボジアで貧困にさらされる子どもたちを取材。現在、TBS テレビ『サンデーモーニング』にコメンテーターとして出演中。フォト・ジャーナリスト。

1972年生まれ。東京とソウルで育つ。韓国外国語大学、東京大学大学院で学ぶ。JVC（日本国際ボランティアセンター）事務局、中京大学国際教養学部教授を経て2016年から早稲田大学文学学術院教授。NGO、国際交流、人道支援などをテーマにした研究に取り組む。

2019年3月6日

金　本日は、対談コーナーのゲストとして安田菜津紀さんをお招きすることになりました。大変光栄に思います。

安田　ありがとうございます。番組みたい（笑）。

ジャーナリストになったきっかけ

金　すでに多くの方々がご存じの、フォトジャーナリスト、あるいはさまざまな肩書をもってメディアでも大活躍されている安田菜津紀さんです。活動としては中東あるいはシリア難民問題でも活躍されていますし、もうひとつには東日本大震災（3.11）における写真も印象的でした。多くの人びとは、安田さんの写真についてはこの2つの大きなテーマから大きな印象を受けたと思います。自己紹介をかねてご説明いただいてもかまいません。「私のフォトワールド」をどのようなキーワードを用いて表現されているかうかがってもよろしいでしょうか。

安田　はい。おそらくフォトジャーナリストという仕事は、これを読んでくださる多くの若い人たちにとってまったくなじみのない仕事だと思うんです。簡単に説明をすると、写真を通していま世界のなかで、もちろんそれは日本も含めて、こういうことが起きている、こういう問題を抱えている人たちが存在しているということを伝えていく仕事です。よく「新聞社とか通信社のカメラマンさんとは何が違うんですか」ということは聞かれるんですけれど、そこに絶対的な線引きはないと思っていて……。

ただ、全国紙のような大きな新聞社の場合は、会社側が基本的にどこに行くべきかで、どういう写真が紙面で必要とされていくのかというのを決めていくでしょう。けれど、われわれのように大きなメディアに所属をしていないフォトジャーナリストは、基本的にどこに行ったらいいんだろうとか、どういう写真がそれを見てくださる方々にとって伝わっていくものになるのかということを自分の意思で決めていくことになっています。

金　なるほど。そうしますと、インディペンデント・ジャーナリストという言葉を用いてもよさそうな気がします。

安田　そうですね。当てはまると思います。

金　私はアジアプレス・インターナショナルもインディペンデント・メディアとして位置づけて考えています。安田さんはインディペンデント・ジャーナリストですね。そうすると安田さんは大手または規模はさておきどこかのメディアやジャーナリズムの世界にかつて属していて、後に独立したというパターンでしょうか。それとも、最初からその道を選ばれたんでしょうか。その道は孤独かつ自由といっていいのかわかりませんけれども。

安田　すごく話はさかのぼってしまうんですけれども、もともとこの仕事に就くきっかけになったのは高校生のときです。「国境なき子どもたち」という団体があって、そこが毎年11歳から16歳までの日本の子どもたちを2人ずつアジアのどこかの国に派遣するという友情のレポーターという、子ども記者の取材プログラムのようなものを主催しています。そのプログラムに参加してカンボジアを取材させてもらったということがきっかけだったんですね。その時に人身売買の被害に遭った同世代の子たちに出会ったということが私のなかでは大きかったんです。

大学生の時に写真という手段に出合って、この道を志しました。でも、大学生の時ってまだまだ技術的にも未熟ですし、人間関係もまだまだうまく構築しきれていない状態なので、一度就職をして、2〜3年修行してから独立をしようかなということは考えていたんですね。

そのときに野中さん（本書執筆者のひとりである野中章弘）や先輩方に相談をした時に、次のようなことを言われました。それはけっして大手のメディアの記者さんたちを否定するという意味合いの言葉ではなかったのですが、たとえば「あなたが写真そのものだったり、ジャーナリズムそのものだったり、とても抽象的なものに興味があるんであればそのまま就職をするということも道かもしれない。けれども、あなたがもうすでにやりたいテーマがあって、かつそれにすでに取り組んでいるんであれば、それはそのまま進むべきなのではないか」と。

もうその時はカンボジアのなかのHIVとともに生きている方々のことだったり、貧困の問題を取材をしていたので、たとえば「修行期間」を過ごすため現場にはいない2〜3年の間に、同じ村でエイズで人が亡くなるかもしれないし、同じ村でまた子どもが売られていくかもしれない。一度かかわらせてもらった人間として、それをどう捉えるのか、ということを言われたときに、自分のなかで腑に落ちたんですね。

私たちの手段は直接的に人の命を救ったりということはできない、とても間接的な手段です。せめて何かこの仕事で誠意あることができるのだとすれば、自分が取材でかかわらせてもらった場所にその後も通わせていただくということなのではないかということを自分のなかで考えて、大学を卒業してそのままいまにいたります。

金　最初の取材の場所、あるいはきっかけはカンボジアだったと思いますけれども、カンボジアとの出会いは偶然だったのですか。

安田　もともと海の向こうで起きていることというのはほとんど関心がなくて、自分に内面化するということはほとんどできていなかったんですね。正直、海外で起きていることに実感をもったことはなかったですし、それでいて何か人助けをしたいという意思ももたなかったんです。

けれども、これはとても私的な話になってしまうんですが、おそらくきっかけのきっかけになったのが中学2年生の時に私の父が亡くなったこと、中学3年生の時に私の兄が亡くなったことです。その後ずっと、家族とは何かということが自分のなかでのひとつのテーマとしてはあったと思うんですね。内面的に。あるいは人と人が一

緒にいられる時間というのがこんなに限られたものであるのに、それならばどうしてその限られた時間のなかで人は人を傷つけていくのかだったり。なかなか家と学校の往復のなかだけではその答えというのが出ないなかで、担任の先生が教えてくれてこの「国境なき子どもたち」の募集を知りました。

最初はぴんとこなかったんですけど、気になることがやっぱりわいてきて、まったく違う環境で生きている同世代の子たち、それはたとえば路上生活かもしれないし、何かしらの事情で学校に行けなかったり、あるいは親と暮らせない子たちというのは日々何を考えていて、家族というものをどのように考えていて、ということが気になりました。もしもまったく違う環境で生きている子たちの価値観に触れることができれば、自分のもやもやしているものに答えをくれるんじゃないかと、最初ものすごく自分本位な気持ちだったと思います。そういう意味では、やはり偶然ですね。

▌当事者と私、当事者としての私

金 日本に暮らす多くの若者にとって、次のような悩みがあるかもしれないです。つまり「私も安田さんみたいになりたいけれど、私には安田さんのような内面的な悩みや家族の話とか、深く自分の内面と向き合うような体験がないので、他者のことを親身になって考えるそのようなエネルギーが生まれてこないんです」という感じのものです。

でも私は「きっかけや原点」はだれもがもっていて、それにいつ、どのように気づ

くかが重要だと思うんです。若者から「私も安田さんみたいになりたいんだけど、どうすればなれるんですか」という質問があればどう答えますか。

安田 たまたま私は父と兄との死別というものがあってこういうきっかけになりました。でも、やっぱりおっしゃるとおり、行動を起こすには何か特別な理由が必要なのかとか、経験がないとやっぱり軸にならないのかというと、そんなふうに思い詰めなくてもいいと思います。

去年、難民問題をテーマにしたシンポジウムがあった時に、高校生が質問に来てくれて、「あなたはどうして難民問題に興味をもったの？」というふうに尋ねると、彼女の回答は興味深いものだったんです。「私は本当に食べることが好きなんです。もう一日のなかで食べるという時間が幸せすぎて」と。でも、難民問題にはまったく興味をもったことがなかった。でも、ある時たまたま家でついていたテレビ番組を何気なく見ていると、難民問題を特集していたそうなんです。その時はこの問題に興味がなかったからどこの国なのかも覚えていないそうなんですが。だけど、インタビューに答えていた難民となってしまった女の子に、記者さんが「将来の夢は何ですか」というふうに聞いた時に、その女の子が「おなかいっぱい食べることです」と答えたのが雷に打たれたような衝撃だったと……。

私が一日のなかでとても楽しみに、当たり前のように楽しめているこの時間が、この子にとっては将来の夢なんだと。一体何が起きているんだろうと思ったものの、まったくいままで興味をもっていなかった

問題なので、とにかくいまは知らなきゃと思って今日のシンポジウムに来ました、というふうに言われて、なるほどというふうに思ったんですよね。

特別な経験が必要なのではなくて、「私」という軸をどれぐらい広げられるかだと思うんですよね。それを受けてから、シリアの難民問題を伝えるときの、高校生たちに語りかける言葉が私のなかで変わっていきました。

「私」という軸を広げてほしい、たとえば一番大好きな時間を思い浮かべてみて、と。友だちと一緒に過ごすということがすごく大好きな子たちは、戦争ということが起きて、8年間友だちとそもそも一緒にいられない、連絡もつかないことが、どういう痛みなのか、ちょっとずつ想像してみようか、と。みんなのなかで勉強が好きという子がいたら、8年間というとみんなが小学校1年生から中学校を卒業するくらいまでの間の時間だよね、その間まったく勉強する機会がないってどれぐらい苦しいことなのか、ちょっと想像してみましょうか、というふうに呼びかけるようにしています。

そうすると、やっぱり何人かの子たちはすごくハッとしたような顔をしますね。自分のなかで何が苦しいのかということを考えるのはすごく大事なんですけれど、何を自分は好きなのか、何を自分はいま大事にしているのかということと向き合うことが、実は大切。自分を掘り下げるということが実は結果的に想像力を広げるということだと思いました。

金　かつてエスニック・マイノリティをゲストスピーカーとしてお招きしたこと

があるんです。話を聞いた学生が感想文のなかで、むしろそういう被差別の境遇などを経験できるゲストは、マジョリティである「私（その学生）」にとってある意味「うらやましい」という感想がありました。その感想に反論や批判をすることもできるけれど、非常に素直で素朴な感想であったと私は捉えています。これが日本の一般的な人びとの感覚なんじゃないかなというふうに。自分はとても幸せで守られていると。実は剥奪・抑圧されていながらも、自分は大丈夫なんだ、自分は普通なんだと思っているのではと想像します。

安田　なるほど。差別を受けている人たちは声を上げていい、そういう人たちは差別に敏感であるということですが、当事者以外は声を上げてはいけないとか、当事者以外は想像できないという誤解につながってしまうリスクもありますね。

たとえば去年、セクシュアルマイノリティ（「LGBTQ」の人びと）に関して、国会議員である杉田水脈氏による雑誌『新潮45』への寄稿が問題になりました。（LGBTQ の人びとに対する支援に関連し、「子どもを産まないので生産性がない」などとした寄稿）「生産性って何だ。不幸って勝手に決めつけるな」というふうに。でも、金さんの本書の文章（⇒序章・11頁、第2章・55頁）にもありましたが、傍観してしまうような人たちから、当事者でもないのに何で声を上げるんだという冷笑はどうしても生まれてくるんですよね。

でもその冷笑を認めてしまうと、私たちが何のために学んでいくのかという前提が崩れてしまう。むしろ、当事者だけにいままで痛みを押しつけてきたからこそ、この

問題は社会化されなかったんじゃないの、と。自分たちがそれを内面化して一緒に考えていきたいという声を上げないと、やっぱり多くの人たちのなかにこれが問題だという認識が生まれないと思うんですよね。

平和のかたち

金　安田さんは、「私は平和を創る」とか「平和にかかわる」ということを積極的に声に出されるパターンのジャーナリストですか。それとも、結果的に他人があなたの活動は平和を創るプロセスにコミットしていると評価するような間接的なフィードバックとして平和という言葉を使われていますか。

安田　うーん。すごく難しいところで、たぶんこの本でも直接的にせよ、抽象的にせよ触れていらっしゃったと思うんですけれど、たとえば戦争と平和というふうによく対比されて、この対比構造がそもそも適切なのかという問題があると思うんです。でも、戦争というとすごく具体的なイメージをもたれる方が多いと思うんですね。たとえば戦車を思い浮かべたり、具体的な像として思い浮かぶ。

でも、平和という言葉ってすごく抽象的でもあり、とても幅が広いという意味合いでもあるのかもしれないんです。それぞれが「平和」と聞いて何を思い浮かべますかというと千差万別で、かたちを描くのがすごく難しいところだと思うんですね。

だから、意図的に平和という言葉を抽象的に投げかけることはしないようにはしています。みんな平和がいいよねというふうになったときに、あまりにもそれって具体

的なイメージがわかないというか。でも、たとえば具体的にだれかの安心・安全をおびやかすものはみんなで一緒になくしていきましょうねという呼びかけはできるなというふうには思っているんですね。

たとえばシリアでの紛争というものすごく大きな構造的な問題から、身近ないじめの問題だったり、そういうところにもつながってくると思うんですね。だれかが安心・安全にその日眠りにつけないという状態は、私たちの身近にもあると思うし、そういう具体的な投げかけをするようには心がけています。

金　「祈る平和」と「創る平和」という概念を借りてくるとしたら、どちらかひとつじゃなくてもいいんですが、安田さんのお仕事はどのように表現できますか。

安田　私の仕事をあえて言葉で説明するとすれば、特に中学生・高校生だったり、自分より若い世代に投げかけることを大事にするようにしているので、まず「祈る平和」から自分のなかを変えていこうか、と。その上で、そのことを行動に移すということが成り立つんじゃないかなというふうに私は思っています。

たとえば、中学生・高校生にシリアのことだったり被災地のことだったりをお話したとしても、自分が高校生の時にほとんどできることが何もなかったように、できないんですよね。ものすごくお金があるわけではないし、社会人のように自分で自由にお金が使えるわけではないし。たとえばお医者さんのような技術があるわけではないし、何をしていいかわからない。もう祈ることしかできないじゃない、となる。でも、そもそも何かをしたいという意思が生

まれなければ、たぶんその後の行動にはつながらないと思うので、その無力感とかを一緒に忘れないでおいてほしいということは伝えるんですね。

たとえば中学校で講演をして、東北の被災地のお話をしたとしますよね。そこでやっぱり何かしたいけど何もできないという思いをもってくれた子たちが高校生になってようやく私が開催してきた東北にお邪魔するスタディーツアーに応募できるようになりました、と一緒に来てくれたりする。その順序は絶対的ではないにしても、そういう道筋をつくることが大切なのかなということは思いました。

金　かつてハイチで大地震が起きた時に、日本のある若い人が千羽鶴を送ろうとネットで言った。そしたらそれが炎上したんです。鶴は現地ではあまり良いイメージではないとか、被災者の役に立たないじゃないかと。でも、私は当事者の「祈る平和」という気持ちは大切だと思いました。たしかにハイチの人びとの緊急救援の物資として、千羽鶴というのはそれほど大きな意味合いを直接はもたない。けれども、僕は彼女の行動が次の現場でなんらかの力になりうると思ったのです。おっしゃったように「祈る平和」のマインドがないと、「創る平和」にもつながらないんじゃないかというふうにも思っていますね。

■ フィールドだからこそ学べるもの

金　現地に一緒にツアーに行かれた若者たちに何を伝えているのですか。別にカメラの技術を教えに行っているわけじゃないはずなので。

安田　はい、もちろんです。特に高校生は多感な時期ということもあって、私はもちろん日程だったり大枠は整えるようにしているんですけれど、それぞれの視点をもって取材をしましょうね、ということを大事にしています。たとえば民泊をしたりですとか、それは私たちスタディーツアーを主催する大人たちの手を離れて、地元の人たちと直接交流する時間なんですよね。同じ悲劇を繰り返してほしくない、だったり、あるいはまた東北に来て、東北のいいところも伝えてほしい、だったり、そういう生の声を高校生たちはダイレクトに受け止めるんですよね。

高校生たちは帰ってからいろんなことを行動に移します。たとえば自分の高校で防災サークルを立ち上げたという子もいますし、災害について自分の家族はどちらかというとのんきだったけれども、いろんな話をして、じゃ、一緒に水を買いに行こうかとか、家具を一緒に固定しようか、と家のなかから変えていった子というのもいますし。将来の夢が変わった子もいるんですね。その子はなんとなく理系というふうに進路を考えていたけれど、津波の塩害が発生するということを知って、たとえば塩に強い作物ってどうやったら作れるだろう、そういう研究をしようと思いました、と具体的に話してくれました。それまでなんとなく遠い場所のなんとなく大変そうな問題、というのが一気に、具体的な出会いを通して、東北で出会ったこの人が伝えてくれたこの言葉を実践したい、というふうになるんですね。

やっぱり高校生が行動する意味って、彼ら／彼女たち自身が変わっていくというこ

ともあるんですけれど、それによって大人が変わっていくんですよね。防災サークルを立ち上げた子たちなんかは、校長先生たちに「ここの棚は危ないですよ、先生」とはたらきかけたり、家庭のなかでも一緒に避難経路を確認していこう、だったり。現地で、具体的な「あなた」と「私」という関係性を結んだからこそのモチベーションで、今度は大人たちを動かしていくことに私は意味があるのかなというふうには思っています。

金　特に未成年の高校生を連れて学校外に赴くときに、保護者や学校側の抵抗や懸念との葛藤はありますか。協力的な部分でどう現場に連れて行くか、現場で何を学ばせるのかということがひとつのメッセージでありながらも、壁でもあるような気がします。

安田　特に、たとえばこれをするな、あれをやってはいけないというすごく細かな規定というのは私たちのスタディーツアーにはないですし、保護者や学校からの問い合わせがあっても、行くこと自体、あるいは現地でどう行動するか、高校生自身の意思を大切にしたい、ということをお伝えしています。ただ、現場で何を学ぶのか、ということに関しては、私たちはあくまでもよそ者としてお邪魔をしているということはみんなで確認をし合います。「これはあくまでも私の考え方」という前提で高校生たちも共有するんですが、取材というのはすべて「いただきもの」だと思っています。相手に時間をいただく、その場にお邪魔させていただく。で、私たちが大人数でお邪魔することによって、もしかするともっと静かにさせてほしいというふうに

思う方々もいるかもしれない。そういうことを自覚した上でどう行動しますか、というのをそれぞれ考えましょうと呼びかけています。あと、カメラだったり、1枚の写真というのがもしかするととても大きく人を傷つける可能性があるかもしれないということで、私は必ず陸前高田の高田松原で唯一波に耐え抜いた、一本松の話を最初にするようにしているんですね。

金　安田さんのウェブ・ギャラリーにもその写真がありますね。

安田　そうですね。あの一本松は震災直後にどうしていいかわからないとき、私がほぼ唯一、写真を撮れたものです。私は「ああ、これはすごい。希望だ」とあの時感じていたんです。7万本の中から1本だけ波に耐え抜いたんだから、これってなにか力を与えてくれるものだと思って、私は夢中でシャッターを切りました。陸前高田市は義理の父母が暮らしていた町でした。義理の父は一命をとりとめましたが、義理の母は津波で亡くなりました。だからこそ、やっぱり父に見せたかったんですね。ようやく陸前高田のことが伝えられた、こういう写真を撮ったんです、と。

そうしたら父が、「あなたみたいに前の7万本の松原と一緒に暮らしてこなかった人間にとっては"これはすごい"と、希望の象徴に見えるかもしれない。だけど、前の7万本があったころと毎日毎日一緒に暮らしてきた自分たちにとっては"えっ？7万本だったあの松林が、1本しか残らなかったの？"ってと思えてくる。これは、波の威力を象徴するもの以外の何ものでもないし、見ていてつらくなるし、できれば見たくなかった」ということを言われて、

ハッとしたんですね。

高校生たちに語りかける時に気をつけているのは、これは陸前高田の方々の総意ではないことも一緒に伝えるにしています。あの松を希望だと思って心の支えにしている人だって町のなかに確実にいる。だけど、私たちは何を伝えるべきなのか、伝えるってどこに軸をおくべきなのかということを考えた時に、希望の声はどうしても大きくなる。だけど、義理の父は特にそうでしたが、希望の声が大きくなるほど、自分は希望に向かえていないから駄目なんだ、復興のために力を尽くせていないから駄目なんだというふうに、逆に追い詰められてしまう人もいます。

私たちがいま見ようとしている希望は、だれのための希望なのか、だれにとっての希望なのか。それを発信する、あるいはシャッターを切るという前に、ちゃんとコミュニケーションをとって人の声に耳を傾けたのか。それをみんなで大事にしながらこの4日間を過ごそうね、ということだけはみんなで確認をし合いました。

一人ひとりには役割がある

金 なるべく若いうちにそういう体験や経験、問題意識、視点を取り入れることが大切だと思います。どのようなメッセージを心がけていますか。

安田 やはり中高生や大学生にお話しするときに、「みんなでジャーナリストになりましょう」じゃないし、みんなでシリア問題のためにいますぐ行動してくださいということを押しつけたいわけではないんですね。ただ、役割を少しずつでもいいか

ら持ち寄ってみようか、というお話はするようにしています。

先ほどのお話に戻ってしまいますけれど、写真というのはものすごく間接的な手段です。たとえば、ISとの戦闘が激しいころのイラクで取材中、病院に行くと子どもがどんどん亡くなっていって、さっきいた子どものベッドに今度見たら次の子どもがまた手術台に寝ているという状況で、もうどうしていいかわからなくなるんですよね。私たちが何枚シャッターを切ろうと、その子の傷をいやせるわけではないし、被災地であれば私たちがどれくらい写真を残そうが、それでがれきはのけられないし、避難所の人たちだっておなかいっぱいにならない。もう意味がないじゃないか、というふうに思うことも正直あります。

どうして学生の時に医者になろうということを思わなかったんだろうかだったり、NGO職員だったらもっと現場で寄り添えたかもしれないじゃないかということは思うんですけれども、その時にシリア難民支援にかかわるNGOの方が、「いやいや、これは役割分担なんですよ、菜津紀さん」と話してくれたことがありました。

「自分たちNGO職員はたしかに、現場に踏みとどまって人に近いところで活動し続けることはできるかもしれない。だけど、現場がいっぱいいっぱいであるほど、ここでこんなことが起きている、こんな助けが欲しい、と伝えることに力が割けなくなっていく。あなたは少なくとも通い続けることはできるでしょう？」と。ここで何が起こっているのかということを世界に発することができるじゃないか、これは役割分担なんです、ということを言ってくれた

んですね。

いまの中高生たちはこれから将来の道を切り拓いて自分たちの進路を選んでいくと思うんですけれど、みなさんがどんなこれからを選んでも、どんな立場に将来立ったとしても、必ず持ち寄り合える役割があって、それはたとえばNGOに入るとか、国境なき医師団に入るとか、直接的なものもあれば、今月貯金がいつもよりたまったから、現場にいる人たちを支えるためにちょっとだけ寄附してみようかなとか、そういうことでもいいんだよと。すべては役割分担だし、その大小はあるかもしれないけれど、そこに優劣はないんだということはお話をするようにしています。

なぜ、写真にこだわるのか、言葉とのバランスについて

金　表現という枠の話に移りますね。安田さんは写真（静止画）を選ばれているわけですけれども、表現手段には動画もある。カメラもボタンを切り替えれば動画にもなるわけですよね。

安田　はい。

金　なぜ写真なのか。そして、撮った写真のなかでどうセレクトしていくのかというのがひとつ目の質問です。そして、もうひとつの質問は、当然言葉や文章というのが伴ってくると思うんですけれど、どのぐらい言葉、文章に対しての節制・抑制を重視されているのか。ウェブサイトのギャラリーとかを拝見すると、非常に節制・抑制された言葉の表現なんですね。たくさんは語られない。そこにはなんらかの意図、あるいは目的があるのかということです。

安田　ありがとうございます。写真である必要性というのはよく聞かれるんですけれど、たとえば私たちが本屋さんに行って本を手にとる時って、もともとその本の内容に興味があるから手にとると思うんですよね。この文字情報に。たとえば映画館に行って映画を観る時も、その映画を観たいと思うから映画館に足を運ぶ。でも、写真って、暇だなと思って何気なく開いた雑誌の中かもしれないですし、街中のポスターかもしれないですし、日常のなかにあふれていて。その写真がもし力のある写真であれば、パチッという瞬きをする一瞬で、「あれ？　これは何だろう？　何が写っているんだろう？」というふうに、無関心だったものを関心に引き寄せることができる。「知りたい」という最初の扉を開いてくれるのが、写真の役割だと思います。

「ここに写っている人たちはどんな人たちなんだろう？」とか「何が起きているんだろう？」と、もっと知りたいと思ったら、その扉をくぐって、たとえばもっと情報量の多い文字かもしれないし、動画の役割かもしれないんですけれど、0を1にするという最初の役割を果たすのは、写真が適しているのではないかなと。

それは自分のやりたいことにも合致しているんです。高校生の時にカンボジアに行った後、自分がそうだったように、もともと周りはすごく海外に興味がある子たちばかりではなかったんですよね。だから興味をもってもらうにはどうしたらいいんだろうかという試行錯誤のなかで、写真という手段に行き着いたんです。

カンボジアから帰ってきて、その前とは打って変わって伝えることに燃える高校生

になったんですよね。「なんとしてでも現地のことを伝えなければ！」という感じで。でも、何をしていいかわからず、でもずうずうしさだけはあったので、いろんな雑誌社、新聞社に電話をかけました。「記事を書かせてほしい」と。いまから思うとよく応じてくれたな、と思うんですけど、その応じてくれた雑誌のひとつが岩波の『世界』という雑誌でした。編集者さんにとっては冒険ですよね。

金　ほお、めちゃくちゃ大きなところが（笑）。写真でですか？（笑）。

安田　いえ、原稿の執筆です。写真はそのときまだ本格的にはやっていなかったので。掲載いただいて、ようやく伝えられる、と思ったんです。もちろん『世界』はすばらしい雑誌だとは思うんです。ただ、同世代の高校生に読んでくださいというのは、硬派で分厚くて、ちょっとハードルが高い、ということにすぐに気がつきました（笑）。

金　ははは（笑）。

安田　ああ、これは興味のない子たちに勧めるにはきっとハードルが高い、とすぐに思ったんですね。でも、教室の中で何気なく「夏休みにカンボジア行ってきてさ」と机で写真を友だちに見せていると、「ねえねえ、どこへ行ってきたの？」って、普段はほとんど会話をしないような同級生が話しかけてくるんですよね。写真ってそういう力があるのか、ということに少しずつ気づき始めたのはそのころです。見せ方とか選び方、ですよね。

きっと撮る段階だけではなく、写真を選ぶときにそれぞれの個性が出てくると思うんです。「北風と太陽」というイソップ物語の童話がありますよね。太陽と北風、旅人のコートをどちらが先に脱がせるか、というお話にこの写真選びをなぞらえることがあります。たとえば、難民問題や貧困、とても厳しい現状を取材しながら、苦しんでいる方々がいるということをちゃんと伝えなければならない一方、こんなにもつらいことが起きている、という「北風の写真」を吹きつけるだけでは広がりきらない面もあると思うんです。もともと興味がある人たちは、「そうだ、そうだ、もっと知らなきゃ」となると思うんですけど、もともと興味のもてない方は「もうそんなつらいものは見たくない」、というふうに、心のコートを着込んでしまうと思うんですよね。

でも、そこにたとえば太陽のような温かい写真があったとすれば、「あれ？　これは何だろう？　何が写っているの？」というふうに、人って心のコートを脱いで、触れたいと思ってくれるように思うんですね。だから、必ず太陽を感じるような写真も選ぶようにしています。

ただし、太陽がいかに温かいかということは、北風がどれくらい冷たいのかということを知らないと実感することはできないと思うんです。一概にそれを二分することはできない、二項対立にはできないんですけれど、やっぱり両者必ず真正面から向き合った上で伝えるということを大事にしています。

金　特に写真は技術が発達するにつれて、広がりの面では増えているんだけれども、浅はかなレベルでとどまってしまうという誤解を与えてしまう部分もあるような気がします。たとえば伝えたいことが誤解

されて伝わってしまう場合とか、もっと奥のものを伝えたいのに入り口の表面的なものだけがそれを見る人に捉えられてしまうというリスクがある場合に、それは撮影者の意図を言葉などで伝えるべきなんですか。それとも、それは見る人にゆだねるべきなんですか。

安田 それが文章の添え方にもつながってくると思うんですよね。写真家さんのなかには「写真だけで伝えるべきだと」という方もいますし、そのスタンス自体を否定はしません。ただ一方で、相手にゆだねすぎることによって、あらぬ方向にとられてしまったりするリスクもあるかと思います。それは結果的に、被写体となってくださっている方々を傷つける可能性もあるわけですよね。なので、文章を添えるときに必要最低限の説明といいますか、状況というのは伝えるようにはしています。

ただし、この写真をこう見てくださいというふうにフレーミングしすぎる言葉を添えてしまうと、やっぱり見る人が「あっ、そうなんだ」と納得して、それ以上考えることをしなくなってしまうかもしれない。すごくバランスが難しい。絶対的な答えがないんですけれど、思考するための余白を残しつつも、ただしあらぬ方向に解釈をされることによって被写体の方を傷つけることがないように、という最低限の配慮をする言葉を添えるようにはしています。

金 取材を通じて、自分がちょっと「人を傷つけてしまったなぁ」とかの感情を抱くことはありますか。

安田 いま、日本に逃れてきた難民の方々の取材をしているんですね。この問題に長く取り組んできたNPOのみなさんと一緒に進めているんですけれど、法的な問題がかかわってきたり、母国での問題がかかわってきたり、ものすごく慎重にならなければいけない問題だと思うんです。これは実際に傷つけてしまったのではなくて、直前に防げたことではあるんですけれど、とある国から逃れてきた、まだ難民認定を受けていない女性を取材させていただいた際のことです。私が最初に書いていた記事のなかでは、お父様のお仕事を〇〇業界の関係者というふうに書いていました。それでもぼかしたつもりだったんですね。でも、一緒にやっているNPOの方に見せたら、この民族の方々というのは仕事につける選択肢がとても限られているので、〇〇業界の関係者と書くだけでだれなのか特定される可能性がある、だから省くかもっとぼかしてください、というコメントをいただいたんです。

たとえば記事を載せる側、媒体側としては、いやいや、具体的に書いてくれたほうが説得力が出る、というふうに、読者も想像しやすい言葉を選ぼうとすると思うんです。でも一方で、これを書いてしまうと個人が特定されて、その人を結果的には守れなくなってしまうリスクというのがあるんだ、と。ではどっちをとるかというのはもう明らかだと思うんですね。絶対にその人を自分の取材で窮地に追い込むようなことがあってはならないわけですよね。

きちんと意思確認をそれぞれにしなければ、もしかしたらその記事は精査しきれないまま掲載されてしまったかもしれませんし、ひとつの言葉の書き方次第で下手をすればその人の生死を左右しかねないことがあるんだということを、改めて痛感しまし

た。

加害者、被害者の構図の連鎖を超えて

金　2つの話についてうかがいます。ひとつは、アイデンティティの話について。そして、もうひとつは共生と和解についてです。具体的には、東アジアの日韓の例でもよいし、日中の例でもよいです。たとえば、関東大震災をめぐる舞台化やフィクションにすることなどは、文化やアイデンティティが敏感に作用しやすくなりますね。史実が芸術化あるいは文芸化される時、部分的にフィクションも介在したり、ドラマチックな描写につながることがある。観客や読者の反響は大きくなりますが、場合によっては被害者の怒りや怨念を刺激し、コンフリクトを助長してしまうリスクもあります。

安田　私の話になってしまって恐縮なんですが、私には異母兄が1人いました。小さいころ、兄は父に対して敬語をずっと使っていたんですね。私は幼いながらに「なんで敬語使っているの？　なにかよそ

の家の人みたい」というふうに言って、父も兄もそのたびにあいまいに笑うんですよね。私は聞いちゃいけないことを聞いちゃったかもと思って、そこから尋ねなくなったということがありました。その後、私の母と父は離婚し、小学校3年生から、私と妹は父と離れ、母と暮らすことになりました。

父が亡くなったのは私が中学2年生の時、その1年後に兄が亡くなりました。カンボジア渡航前、パスポートをとる関係で戸籍などを見なければいけないので、そのときに初めて父が韓国にルーツがあったということと、一緒に暮らしていた当時、兄を認知していなかったということを知ったんです。私は父が兄に敬語を使わせたり、兄を認知しなかったりで、なんでこんなに父が兄を冷遇したのか、と思ったのです。

在日コリアンであることをなんで隠していたのか、ということについても、父親に対して不信感をもったんですね。さらにネットで調べてみると、掲示板などで在日の人たちに対して、汚い言葉がウワッと書いてあって、こんなことを言われているんだったら、自分のルーツが韓国にあります、なんて言えないじゃない、みたいな感じで……。後ろめたいことだと感じなくてよいことなのに、なんで自分は後ろめたいと思っているのだろうと、もやもやしていた時期がありました。

ただその後、私の見方が決定的に変わったのが、国籍法のことを調べた時です。私が生まれたのが1987年ですが、1985年に国籍法は改正されています。兄は13歳上なので、国籍法が変わ

る前に生まれています。兄の母（日本籍）と父（韓国籍）が結婚し、兄を出生前に認知していた場合、その当時は、息子は絶対に父の国籍になってしまう。もちろん「在日」と呼ばれる方々のなかにも、さまざまなルーツの、いろんなバックグラウンドの方々がいます。ただ、親戚や父の知人にいろいろな話を聞いて総合してみると、父は在日であるということでどちらかというと嫌な思いをしてきて、この子が韓国の国籍で生まれるか、それとも、結婚していない夫婦のあいだに生まれる、いわゆる非嫡出子として生まれるか。もし後者だと戸籍にも「男」と書かれてしまいますよね、「長男」ではなくて。それが就職差別にもつながるのではないかと指摘されてきました。でも、どちらが幸せに生きられるのかというのを父なりに天秤にかけたようなんです。それで、父のなかでは、韓国の国籍として生まれないほうがよいのではないかという判断を彼なりに下したということなんですね。

兄が出生後に、父が兄の母と結婚して認知すれば、兄は日本国籍のまま嫡出子となれたはずでした。ただその前に父は、日本国籍を取得しようと試みたんです。その手続きが完了する前に、兄の母は他界してしまいました。

それで、だいぶ私の過去に対する見方というのは変わっていきました。父は別に兄を冷遇したわけでもなかったし、子どものことが憎かったわけでもなかったのだと思います。父なりの愛情で選択していったときに、こういう選び方になったんだと。

言えることは2つあると思っていて、本書の本文のどこかに書いてあるような、た

とえば在日はこうであるとか、韓国人はこうであるというふうに大きな主語で語れるものではないなということを自分のなかでは実感しました。同級生に在日ルーツの子たちがいても、私とは全然違う家庭のなかで育ってきていますし。もうひとつ、私たちが何のために学ぶのかということもそこで実感しました。かつてはこう思っていた、ということも、いろんなファクトを集めてくることによって、その「過去」に対する考え方って変わるんだなという。

私たちがなぜ学び続けるのか、学ぶってどんな希望があるのか、これが私のなかで大きな気づきであったと感じました。

金　東アジア特に日韓、日中などの関係で過去をなかなか克服できない理由について何かお考えのことはありますか。

安田　一昨年、ポーランドのアウシュビッツ・ミュージアムにお邪魔しました。中谷剛さんという日本人唯一の公式のガイドさんがいらっしゃって、どうしても彼の話が聞いてみたくて行ったんです。アウシュビッツ・ミュージアムの中を一周したときに、彼がこう言ったんですよね。「みなさん、お気づきですか。一周してもヒトラーの写真が1枚もなかったですよね、この中に」と。あの虐殺というのは、ヒトラー1人が起こしたことではなくて、"障がい者は娑らない"とか、あるいは"ユダヤ人なんて出て行けとか"、街角のヘイト・スピーチから生まれてきたものなんです、と。

たとえば日本に帰ってみて、いま日本が街角のヘイト・スピーチとジェノサイドとのあいだのどこにいるのかというのを考えてほしいということを言われて。質問の答

えになっているかわからないんですけれど、どうしても日中韓の問題を近視眼的にばかり捉えてしまうと、憎しみであったりですとか、あるいは嫌悪感が増幅してしまうことがあると思うんです。でもこのまま、街角のヘイト・スピーチを放置しておけば、またあってはならない歴史が繰り返されてしまうかもしれません。だからこそいったん落ち着いて、ほかの場所から、たとえば地理的に遠い場所であっても、教訓をもって帰ってくることが大切なのではないかと思います。外に出るというのは、私はそういう意義があるんじゃないかなと思いました。

正義のための暴力・戦争はありうるのか

金 　暴力とか正義の戦争だとかっていうことにちょっと絡んでうかがいます。たとえばシリアでもそうだし、他の紛争地帯や難民が逃げてくるような場所に行った時に、それをどう解決していくかという問題があります。国際社会はどうしても暴力を使う傾向があります。アメリカを中心にした多国籍軍や有志連合とかがそうですね。暴力を使うということに対して、現場で取材してきた安田さんとして、そのような暴力、武力行使をどう思っていますか。

安田 　認める・認めない以前に、そもそも何のため、なぜということの精査ができていないことが多いように思います。近年世界で起きている紛争では、それぞれの勢力が、これは「テロとの戦い」なんだということを掲げていますよね。

ただ、「テロ」とはそもそも何か。それはだれにとってのものなのか。なぜそれをテロと呼ぶのか。こういうことがいまひとつ明確にしきれないまま、「テロ」という言葉はものすごく強いインパクトをもって恐怖心をあおります。

いやいや、「テロ」はやっぱり怖いからそれに対して何かしなきゃ、というのはおそらく多くの人たちが思うことだと思うんですよね。だからこそ本当は慎重にならなければならない。

「テロとの戦い」という言葉を用いるとき、それはほとんどの場合イコールで何かを悪魔化するということにつながると思うんです。

シリアでいえば象徴的なのは IS ですよね。でも、IS はなんでそもそも生まれてきたんだろうか？　と考えます。イラク戦争が起き、その後、米軍が撤退しましたよね。その空白地帯で起きていった迫害や虐殺のなかで、人びとの“受け皿”となってしまった勢力だったわけですよね。その複雑な情勢をみないと、なぜ生み出されてしまったのか、生み出される過程にそもそも自分たちは加担をしてこなかったかという視点が抜け落ちたまま、「そうだ、そうだ、これは怖いからたたかなきゃ」ということになっているのが私はすごく危ういと思います。

先月、シリアに渡航したときに、IS 関係者 4 人にインタビューをしました。聞けば聞くほどわからなくなる。IS とはこうである、というのが言えないというのが私の正直な印象でした。この取材ではまず、若い兵士たちにインタビューをしたいとお願いをしていました。2 人とも十代でシリアに渡航し、IS に加わっています。それ

ぞれイギリス出身、チュニジア出身でした。ISって貧しい人たちが差別に苦しんで吸収されていったと思われがちですよね。たしかにそういう面もあるんですけど、2人とも親を含めて高学歴でした。イギリス出身の方はもちろん英語が母語でしたが、チュニジアの彼も全部英語で取材ができるほどの英語力をもっていました。

イギリス出身の男性はバングラディシュの移民系だったので、ISに加わった理由としてイギリスにおける差別や偏見があったからだと思われるかもしれません。けれども彼のISへの参加動機は別のところにありました。たとえば、アサド政権という人びとを弾圧し続けてきた政権がある、これを倒すにはどこの勢力に属すれば、一番セキュリティが守られた集団として戦えるかといったらISだった、とか。どこかの国の息がかかっている勢力が多いなかで、一番ISが自決権をもっているようにみえた、とか。彼らなりに"合理的"に考えて加わっていったのだと証言しました。

また、ISの戦闘員の妻となった女性たち、それぞれインドネシア出身、ベルギー出身の方にもインタビューをしました。インドネシア出身の女性に「あなたはどうして宗教に傾倒していたの?」と聞いたら、「きっかけは失恋」と答えたんです。それまでほとんど宗教に興味がなかったけれど、失恋して、自分の心のよりどころが徐々に宗教になっていった、と。ベルギー出身の女性は、自分の家族関係がうまくいっていなかったそうなんです。近所にたまたま移民系のムスリムの家族が住んでいて、あの家族はなんであんなに仲がいいんだろう、と出入りするうちに、自分もイス

ラム教徒になっていたそうなんです。

インドネシア出身の女性に「後悔している?」と聞いたら、「Yesかもしれないし、No」という答えが返ってきました。ISというのはフェイクだらけの集団だった、そんなところに参加してしまったこと自体は後悔しているけれど、たとえインドネシアに残っていたって両親が私の人生をコントロールしていただけよ、と。

もちろんISがこれまで行ってきた数々の残虐行為は到底見過ごせるものではありません。ただ、語弊を恐れずにいえば、だれしもが加害者になった可能性がこんなにも大きかったという事実に私は正直驚いたんですね。彼ら／彼女たちが、私だった可能性は本当にゼロなのだろうか、と。彼ら／彼女たちは私たちとは違う異常な集団だというふうに切り離して思考を止めてしまうと、また同じことが繰り返されると思うんですよね。「テロとは闘うべきだ」ということを掲げる前に、この「なぜ？　なぜ？」の問いかけが抜け落ちたままに戦争がなされているということに対する危機感は常にあります。

金　単純に正義の戦争はあるのかというふうに問われたときに、どう答えますか。正義の戦争はあるのか。あるいは、平和のための戦争はあるのかというね。

安田　難しいところです。たとえば自分の取材でもかかわっているところですが、たとえばISがイラク側のシンジャールというところに侵攻してきて、たくさんのヤジディの人たちが山の中に取り残されましたよね。夏だったので、飢えと渇きで多くの人が亡くなっていきました。彼女たちを救出するのは、やはり空爆がなければ

難しかったと思うんですね。具体的にみていくと難しい判断のところはあると思います。

ただ、中学校・高校に講演に行って「必要な戦争ってあるんですか」ということを聞かれるんですが、「必要な戦争なんてないというふうに大人が言わなければいけない」と私は答えました。

何のために政治があって、何のためにわれわれがメディアなり選挙という手段を通して政治にはたらきかけるのかといった時に、政治も、もっといえばジャーナリズムも、最後まで武力ではない手段を模索し続けるために存在するんだと思うんですよね。その役割を放棄してはいけないというふうに私は思っています。　　　（終了）

付記：本対談は、2018年度、早稲田大学韓国学研究所が韓国国際交流財団から助成を受けて取り組んだ研究成果の一部である。この場を借りて感謝の意を表したい。

おわりに

　本書の構想は2017年の5月に法律文化社 編集部の舟木和久さんが東京出張の際に、早稲田の研究室にわざわざ立ち寄ってくださったことから始まった。以前私は、何人かの仲間と同社から『教養としてのジェンダーと平和』という大学の教科書を刊行する機会に恵まれた。その後私がもう少し平和学に関する書物を発展的に書いてみたいと、無茶ぶりをしたことについて、舟木さんがご丁寧に話を聞きに来てくださったのである。

　今、その時の「たたき台」企画をパソコンのフォルダーから開いてみたら、なんとビッグ・マウスなことが冗長にもつづられていた。たとえば、ヨハン・ガルトゥング氏の「構造的暴力」に劣らない「ポスト・ガルトゥング」的なアプローチを模索してみたいとか、国際政治学のおまけ的なイメージを払しょくしてみたいとか、私も中年層に突入したので、平和学分野の後輩や若手を育てる責務を感じるとか、社会学や文化人類学の研究者も念頭において都市問題を通じて平和を語ってみたいとか……。まるで、学部のAO入試で高校生が書く自己推薦文のような抱負が書かれていて、思わず赤面してしまった。

　それでも、舟木さんはそんなビッグ・マウス構想を社内企画として頑張って通そうと努力してくださった。もちろん、スムーズに企画が通るはずがない。度重なる修正と舟木さんのマイルドな「調停」を経て、まずは手弁当研究会形式で企画を進めることにした。こういう時に悩まず相談できたのが野中章弘さんであった。第2野中研究室と呼ばれる大学のカフェで私の話を黙って聞いてくれた彼は、微笑みとともにプロジェクトの参加を表明してくれた。それにとどまらず、アジアプレス・インターナショナルの仲間であり、研究と実践の両方にかかわっている直井里予さんと森本麻衣子さんを誘ってくださった。上記のメンバーに南雲勇多さんを加えて、2018年1月下旬、第1回目の「アジアの文化と越境」研究会が早稲田大学の金研究室で開催された。

　企画の社内承認も得ないまま見切り発車をし始めたこの集団に「恐れ」を抱

いた舟木さんは、2018年4月1日東京荻窪の某喫茶店で私と2時間弱の作戦会議を行った。「出張のついでに……」という言葉はもしかしたら「フェイク」であり、この企画の延期または保留を模索するために新年度早々、京都から上京されたのではないかと今さら思ったりもする。ところが、空気が読めない私は、話をさらに進めてしまい、若手研究者、鄭康烈さんまで巻き込んでしまった。「手弁当形式の自主研究会」という言葉は水戸黄門の印籠みたいな不思議なパワーを発することがある。「あとがき」のためにメールや企画書類を読み直してみると、2018年5月に条件つきで社内承認を舟木さんは頑張って勝ち取ってくださっていることが読み取れる。気づくのが遅すぎたかな⁉

　私たちの研究会は、映画上映トーク企画や安田さんとの対談企画を含めて、計10回開催し、本書の初稿が2019年5月に出そろった。構想から2年、見切り発車から1年と4か月。日常の忙しさを考えるとなかなかスピーディーにできた気がする。でも、それまでどれほど舟木さんはドキドキ、ハラハラを繰り返していたのだろう。なるほど、東京出張があれほど多かったのはそういうことだったんだ！　まあ、結果オーライということにしましょう。ここまで来てしまったのだから。何よりも、書き手の私たちが読者のみなさんに読んでいただきたい、と心から思っているのだから。

　たしかに、私たちのこの作業が今すぐ誰かの命を救ったりすることはない。でも、対談で安田さんの言葉にあるとおり、これが私たちの平和を創るための役割なのである。今までどおり、否、今まで以上に、私たちは少し「癖」のある人たちでいようと思う。そうすれば、必ずどこかで、だれかのために役立つ気がする。

　共同研究を通じて成し遂げられた成果は何だろう。学術的な貢献などは、希望的な観測であり、これからの読者に託すしかない。しかし、執筆陣にとっては、自らの立場と行動する原理を再確認できたのではないかと思う。また、これから卒業論文・制作を含む研究活動に取り組む人に対して、まずは歩いたり、モノやヒトに触れることから問題意識を発見することの大切さを伝えられたのではないかと思う。そして、平和の風景を描くために「越境」「共生」「和解」といった本書の方法が活用されることを楽しみにしたい。

何よりも、私たちは異なる専門領域のメンバーが越境してこの共同研究プロジェクトを立ち上げた。にもかかわらず、これほど共鳴しあうことができた理由には、だれもが大切に思う「現場」がそれぞれに存在していたこと、そして「対話」を大切なアプローチとして捉えていたことによるのではないかと推察する。現場と対話。この２つのキーワードも忘れないでほしい。

　本書の刊行にあたって、法律文化社の編集部の皆さまには本当にお世話になった。原稿の一つひとつを丁寧に読んでコメントをくださった舟木さんはもちろん、瀧本佳代さんの丁寧な校正作業に深く御礼申し上げたい。「本当にありがとうございました！」そして、執筆陣の森本さんも全体の原稿を通読し、的確なコメントを出してくださった。それ以上に研究会ではメンバーからの鋭い分析にお世話になり続けた。

　そして、本書は、科学研究費基盤C（18K11828）ならびに韓国国際交流財団の早稲田大学韓国学研究所への助成事業の一部の成果であることも付記したい。また、当初手弁当形式で始まったこのプロジェクトは、早稲田大学ジャーナリズム研究所の研究活動として位置づけることができた。この場を借りて感謝の気持ちを表明したい。

2019年7月

編著者　金　敬黙

執筆者紹介（執筆順、＊は編著者）

＊**金　敬黙**（キム　ギョンムク）　　序章・第1章・第2章・第4章、コラム1・コラム4、対談

早稲田大学文学学術院　教授

［主な業績］

風間孝・加治宏基・金敬黙編著『教養としてのジェンダーと平和』法律文化社、2016年

［学生へのメッセージ］

便利でデジタルな時代だからこそ、道草してみたり、アナログにこだわってみたりして、自らリアルなモノやヒトの手触りやぬくもりを感じてみましょう。

森本麻衣子（もりもと　まいこ）　　第6章、コラム2

カリフォルニア大学バークレー校文化人類学部　博士課程在籍（Ph. D. Candidate）／アジアプレス・インターナショナル所属

［主な業績］

「戦争・紛争と人権」ヒューマン・ライツ教育研究会編『ヒューマン・ライツ教育──人権問題を「可視化」する大学の授業（青山学院大学総合研究所叢書）』有信堂、2015年

［学生へのメッセージ］

この本を読んだあなたは、どんな魂の「越境」の旅を経験するのでしょうか？　どこかで報告をきけることを楽しみにしています。

野中　章弘（のなか　あきひろ）　　第3章、コラム3

早稲田大学教育・総合科学学術院　教授／アジアプレス・インターナショナル代表

［主な業績］

責任編集『ジャーナリズムの条件4　ジャーナリズムの可能性』岩波書店、2005年

［学生へのメッセージ］

知性とは「他者の言葉に耳を傾ける（忍耐）力」だと思う。社会の声なき声に耳を傾ける力をつけていこう。

鄭　康烈（チョン　カンリョル）　　第5章、コラム5

一橋大学大学院社会学研究科　博士後期課程在籍

［主な業績］

「在日コリアンの一般労働市場への編入に関する一考察──日本企業のアジアへの市場拡大とブリッジ人材としての役割期待」『ソシオロジ』195号

［学生へのメッセージ］

他の執筆者の先生方と、楽しみながら執筆しました。テキストを通じ、少しでも読者の方々の学びをお助けできれば幸いです。

南雲　勇多（なぐも　ゆうた）　　第7章

東日本国際大学経済経営学部　特任講師

［主な業績］

「子どもと若者」田中治彦・三宅隆史・湯本浩之編『SDGs と開発教育——持続可能な開発目標のための学び』学文社、2016年（甲斐田万智子氏との共著）

［学生へのメッセージ］

学ぶことは生きること。だからこそ自分なりの学びの「型」を創ることが自分らしい生き方や社会づくりへつながるのだと思います。

直井　里予（なおい　りよ）　　第8章

京都大学東南アジア地域研究研究所　連携研究員／アジアプレス・インターナショナル所属

［主な業績］

ドキュメンタリー映画『アンナの道〜私からあなたへ…』（釜山国際映画祭2009出品他）

［学生へのメッセージ］

人と人との争いはなぜ終わらないのでしょうか。まずは私とあなたが協調し語り合いながら、心穏やかに時を生きることから始めてみましょう。

安田菜津紀（やすだ　なつき）　　　対談

Dialogue for People（ダイアローグフォーピープル）所属フォトジャーナリスト

［主な業績］

『写真で伝える仕事——世界の子どもたちと向き合って』日本写真企画、2017年

［学生へのメッセージ］

「知る」ことは、世界への扉を開く最初の一歩です。この本も、その扉のひとつ。その先に広がる未来を、共に考えてみませんか。

Horitsu Bunka Sha

越境する平和学
—— アジアにおける共生と和解

2019年10月10日　初版第1刷発行

編著者	金　敬黙	(きむ ぎょん むく)
発行者	田靡純子	
発行所	株式会社 法律文化社	

〒603-8053
京都市北区上賀茂岩ヶ垣内町71
電話 075(791)7131　FAX 075(721)8400
http://www.hou-bun.com/

印刷：中村印刷㈱／製本：㈲坂井製本所
装幀：谷本天志

ISBN 978-4-589-04031-2

©2019　Kyungmook Kim　Printed in Japan